木村礎研究

戦後歴史学への挑戦

明治大学史資料センター【編】

日本経済評論社

はしがき

山泉　進
（明治大学史資料センター所長）

木村礎（一九二四〜二〇〇四）は、特異な人であった。それは、研究者として、地方史研究の分野において「日本村落史」という独自の領域を構想し、他の追随を許さない業績を残したという意味においてもそうだし、また明治大学教員として所属する文学部の二部主任から始まり明治大学の学長までを、混乱のなかで経歴したという点でもそうである。

これを「大学史」という視点からみれば、一方では、彼の研究活動の独自性が「木村史学」として、私たちが構築しようとしている明治大学独自の学風である「駿台学」の一つとして評価の対象になるということであり、他方では、彼の明治大学における行政職としての実績を、一三〇年を超える歴史のなかで位置づけることになる。前者については、本書に収録している、藤田昭造「『新田村落』の成立過程」、森朋久「木村藩政史研究の到達点と課題――佐倉藩・内藤藩を中心に」、鈴木秀幸「「村歩き」の研究――資料調査から見た木村史学について」、長沼秀明「木村礎の下級武士論――日本近代への視座」らの諸論文がその検証を行っているし、後者については、二つの面からの評価が可能である。一つは、『明治大学百年史』（全四巻、一九八六〜九四年）刊行の功労者としての評価であり、これについては村松玄太論文「木村礎と大学史――編纂からアーカイヴズへ」が言及している。もう一つは、一九六〇年代後半から九〇年代の初めまで、学内での学生運動の昂揚期から代人不正入試事件にいたるまでの学内行政の責任者としての評価で、そのこと自体が「大学史」の対象になる。もちろん、『明治大学百年史』編纂・刊行の仕事は、対象分野は異なっていても歴史家である木村礎の専門にかかわることでもあったので、「木村礎研究」に包摂することにそれほどの困難はない。しかし、大学行政の責任者としての木村礎を評価することはなかなか困難な作業である。その理由は、評価の対象としてはまだ完全な過去にはなっていないということである。山泉進論文「明治大学という大きな〈村〉を歩いた一教員の軌跡」が、そのことにチャレンジしている。

また、学外においても、地方史研究者として各地の県史や市町村史の資料調査や編纂・刊行にかかわったことはいうまでもないが、各地に散在する歴史資料の保存のあり方について、一九六六年から七二年まで日本学術会議会員として法整備化に尽力したことも忘れてはならない。この点については、森朋久論文「木村の歴史資料保存法制定への運動」において取り上げている。あるいは、学長就任の年、一九八八年一〇月には、児玉幸多のあとをうけて四年間、地方史研究協議会の会長に就任したことも付け加えておく必要があろう。木村礎は六〇歳の還暦を期して『木村礎年譜』（私家版、一九八四年）を刊行し、さらに一〇年後の古稀に増補版を作成、そして一九九七年一一月に再増補した。それは、現在、『木村礎著作集Ⅺ　少女たちの戦争・年譜』（名著出版、一九九七年）に収録されている。本書では、『木村礎年譜』をもとにして、学内の他の資料をつきあわせて飯澤文夫作成による「木村礎年譜」、ならびに木村礎著作についての書評等についてのリストを「関係文献目録」として収録している。

本書は、明治大学大学史資料センターのなかに設置された「木村礎研究会」（代表・門前博之文学部前教授）の共同研究の成果である。明治大学大学史資料センターは、木村礎が委員長を務め、『明治大学百年史』（全四巻）を刊行した「百年史編纂委員会」の仕事を引継いでできた組織で、二〇〇三年から現在の名称となっている。明治大学の歴史にかかわる資料収集・整理保存・公開等を主たる任務とし、また、後世へと「明治大学史」を記録・刊行していく役割を担っている。その一つとして、二〇一一年には明治大学創立一三〇周年記念として『明治大学小史』（通史編・

人物編）を二冊刊行したほか、国際化に対応するために通史編の英語・中国語（簡体字・繁体字）・ハングル版、四冊を刊行した。それ以外にも、「阿久悠記念館」の展示にかかわるような広報的役割、あるいは学部間共通総合科目として「明治大学の歴史」を四キャンパス（駿河台・和泉・生田・中野）で開講するなどの教育的役割、リバティアカデミーでの講座開設などの社会連携的な役割、などを担っている。しかし、何といっても特徴的なのは、大学史資料センター内に共同研究の部会を組織し、研究活動に力をいれていることである。二〇一四年現在では、「創立者研究会」、「人権派弁護士研究会（第Ⅱ期）」、「アジア留学生研究会」、「財界人研究会」、「昭和歌謡史研究会」の五つの研究部会を置いている。そして、原則的には、研究部会での研究成果は『大学史紀要』の「特集」として刊行することなる。本書刊行のもとになった主な論考は、紀要の第一六号（二〇一二年三月）と第一七号（二〇一三年三月）に掲載されたものである。その収録内容については本書収録の村上一博「あとがき」を参照願いたい。そこでも記されているが、本書を刊行するにあたっては、様々なご苦労があった。取りまとめの中心になった村上一博教授をはじめとする皆さまにあらためてお礼を申し上げたい。

さて、このような共同研究の成果として、日本経済評論社から刊行された資料センター監修の研究叢書は、これまでに『尾佐竹猛研究』（二〇〇七年一〇月）、『布施辰治研究』（二〇一〇年一二月）、『三木武夫研究』（二〇一一年一〇月）の三冊があり、本書が第四冊目となる。社長である栗原哲也氏は、木村礎の教え子の一人である。一九八三年、同社の倉庫が放火にあって焼かれたことがあった。その時、木村から酒一升とともに小さな紙切れが届けられた。そこには「へこたれるな」と書かれていた。酒もありがたかったが、その一言に励まされ、力がわいた。これは栗原社長の著書『神保町の窓から』（影書房、二〇一二年）に紹介されたエピソードである。ご愛読をお願いしたい。

目次

序にかえて①　木村礎さんの近世村落史研究へのこだわり

青木　美智男

戦後日本の歴史学研究をリードしてこられた一人に、近世村落史研究の木村礎さんがいる。木村さんは、近世の村落とそこに暮らす農民の生活史に関する研究では、他の追随を許さない。木村さんはそれほど村落史研究に生涯を賭け、こだわり続けた研究者だった。なぜなのだろうか。それは木村さんに直接教えを受け、その後師との距離をある程度おきつつ木村さんの研究過程を見続けてきた私には、頭から離れることのない関心事である。

私が、木村さんに出会ったのは、一九五八（昭和三三）年四月、二一歳の春である。重症の肺結核が癒えて明治大学文学部史学地理学科に入学し、新入生歓迎会に出席した時に、初めてあの端正な姿で、覇気に満ちた挨拶をされた木村さんの姿を忘れない。おそらく助教授に昇格したばかりで、研究や教育の上でも、やる気に満ちた時期だったからだろう。しかし私は木村さんがどんな研究者なのか、その時まったくわからなかった。

私は福島県内の城下町に育ち、人に勧められ明治大学に入った。中学・高校で、新憲法の平和と自由の大切さを教えられ、軍国主義の基礎になった封建的な因習を打破するのだなどと勝手に思い込んでいた。そんな私は、さっそく石母田正や松本新八郎などに挑戦したが、まったく歯が立たなかった。そんな時、この年五月に刊行されたばかりの木村礎編『日本封建社会研究史』（文雅堂書店）に出会った。初めて封建制研究の重要性を知り、木村礎という存在を身近に感じた。しかしまだ何で難解な古文書を解読したり、古文書調査するのか認識できなかった。つまり木村さんの研究そのものを全然理解できていなかったのである。

まもなく私の疑念は一掃される。それは同年七月刊行の木村礎編『封建村落　その成立から解体へ――神奈川県津久井郡』（同）を手にしたからである。これが私が初めて読み込んだ専門の研究書である。ここから、古文書解読の能力と古文書調査の大切さを思い知らされた。これこそ近世史研究者として身につけるべき重要な研究姿勢だと教えられた。

その後木村さんは、この研究姿勢を大学の定年まで四一年にわたって貫かれた。調査を一年の休みもなく実施された。それはどんなテーマでも変わることのない手法だった。広範囲に現地を歩く。そして村の古文書を探し、整理し目録を作成して筆写する。こんなことの繰り返しが毎夏続いた。木村研究室の書棚には筆写された古文書の製本が何段にもわたって並んだ。

私は木村さんの没後、御夫人に、先生は合宿調査の費用はどうされたのですか、と質問をしたことがある。夫人は公的機関から依頼された調査以外は全部木村の負担ですと答えられた。その時、愕然とすると同時に、木村さんの村落史研究への情熱と、古文書調査に賭ける執念のすごさに感動を覚えた。そういえば合宿の宿舎が廃寺の本堂であったり、町や村の公民館など、風呂のないような粗末な施設ばかりだったことを思い出す。経済的に大変だったのだなあとしみじみ思う。

木村さんは、このことについては断片的ながら語られている。要約すれば次のようになろう。敗戦直後、日本の歴史学研究は大いなる反省に立って出発したが、近世史研究でいえば、戦前のマルクス主義歴史学の継承から基礎構造の研究が本格的に始まり、近世村落史への関心が高まった。しかしそれは、資本主義的生産様式形成の有無や、封建的生産関係の変質というテーマに終始した。次は何革命かを見通すことが研究の命題だから当然と言えば当然のことなのだが、木村さんには、そのためだけの村落史研究は、近世の村落という森全体を見ない研究だと見えた。その点では初期村落史研究も同様で、資本主義生産への前提である領主―小農民という純粋封建社会の形成の確認だけが主要なテーマになって、検地帳の分析ばかりが流行するという現象に違和感を持たれたに違いない。

木村さんは、島田次郎さんなど東京教育大学での仲間との研究会での議論を通して、封建社会の生産の担い手は農民であるとの確信を強くしていた。そして彼らの生産と生活の基盤である村落の歴史を解明することが何よりも重要な研究課題であると信じていた。

幸い村落には村人が書き残した古文書が存在しているではないか。その村人が書き残した文書を発掘し、村落の成立から解体までを忠実に再現して、新しい近世村落社会像を描き、近世史研究の重要なテーマにしてはと考えた。しかしそれはすべてが手探りで未知の領域である。木村さんは院生や学生たちと隊を組み神奈川県津久井郡の旧村々に入った。そして旧村を自分の足で歩いて村民の暮らしを実感させたのである。

その最初の成果が前述の『封建村落』である。木村さんは村人の生産や、村と村の関係など、村の歴史を描けたと確信し、この調査方法に確固たる自信を持ち、以後変えることがなかった。

その後の木村さんのお仕事は、近世社会に生まれた新田村落の分析から、農民の生産基盤である一枚一枚の田畑の存在状態を見て生産と暮らしのあり方を探究する村落景観史へ移り、そして生活史へと関心は深まる。またその間、封建支配される農民的な観点から幕藩領主政治への分析へと多様化してはいくが、いずれの場合も、村落をベースにし、現地へ入って古文書調査し、そこから発信する研究姿勢は変ることはなかった。だから木村さんは古文書を保存するための努力や、地方史研究への情熱が人一倍強く、その先頭に立って活動された。

そんな木村さんのお仕事が独創的か、といえばやや違うと思う。私は生前木村さんに、もっとも尊敬できる近世史研究者はどなたですかと尋ねたことがある。木村さんは即座に古島敏雄さんだと言われた。多分戦前の古島さんの農業史研究の成果に共感していたからであろう。なかでも『日本封建農業史』（四海書房、一九四一年）や『信州中馬の研究』（伊藤書店、一九四四年）に触発されたことが伺える。お二人の近世農民や村落への思いが類似しているのはこのためだが、古島さんの地主制へ関心の強さに比してやや弱いのは、研究世代の差であろうか。

今年もまた暑い夏がやってきた。生前の木村さんなら、合宿調査の準備も終わり一安心しているころだろう。事前に今夏の調査目的を確認し研究史を読み込んで現地へ向かう。だから空振りがほとんどない。そして必ず共同研究の成果が公刊される。一見大胆そうに見えるが、きわめて細心で用意周到な研究者だったのである。

（『評論』第一八四号、日本経済評論社、二〇一一年七月、所収）

序にかえて② 木村礎さんの思い出

村上　直

今年〔二〇〇五〕は敗戦から六十年である。戦後の歴史を検証し、日本の今後を展望していく節目の年でもある。この年を迎えずして木村礎さんが亡くなられたことは残念である。昨年〔二〇〇六〕一〇月の地方史研究協議会（高崎）大会でお会いし、二五日の巡見では少林山達磨寺で、達磨さんを持って写真を撮り談笑しながら別れたのが最後になってしまった。一か月後に木村さんの訃報に接したときは、私には俄にそれを信じることができなかった。

戦後の歴史学の歩みのなかで、木村さんは二〇歳代から著名であった。私は本格的に歴史研究をはじめたのが少し遅かったので、木村礎編『日本封建社会研究史』（一九五六年）を読み、木村研究室の共同研究の成果である『封建村落――その成立から解体へ』（一九五八年）、『新田村落』（一九六〇年）、『譜代藩政の展開と明治維新』（一九六三年）などを通して地方史研究の仕法を学んだといってよい。当時は、木村さんと伊藤好一さんを中心に学生諸君との共同の調査研究である小川家文書や『小平町誌』の成果が広く知られていた。そこで地方史の研究会といえば、先ず駿河台の明治大学大学院棟の研究室か南講堂が会場であり、帰りは刑事博物館などに寄って古文書を見て、それから神保町の古書店街に行き必要な書物を探すのが何時ものコースであった。私が木村さんと話をしたのは一九五九年一一月、東京大学の史学会大会の折り、師範学校時代の先輩である島田次郎さんに紹介して貰ったときであるが、そのときのことは、今でも懐かしく思い出されてくる。木村さんが早くから活躍されていた地方史研究協議会の大会には、私も毎年出席していたが、一九六一年に名古屋市の鶴舞公園内の公会堂で開催された第一二回大会で研究報告を行い、それを機会に多くの研究者の人たちと親しくなった。木村さんが私のことを、よく「若い時からの親しい付き合い」であったといわれたのは、多分、その頃のことを思い出していたのではなかろうか。

私が最初に自治体史の編さんに専任編集員として携わったのは、東京都立大学学術研究会が中心に行った『目黒区史』であった。木村さんはこの区史の通史編の書評において、全体的には評価されたが、一部では「大所高所からの立場が強すぎ、モダンになりすぎ、地方史としての泥臭さ（具体性）が失われているような感が強い（『歴史評論』一四六号、一九六二年一〇月）と指摘されたことがあった。木村さんが自治体史を含む地方史には、スマートなものより泥臭い歴史を求めていたことがよくわかる。こうした若き木村さんの基本的姿勢が、のちには定評ある『神奈川県史』近世編の編さんにつながっていたということができる。現在の神奈川県の地域史は、この県史が出発点になっていたということができる。現在の神奈川県の地域史は、この県史が出発点になっているということを想起したい。

私の地方史・地域史のフィールド・ワークは、東京都の多摩地域がスタートであったが、のちには川崎市域を含めた江戸近郊農村を中心に行うようになった。その間、木村さんとは四五年間に及び、研究者または大学人としてお世話になった。木村さんは声の大きい、率直で明るい人柄であり、研究に関する論旨も明快でわかりやすい。私の編書や著書についての書評なども、あまりこまごましたことは言わず、いつも示唆に富む温かさを感じる内容であった。

村歩きと共同研究を主体に庶民的立場から組み立てていく「木村史学」については、地方史の在り方を含め、木村さん自らが多くの研究書や講演で述べてきたので、その主旨については広く周知されていると思う。私は木村さんが大学での定年を迎えるに当たって著した自叙伝的七〇年史である『戦前・戦後を歩く――歴史家の語るわが人生』を読んだとき、これは歴史家が自らの信念によって、公私にわたって語った実践の記録であると記したことがある（『週刊読書人』の書評欄、一九九四年七月一五日）。そして、地方史への関心は法則や大系よりも追体験に基づく歴史意識の重要さにあるとして、日本の村は社会の基層を形成していると同時に、村の日常性と連続性とその変化は村の景観によって最もよく表現されているといわれていることを確認することができた。その後、私は『木村礎著作集』全一一巻（名著出版、一九九六～九七年）の編集委員になったので、改めて村の景観・生活を中心に地方史・藩領・下級武士・大原幽学・史料調査など「木村史学」の全体を読み返す機会があったことは幸せであった。編集委員会はいつも木村さん中心で進行し、各巻に木村さん自らも解説を書くという力の入れようであった。詳細な資料によって作成された記録や年譜など、きわめて充実した内容の著作集であったと思っている。木村さんと一緒に行った仕事のなかに木村・藤野・村上編『藩史大事典』全八巻（雄山閣、一九八八～九〇年）がある。八年間もかけて取り組んだが、テーマからいえば藤野保さんが中心であった。しかし三人の編者で、全国的な地方史研究者の協力によって、藩史の基本書ともいえる事典を完成したことは、今でも忘れることはできない。

木村さんは、地方史研究の成長とそれを基礎とした歴史的視野の拡大こそが、将来における歴史学における安定的発展をもたらすと確信していた。つまり戦後歴史学における地方史研究の歩みを振り返り、日本史を変えたその実証性を高く評価しているのである。去る一月三〇日、木村さんのお別れ会が行われた。多数の人が出席して生前の木村さんを偲んだが、遺影に向かっていると、今でも元気な姿でどこかで村を歩きながら調査をしているのではないかと思われてならなかった。

敬愛する木村さんのご冥福を心からお祈りします。

（『地方史研究』第三一四号、二〇〇五年四月より転載）

第1章　『新田村落』の成立過程

藤田　昭造

はじめに

本章は、木村礎と伊藤好一が編者となって刊行した『新田村落――武蔵野とその周辺』[1]（以下、『新田村落』と略称）の成立過程を中心に検討するものである。『新田村落』は武蔵野の新田に関する研究を一応集大成し、武蔵野の新田の諸相を明確にした、といわれている。[2]『新田村落』刊行の前提となったのは、木村が大学二～三年生を中心に一九五四年から五九年まで六年間にわたって実施した「史料実習並調査」である。「史料実習並調査」は、「学生諸君に現地でナマの史料を読ませ、その史料を如何に処理するかという技術的な面を修得させる、またそれによって歴史学習の意欲を少しでも向上させることが出来ればという所に重点を置」[3]いて、一九五二年から行われているものであった。史料実習並調査に参加した学生たちは、その成果を『駿河台日本史』（明治大学文学部史学科日本史研究会が編集・発行）に発表していった。

『新田村落』が刊行される以前、『歴研通信』（明治大学付属高等・中学校歴史研究会発行）に武蔵野の新田が取り上げられたり、『新田村落――東京都下小平・砂川・村山・青梅地方調査報告』[4]（以下、『新田村落調査報告』と略称）が刊行されていたことは意外と知られていない。『新田村落』の出版後、武蔵野の新田を市域にもつ自治体史も刊行された。自治体史は、『新田村落』の成果をもとに新たな資料を発見して武蔵野の新田に新しい知見を取り入れて記述している。しかしながら、武蔵野の新田の全体像を示す研究が出ていない現状において、(5)『新田村落』の成立過程やその後の研究を取り上げることは、武蔵野の新田を見直すために必要な作業であろう。また、『新田村落』は、木村の共同研究書の第二冊目にあたる。(6)『新田村落』を取り上げることは、数多く残された木村の共同研究を検討するうえで欠くことができないものであると考える。

一　歴研通信

『新田村落』成立の契機となったのは、伊藤好一が史跡見学の団体に参加して東京都北多摩郡小平町（現、小平市）の小川家を訪れ、そこで古文書を見て、後日、大学生の実習としたらどうだろう、と明治大学の宗京奨三と木村礎に話をしてはじまった同家の文書調査である。一九五一年の春、高島緑雄を加えて四氏で小川家文書の調査が開始されたという。(7)しかし、伊藤が勤務する明治大学付属高等・中学校の『歴研通信』に小川家文書の資料集が四冊（第一集『武蔵国多摩郡小川村明細帳』一九五一年六月、第二集『武蔵国多摩郡小川村人数書上帳并人数増減帳』同年一〇月、第四集『明治四年武蔵国多摩郡小川村四番組取調帳』同年三月、第三集は未見なので名称不詳）収録されていることから、四氏が小川家文書の調査に入る前に明高中歴研によって小川家文書の調査が進められていた可能性がある。

『歴研通信』第三一号（一九五一年五月一五日）によれば、明高中歴研の生徒は同年四月にも小川村へ行き、中学生は民家を見学し、高校生は古文書調査にとりかかっていた。その後も明高中歴研の生徒によって小川村の調査が継続して行われ、同年六月一二日と一五日の両日に明治高等・中学校で第一回の小川村調査報告が開催され、中学一年生から高校三年生までの九名が発表した。[8]

伊藤は小川村の調査目標をつぎのようにいう。

①新田村落である小川部落の成り立ち
②封建時代の村のようす
③封建時代の村のようすが、どんなふうに今の村になったか
④農地改革はこの村をどのように変えたか[9]

④はこの調査に加わった地理研究部が担当することになっていたので、封建時代の新田村落の成立から現在に至るまでの歴史が調査目標となっていた。

明高中歴研の生徒たちは、小川家文書調査を開始して一年間で四〇本近い調査報告を『歴研通信』に発表した。調査報告の大部分は、近世の人口、家族構成、奉公人などであり、どの調査報告も分量が少なく、簡単なものであった。[10]彼らの多くは、古文書がほとんど読めなかったので、伊藤が作成した資料集や小川家から聞き取りを行い、それをもとに報告書を書いたのだろう。なかには年次の異なる年貢永割付帳などから土地所有関係の変化について分析し、小川村を「東北地方型」であると結論づけた報告もあった。[11]

伊藤は、小川村調査一年のしめくくりとして、「近世小川村に於ける農業経営の発展」を『歴研通信』第三五号（一九五二年三月三〇日）に発表した。この論考は、四つ（一　村つくり、二　生活の展開、三　小川村に於ける前期的資本の形成、四　農民層の階層分化）からなり、一七頁に及ぶものであった。伊藤は、小川村の成立から農民の階層分化に至るまでの経緯を明らかにするため、生徒が『歴研通信』に書いた農作物、農間渡世、肥料、家族、奉公人、土地

所有などの報告を補充して使用したのである。この論考に使用された生徒の報告は、脚注（氏名・報告題名・『歴研通信』の号数記載）を数えると半数以上にのぼっていたことがわかる。「近世小川村に於ける農業経営の発展」は、伊藤と明高中歴研の生徒たちが一年間に「一体何回行ったのかわからない程小川さんの家に通[12]」った成果でもあった。

『歴研通信』第四八号（一九五五年二月二一日）には武州多摩郡砂川村（現、立川市）の調査結果が掲載されている。この内容は、伊藤好一の論考（「砂川村村入用帳について」）、高校生・中学生の調査報告六本、安永二年から明治四年までの砂川村入用帳一二冊である。伊藤の論考は、砂川村の村入用の記載方法から文書の構成などを小川村と比較しながら紹介するものであった。高校生・中学生の報告は村入用の関するものである。彼らは調査報告を書く前に砂川村の村入用帳について伊藤の説明を聞いていたのだろう。木村と大学生が「史料実習並調査」で砂川町所在の文書調査を実施したのは一九五五年七月一一日からであったが[13]、『歴研通信』第四八号の発行日から逆算すると、このとき明高中歴研は砂川昌平氏家文書の調査に入っていたと考えてもよいだろう。

明高中歴研が砂川村の調査に入ったころから生徒たちの報告は、村入用や人口に関するものが目立つようになってきた。これは、中学生、高校生にとって比較的資料の理解もしやすく取り扱いも簡単だったからであろう。『歴研通信』には村入用に関する調査報告が六冊もあり、その対象となった村は小川村をはじめ、砂川村、岸村、蔵敷村、鈴木新田、高木村の六か村に及んでいる[14]。伊藤は、明高中歴研の生徒を引率・指導しながら、武蔵野の新田に関する研究を発表してきた。その中には明治期の小川家の農業経営もあるが、大部分は武蔵野における商品流通や在方商人などに関するものであった[15]。

二 『駿河台日本史』と『新田村落中間報告』

木村が大学生と実施した「史料実習並調査」は、約一週間公共施設や寺院などを宿舎とし、当番を決めて自炊をし、古文書を所蔵している家まで宿舎から徒歩で通い、一日中古文書の整理をして目録をつくったり筆写したりする実習であった。演習（実習）はなかなか厄介なものだったらしく、毎年度はじめに沢山の大学生が木村の演習に参加するが、年度末にはわずかな数になるのが普通であり、大学生の書く演習レポートもたいしたものではなかったという[16]。しかし、演習レポートをもとにして卒業論文を書く大学生もいた。

武蔵野の新田に関する論文が『駿河台日本史』にはじめて掲載されたのは第五号（一九五四年一二月）であった。これには、杉本敏夫「新田検地と縄心――武州多摩郡榎戸新田の一例」と宮川康「武州多摩郡廻り田新田に於ける村方三役についての一考察」の論文が掲載されていた。杉本の論文は小平町（現、小平市）榎戸家文書、宮川の論文は同町斎藤家文書を使用したものであり、両者とも小川家文書は使用していない。第六号（一九五五年一一月）は小平特輯号であったので、武蔵野の新田に関して八本の論文を掲載していた。第七号（一九五六年一二月）と第八号（一九五八年一二月）にも一本ずつ関連論文があるので、武蔵野の新田に関する論文は『駿河台日本史』に一四本掲載されたことになる。大学生たちが論文の対象とした村は、榎戸新田、廻り田新田、小川村、野中新田、鈴木新田、大沼田新田、小川新田と古村である箱根ヶ崎村、中藤村であり、論点も開発の労働事情、成立形態、前提事情、農民構造、農業経営、商品生産など多岐にわたっているので、「共同研究者が相互の理解を深め、論点を整合し、欠を補うために[17]」つくられた『新田村落調査報告』に比較的大きな影響を与えたと思われる新田開発人と新田地に居住を構えた出百姓について見ていくことにする。『新田村落中間報告』の執筆者は七名だが、このうち四名は小平町の「史料実習並調査」に参加した大学生か大学院生であった[18]。

1　前期の新田開発人と出百姓

武蔵野の新田開発は元禄期を境にして前期と後期に大別されるが、ほとんどが享保期に開発された後期の新田であった。前期の新田の名称・開発人は、青梅新町・吉野織部之助、砂川村・村野家と協力者萩原家、小川村・小川九郎兵衛、大袋（岱）村・横山次右衛門、吉祥寺村・佐藤定右衛門であり、彼らは土豪の系譜をひくものといわれている。

小川村は、明暦二（一六五六）年から小川九郎兵衛によって開発がはじまった。『駿河台日本史』で小川村を取り上げた論文はない。一九五三年から小川家文書の目録や史料集つくりがはじまり、翌年四月から小平町誌の編纂がはじまったことから、小川家文書を利用するのが難しかったものと推測される。小平町所在文書調査の「史料実習並調査」のはじまる前に、伊藤好一が「近世小川村に於ける農業経営の発展」（『歴研通信』第三五号）で小川村の開発過程や開発人小川九郎兵衛と惣百姓の出入などについて紹介していることもあったので、大学生は小川村を取り上げなかったのだろう。

『新田村落調査報告』において杉本敏夫が「前期新田の開発過程――その個別的事例」（第一章第一節の二）で小川村、新町村、砂川村について書くことになっていたが、小川村、新町村は「省略」となっていた。これは、「小川村開発の前提」（小平町誌編纂委員会『小平町誌中間報告（Ⅱ）第一篇』一九五七年二月）で取り上げているためであろう。

砂川村は、開発の始原および開発人について諸説があり、はっきりしないとしながらも、遅くとも寛永年間に岸村の村野肥後守安次が開発に着手し、寛文九年の年貢割付状や元禄二年の検地帳があることから前期新田に相当し、開発当初の主体は、狭山丘陵南麓の諸村から通勤する入作百姓であったという。杉本は、砂川村への入作百姓の出身地を示していないが、元禄二年の砂川村検地帳の分析から、彼らのほとんどは所持反別が五反歩未満であるという。

砂川村を開発した村野肥後守安次と小川村を開発した小川九郎兵衛について、杉本は、「両家は共に開発初期にあっては本村岸村に居住し、そこの検地帳登録人としての身分をもちながら、新田名主役をつとめ開発を指揮し」、「小川九郎兵衛安次は明暦二年開発を始め、寛文九年十二月居村で没し、同家は嫡子小川九郎兵衛義春に相続され、新田の事業は養子市郎兵衛に継承され、はじめて分家として居村を離れ新田に定住した」といい、砂川村を開発した村野氏、小川村を開発した小川氏は、開発当初各新田に居住していないと指摘した。さらに、村野家は「寛永年中、村野肥後守安次によって実質的開墾に着手され、その事業は嫡子五郎右衛門に譲られず、分家となった五郎右衛門の弟左衛門に渡り、元禄年間になって、その三男重右衛門が再度分家して砂川村に定着したものである。」という。

すでに高島緑雄が『駿河台日本史』第六号で菩提寺の過去帳や墓所の宝篋印塔、神社棟札によって小川家の系譜を明らかにし、杉本が分析した寛文八年の岸村検地帳の分析を援用して、「岸村当時の小川家は岸村ないし村山近辺において比較的上層の農民に属していたであろう」と推測していた。杉本は、高島による小川家の調査に加えて村野氏の系譜調べ、右記のような記述をしたのだろう。杉本は、寛文八・九年の段階における小川家と村野家について、①両家とも村内における最上位層に属する、②所持地目は村内平均に比較して、品等が高い耕地を多く所持している、と指摘し、両家は「名実共に小土豪としての位置[19]」を確認できる、と主張する。

さらに、杉本は、『新田村落調査報告』で岸村の所持反別一町歩未満のものが積極的に新畑を開発したことを明らかにし、武蔵野の新田に放出された労働力も同様な過程で生み出されたと推測している。砂川村の開発当初の主体は狭山丘陵南麓の諸村から通勤する入作百姓であり、彼らの所持反別が一町歩未満であるとも予測している。このように新田の親村（本村）にまで調査を行うのは、古村と比較して新田の特質を浮彫りにする、という木村の研究の姿勢であった[20]。

伊藤は、「小川九郎兵衛に従って新しい村つくりを始めた農民は村山近在の百姓が多かったが、なお小川家の家僕の中にもそこで百姓に取立てられた者もあったようだ」といい、「小川九郎兵衛がどのような条件で農民を集め、どのように資本を投じ、どのような形で開墾を進めて行ったかは明らかでない[21]」と指摘した。小川村の開墾で農民が小川九郎兵衛に提出する請書[22]を改めて見ると、入村者を比較的多く出していたのは狭山丘陵周辺の村落であったことがわかる。寛文期の中藤村・岸村の検地帳と寛文九年新田検地帳を分析した杉本は、一町未満の下層農民が上層農民に増して新田に進出していることが見られることから、寛文年代における武蔵野周辺の旧村は村内に多数の下層農民を抱えこみ、これら下層農民の処置について何等かの形で解決を迫られていること、下層農民が新田開発にもっとも積極的な態度をとり、彼らこそ開発の原動力になっていると指摘した[23]。

また、『新田村落調査報告』の「一、開発人と農民」（第一章第二節）では、前期の新田を開発した名主は、特権を持っていたことを紹介している。小川村では小川九郎兵衛が出百姓から年貢の外に地代銭を徴収し、新町村では不埒の百姓があれば水を汲ませないことを開発人吉野織部と新田の重立ちで申し合わせるとともに、定期市の開催地を有利に取り決めていた。砂川村では除地返上の記録が残されているという。

2　後期の新田開発人と出百姓

『駿河台日本史』第六号で取り上げている六か村の新田は、享保期に開発された武蔵野の新田八三か村に属する後期の新田である。これらの論文によれば、新田の開発人は、小川新田が名主弥市、榎戸新田が大丹波村名主の分家である百姓角左衛門、野中新田が上谷保村（現、国立市）百姓矢沢藤八と黄檗宗円成院の住職大堅を中心とした上谷保村農民および江戸商人ら一一人、鈴木新田が貫井村名主鈴木重貫、大沼田新田が入間郡東村山村大岱の名主当麻弥左衛門、廻り田新田が廻り田村名主斉藤太兵衛であったという。また、各新田の動向や開発人の系譜がわかるのは、小川新田、野中新田、鈴木新田であった。小川新田の名主弥市は小川九郎兵衛の孫にあたり、野中新田では開発後に開発願人が所持地をほとんど出百姓に売却し、引寺される円成院は野中新田の一二町余を得るだけでなく全村民を檀徒にする約束を開発人から得ていたのである。鈴木新田は資金不足や他村で肥料の供給に支障があるとして開発許可が下りず、商人善左衛門の協力を得て割替地の開発が許可されたのであった。

六か村の新田で出百姓について触れているのは、杉本敏夫と山里玲子、橋本豊栄・児玉吟代である。杉本は、出百姓は一般的に周辺の農村の分解によって生み出されたものであり、小数の家族労働をもって開発に従事していたが、本村に生活の基礎をもつ持添百姓は一般に開発に消極的であり、榎戸新田では検地後ほとんどの出百姓が定住するという。また、特異な例として、小川新田では、新田地主が屋守を雇用して開発を進めることがあったことを指摘した。

山里は「野中新田出百姓年代別、出身郡別分布」から、多摩郡以外の村々に出百姓が多いのは一時的に広範な武蔵野地域が開発されたために、近村では労働力を賄い得なかったのではないかといい、さらに、新田経営が困難なので、検地後に出百姓の移動があったことも指摘している。橋本・児玉は、大沼田新田における享保一一年から宝暦一〇年までの出百姓の内訳表を作成し、大沼田新田は近村からの出百姓たちによって、享保年間に集中的開発が進められたと推測している。

伊藤は、新田村の成立の仕方が村を特徴づけ、新田場へ農民を送り出す古村の事情によって農民が異なるといい、武蔵野の新田の出百姓について三点（①新田場へ農民がどんな形で入って来たか、②どこの村から入って来たか、③新田場へ農民を送り出した古村の事情はどうであったか）を示し、これに基づいて武蔵野の六つの新田（野中新田、平兵衛新田、榎戸新田、大沼田新田、長谷部新田、栗原新田）の出百姓の出身について述べている。

野中新田　上谷保村円成院の住僧大堅を中心として上谷保村農民および江戸商人ら一一人の共同で開発が計画。享保一〇年から宝暦一〇年までに野中新田へ入って来た出百姓を出身郡別に見ると、多摩郡（一三名）が最も多く、外に入間（一一名）、足立（七名）、比企（三名）、横見、秩父と広く武蔵国一円にわたる。

大沼田新田　入間郡大岱村の名主当麻弥左衛門の出願で開発された村請新田。弥左衛門はついに新田場には移住しなかった。新田農民は寛保二年（一七四二）に新田場に住む百姓を名主にしようとして弥左衛門と争いを起した。大沼田新田に定住した入村百姓は宝暦一一年（一七八一）までに四四軒、出身は武蔵国の入間、多摩、高麗、足立の四郡にわたるが、狭山丘陵の内部の谷間の村か、丘陵周辺の村々から来ている。大岱村からは一三軒の入村百姓があった。

平兵衛新田　上谷保村の農民平兵衛が出願して開発。入村百姓はほとんど狭山丘陵内部とその周辺の村々から来たもの。

榎戸新田　享保八年に多摩郡大丹波村の名主の分家覚左衛門が出願して開発した。全戸が多摩郡出身者である。多摩川、秋川の渓谷の村々からは、大丹波村から五人の出百姓があった。新田農民の大多数がこの地域から出ている。

長谷部新田　入間郡扇町谷の長谷部勘次郎が開発。出百姓は、西武蔵野から奥多摩の山地から出て来ている。

栗原新田　入間郡富士山村の名主七右衛門が開発。長谷部勘次郎が開発したもの。出百姓は、西武蔵野から奥多摩の山地から出て来ているが、南小曽木村から一一軒出ている。

以上のことから、伊藤は、出百姓について、野中新田は広く武蔵国一円にわたっているが、「他の五新田では同じ武蔵国でも比較的まとまっている。だいたい狭山丘陵の南麓から東南にかけての村落か、又は西武蔵野から奥多摩の山地である」と指摘する。開発人と出百姓の関係は、共同出資者の多い野中新田は薄いが、他の五新田のように一人の開発取立人の場合には「開発取立人と同村の何らかの縁故のある者が中心となって村をつくっていく形が多い」という。そして、多摩の山地は、武蔵野新田開発に必要な労働力を送出する重要な地域であるともいう。(24) 伊藤は、出百姓の検討の中で『駿河台日本史』第六号に掲載された野中新田と大沼田新田の出身郡別入村百姓の表を引用していることから、『駿河台日本史』第六号の論文を読んで集約し、新たに三つの新田を加えて新田開発人と出百姓について論文を書いたものと思われる。(25)

『新田村落調査報告』では、杉本が「Ⅱ　後期の新田開発過程」に小川新田、廻り田新田、野中新田、長谷部新田の四つを取り上げるとしていたが、長谷部新田が「未調査」、その他の新田を「省略」としている。小川新田、廻り田新田、野中新田は『駿河台日本史』第六号で取り上げていたので、「省略」としたのだろう。また、小川新田と廻り田新田を村請新田、野中新田と長谷部新田を百姓寄合新田ないしは町人請負的新田の色彩の濃厚な新田と分類しているが、この理由は記していない。さらに、小川新田だけに見られたという「屋守」も「省略」の扱いとなっていた。後期の新田に関して、第二節の「一、開発人と農民」でも野中新田、大沼田新田、鈴木新田を取り上げているが、ここで述べている内容は『駿河台日本史』第六号とほぼ同様である。

三　自治体史と武蔵野の新田

１　小平町誌

武蔵野台地は、武蔵国多摩・入間・新座・高麗の四郡に属する広大な地域であり、武蔵野の新田を取り上げた自治体史も多いので、これから見ていく自治体史は、『新田村落』が刊行されるきっかけとなった小川村とその周辺に限ることにしたい。

東京都北多摩郡小平町所在文書調査の「史料実習並調査」とほぼ同時に、小平町誌編纂の一環として人文地理の調査がはじまっていた。(26) 小平町誌の編纂は、宗京奨三・木村礎・伊藤好一が小川家文書を調査して目録や史料集を作成しているとき、所蔵者である小川愛次郎が町誌として同家文書を公にすることを小平町長へ訴えたことがきっかけであったという。このとき、小平町が町制一〇周年にあたっていたこともあり、町当局のみならず町議会の賛同も得て、一九五四年四月から町誌編纂の調査がスタートしたのであった。町誌編纂の調査は、四つの班（歴史・地理・社会学・建築）に分かれ、歴史班は宗京と木村が責任者であった。後に小平町誌編纂委員会が設置されると、宗京・木村と伊藤が編集委員となり、杉本敏夫・高島禄雄・飯島端冶・煎本増夫が調査委員となったのである。(27)

一九五六年七月、編集委員・調査委員で小平町誌の構成案が討議され、第二次中間報告書が一九五七年二月から一二月にかけて四冊（三篇構成）が発行された。第二次中間報告の発行は小平町町誌編纂委員会となっているが、「編集委員（主として大学側）が作りあげた原稿を広く町民の検討に供するためにつくられた(28)」本格的なものであったという。『小平町誌中間報告（Ⅱ）第一篇』は江戸時代（近世）を対象とし、執筆者の名前が記載されていないが、歴史分野の編集委員と調査委員が執筆したものといえる。第二次中間報告に対して小平町民の反響が大きく、町内の各部落で中間報告をめぐって真剣な討論会が開かれ、その要点は要望事項として町誌編纂委員会に提出された。委員会は要望事項を虚心に受け入れて良心的に多くの補正を行ったという。(29) 『小平町誌中間報告（Ⅱ）第一篇』にどのような要望が寄せられたか、わからない。

『小平町誌中間報告（Ⅱ）第一篇』が出てから一年五か月（一九五七年二月）に『新田村落中間報告』が発行された。二つの中間報告の執筆者のうち四名が重複する。武蔵野の新田開発人および出百姓に関して、『新田村落中間報告』で杉本が「省略」とした部分が『小平町誌中間報告（Ⅱ）第一篇』に記述されていることはすでに指摘した。伊藤も『新田村落中間報告』に「省略」が論文の中にいくつかあったが、『小平町誌中間報告（Ⅱ）第一篇』に「省略」を埋めるような記述はない。また、一九五四年七月からはじまった小平町所在文書調査の「史料実習並調査」参加者の中から小平町誌編纂調査委員が出ていた。「史料実習並調査」と町誌編纂の調査期間が重なり、双方の調査で重複する作業もあったと思うが、両者の関係はわからない。

一九五九年三月、『小平町誌』が出版された。『小平町誌』は、四編二四章からなり、およそ一五〇〇頁という大部なものとなった。『駿河台日本史』や『新田村落調査報告』で見た武蔵野の新田開発人と出百姓について『小平町誌』にどのように記載されているのか見てみよう。『小平町誌』では、第一編（江戸時代の小平）第一章（開発前史）の第二節小川村開発の前提と第二章（小川村開発）・第一節開発当時の諸事情に新田開発人と出百姓について記述している。第二節小川村開発の前提では、小川村の開発に先立つ新町村の吉野織部之助と砂川村と村野三右衛門・安次を紹介し、つぎに砂川村の村野家と小川村の開発人である小川家を出した岸村の耕地・検地・農民構成・新田などについて述べている。このような砂川村の指摘は『新田村落調査報告』でも見られたものであった。持添である岸村新田の検討から、ごく零細な反別所持者が積極的に開発に参加して一町前後の所有者に成長しているとし、武蔵野周辺の旧村における重要な問題点として、「第一は寛文年代における武蔵野周辺の旧村は、村内に多数のきわめて零細な下層農民を抱えこみ、下層農民の処置についてなんらかの形で解決を迫られていたこと、第二に下層農民が新田開発にもっとも積極的な態度をとっていて、これらの農民が開発の原動力になっていることである」[30]。という指摘は『小平町誌中間報告（Ⅱ）第一篇』と同文である。また、『小平町誌中間報告（Ⅱ）第一篇』で使用されている円グラフや棒グラフを整理して『小平町誌』に用いられている。第二節の「四　小川家と小川九郎兵衛」においても『駿河台日本史』や『新田村落調査報告書』、『小平町誌中間報告（Ⅱ）第一篇』以上のことは記述されていない。また、『小平町誌中間報告（Ⅱ）第一篇』で寛文八年当時、分付百姓がいない小川家で土地の耕作にあたっていたと考えられる質持奉公人を雇い入れていることを記していた。この文末に「（註）原文を節末にのせる」という記載だけがあったが、『小平町誌』には二通の奉公人請状の原文[31]を掲載していた。

第二章の第一節開発当時の諸事情では、『小平町誌』は、小川村入村者の出身地域を「小川村から西から北にかけての諸村[32]」と述べている。小川九郎兵衛や小川市郎兵衛に提出した入村請書と地代銭（畑一反につき永三文）についても、入村請書は入村者が名主の統制に服したこと、地代銭の支払いが当時の社会にもつ意味を「領主の他に名主も農民から年貢をとるという形になり、この時代としては一般的なことではなかった。むしろもっと古い時代の体制であった[33]」とそれぞれの意味を述べ、これに関する史料を掲載している。小川村入村者の出身地域について伊藤の「武蔵野新田の出百姓」（『歴研通信』第六〇号）にも示されているが、時期的に『小平町誌中間報告（Ⅱ）第一篇』のほうが発表は早い。また、『小平町誌中間報告（Ⅱ）第一篇』では五頁にわたって入村請書と地代銭を史料に基づいて論理的かつ詳細に説明している。この記述に対して『小平町誌』では簡略化（約一頁）している。町誌編纂委員会に提出された要望が反映されたのかもしれない。

『小平町誌』と『小平町誌中間報告（Ⅱ）第一篇』は、第二章の名称（享保時代の各新田）が同じであり、節の名称も同一である。節を構成する項もほとんど同じである。変更があるのは、第二節小川新田のなりたちで「二．開発の進み方について」が「二　開発の進み方」、第五節鈴木新田のなりたちで「鈴木新田の諸寺」が「鈴木新田諸寺」となったくらいである。ただ、『小平町誌』では、第四節野中新田と第五節鈴木新田が『小平町誌中間報告（Ⅱ）第一篇』と順序が逆に記述されている。鈴木新田の開発に野中屋善左衛門の資金援助を受け、野中新田に従属するときがあったので、順序を入れ替えたのだろう。

『小平町誌』の第三章は、小川新田、大沼田新田、野中新田、鈴木新田、廻り田新田を取り上げているが、節・項も『小平町誌中間報告（Ⅱ）第一篇』とほぼ同様のことから、『小平町誌中間報告（Ⅱ）第一篇』で省略されていた町内の旧村区分図や用水路を示した図、武蔵野新田の総家数を示す「南北武蔵野出百姓草分書出帳」を表にしたものなどの挿入があっても、内容の上で大幅な変更はない。

『新田村落調査報告』が発行されてから一年三か月後（一九六〇年一一月）、『小平町誌』と平行して刊行の準備が進められていた『新田村落』が刊行された。『新田村落』を見ると、『新田村落調査報告』から引用されている表がある。新田開発人や出百姓について記述されている第二章では、『新田村落』にそのまま引用されたもの、題名を変えたもの、表示の仕方を換えたり、つけ加えたりしたものなどがある。(34) さらに、『小平町誌中間報告（Ⅱ）第一篇』で岸村の土地所持状況を棒グラフで表示したものを『新田村落』では数値に換えて表示（第三九表 岸村本畑・新畑合計所持状況）しているものもあった。『新田村落調査報告』の引用は杉本が執筆したものであり、『小平町誌中間報告（Ⅱ）第一篇』の引用も同様だろう。第二章の執筆は杉本であり、『新田村落』の設立経過からすれば、表の引用が容易に行われたものと思われる。第二六表明和八年廻り田新田階層別石高所持状況と第五七表元文元年野中新田六左衛門組林畑階層別所持高状況は、『駿河台日本史』第六号に掲載されている宮川康論文の表と山里玲子論文の表に取り上げられていたものの一部であるが、(35) どちらも数値が異なる。この違いは、ふたりが使用した文書を集計し直した結果だろう。

小川新田には屋守とよばれる新田の開発を請負うものがいた。屋守について『小平町誌中間報告（Ⅱ）第一篇』と『小平町誌』に記載があった。『新田村落調査報告』にも「六、屋守百姓」（省略）とあることから、『新田村落』に掲載予定であったと思われるが、『新田村落』に屋守に関する記述はない。この理由はわからない。

2　『新田村落』以後の自治体史

小平市中央図書館は、一九七九年から九二年まで市内の古文書を再調査し、古文書目録を刊行した。再調査の対象となったのは、東京都北多摩郡小平町所在文書調査のときの古文書がほとんどであり、刊行された古文書目録は市内の旧七か村の名主文書であった。これらの古文書は、『小平町誌』や『新田村落』に使用されたものであり、再調査の結果、『小平町誌』や『新田村落』の誤りも指摘されている。

大沼田新田では、寛延三（一七五〇）年に伝右衛門と伝兵衛の名主役交替の取り決めが行われて幕末まで履行されたと『小平町誌』にあるが、當麻家文書の調査によって、大沼田新田は「明和六年（一七六九）以降は弥十郎・弥左衛門が名主役を継続的に勤めていることが歴然として」いることがわかった[36]。廻り田新田では、名主年番制が享和年代（一八〇一〜〇三）までであり、その後は弥兵衛家（斉藤家）が名主役を、庄兵衛家（山田家）が組頭役を世襲するようになったというが、斉藤家文書と山田家文書の調査で、文政元（一八一八）年まで年番制が存続していたことがわかったのである。

また、『新田村落』でも廻り田新田で弥兵衛家の名主世襲理由を不明としているが、名主の庄兵衛が四五歳で死亡し、その子が一五歳だったので年少を理由に組頭忠兵衛が名主役を勤め、天保六（一八三五）年まで勤めたのであった。さらに、廻り田新田成立の契機となる開発地の買入先が『小平町誌』と『東村山市史』（一九七一年一〇月）で異なることを指摘し、国分寺新田がのちに野中新田と称されることも証文の精査によって明らかにしている[37]。

『小平町誌』によれば、小川新田は小川村の村請として発足し、名主は小川村名主の弥市が兼任し、小川村の名主は弥次郎に譲られたとし、この交替は元文五（一七四〇）年の検地直後であったという。小川家文書（小川村）の調査で享保一六（一七三一）年以降の文書は、小川村の名主が弥次郎となっていることを見つけ、元文五年よりも早く名主の交替が行われていた可能性を主張している。さらに、小川利雄家文書（小川新田）によって、組頭交替の実情は、「文化年代から安政年代までの五・六十年間は弥兵衛が組頭を勤め、安政年代以降は再び喜左衛門が組頭を勤めることになった」という。これらは村役人の就任期間に関するものであり、地道な文書調査によって『小平町誌』や『新田村落』の誤りが判明したのであった[38]。

『新田村落』刊行の契機となり、『小平町誌』や『新田村落』に数多く利用された小川家文書も再調査が行われ、目録もつくり直された。先に述べたように、小川家文書の調査は宗京奨三、木村礎、伊藤好一、明治大学日本史専攻の大学生、明治高等・中学校歴史研究会の生徒によって一九五一年の春にはじまり、同年一二月に目録が完成した。その後、一九五三年に明治大学に寄付され、それを機に明治大学図書館が二冊の目録（『武蔵国多摩郡小川村小川家文書目録Ⅰ』書冊之部、一九五三年一〇月、書状之部、一九五四年八月）を印刷刊行した。その後、小川家文書は明治大学から小川家に返却され、一九七五年に古文書の書庫をもつ小平市中央図書館が完成し、新出文書をも含めて同館に寄託された。明治大学図書館がつくった目録は、目録原本と比べて不備な点（同種類の文書を一括記入、一件ごとの記入でも差出人・受取人の記載なしなど）がいくつかあり、利用しにくいものであったので、小平市中央図書館が作り直したのである。小川家文書は、八千点を越えていた。

小川家文書の再調査の過程で小川家の出自に関する見直しも行われた。『小平町誌』では小川家の出自は後北条氏に仕えた武士であったことしか書いていないが、『秋川市史』[39]で系図を比較検討し、岸村小川氏が武蔵七党の一党である西党の小川氏の嫡流であったと指摘した。しかし、小川家の系図が作成されたのが一八六九年ころであり、小川家に系図作成に関する史料が全くなく、系図に二六〇年余の空白の期間があることから、小川家文書目録の解題では、岸村の小川家は「武蔵七党の一党である西党の小川氏嫡流を名乗っていたことを確認するに留め[40]」ている。

小平市中央図書館は、市内の古文書調査が終了すると一九九三年から調査した市内の名主文書を七項目（村明細帳・地誌・家数人別帳、御用留、新田開発、村の生活、鷹場、玉川上水と分水、村入用、交通・運輸）に分けて出版している。[41]武蔵野の新田に関する史料は、『小平市史料集　第一二集　新田開発１　新田開発　入村者・離村者　奉公人』（以下、『小平市史料集第一二集』と略称）、『小平市史料集　第一三集　新田開発２　年貢　抱屋敷』（以下、『小平市史料集　第一三集』と略称）、『小平市史料集　第一四集　新田開発３　貸借　寺社』（以下、『小平市史料集　第一四集』と略称）の三冊である。『小平市史料集　第一二集』の解題では、入村者について「大半が狭山丘陵と加治丘陵付近の村々からの者達で、遠くは奥多摩・秩父・吉見および江戸から来た者も見られます」とだけ記し、先に発表した「入村請書が完全に残ってはいないまでも、村山村からの入村者が皆無であったとは考えられず、むしろ小川九兵衛と初めから行動を共にして開拓に協力した村山村の百姓達が相当数存在したものと考えるのが自然」（『小川家文書目録　下巻』の解題）という指摘には触れていない。また、『小平市史料集　第一四集』の解題では、入村請書や検地帳などから、小川村では寛文三年三月までに七三名の離村者がいたことを導き出し、「寛文二年十一月に又右衛門他八名が訴えた名主九郎兵衛非法の訴状で六十四軒の潰百姓が在ったことが記されているのも、かなり現実的な数字だったものと思われます」と訴状の内容について妥当性を吟味していた。

『小平市史料集　第一三集』には、抱屋敷の史料を掲載している。抱屋敷は、小川村の新田開発において旗本や御家人の抱地として所有する土地であり、売買され利殖の対象となったという。小川村に抱屋敷があることは『田無市史　第三巻』（一九九五年）で指摘されていたが、『小平町誌』や『新田村落』が刊行されたとき抱屋敷は問題とならなかったようで、取り上げていない。小川村の村請である小川新田は、享保九（一七二四）年五月に開発が許可され、開発を担う出百姓が入村した。『小平市史料集　第一二集』によれば、小川新田開発の入村は享保一〇年から四年間に二二軒あり、この内八軒は屋守とよばれた開発請負人の史料を掲載している。『小平町誌』も屋守について述べているが、地主と結んだ契約のことだけしか書いていない。

小川新田の北に接する大沼田新田も、親村であった大岱村名主文書の調査によって村の性格を見直す必要となった。『東村山市史調査資料　第二集　小町家文書目録』[42]によれば、大沼田新田は享保九年五月に割渡を受け、同年同月に勝楽寺村（現、所沢市）割渡分の買取りをはじめとして、享保一四年までに買取りと譲渡を繰り返し、一七町歩の新田場を一三二町歩余に拡大させていたのである。買取った新田場は、大沼田新田からかなり離れた村が割渡を受けた地域であった。大沼田新田の出百姓については、これまで指摘されていたこととほぼ同様である。寛保三（一七四三）年に六名の出百姓が鍬を質入し、「彼らは鍬を取り戻すために、領主から御普請等の賃銭やこの年の麦作を担保にさらに名主の弥左衛門から銭を借用している」[43]ように、大沼田新田に定着するのには厳しい生活があった、という具体的な指摘が調査によって加えられたのである。

幕府は享保一二（一七二七）年一〇月、武蔵野新田の出百姓に家作料（一軒につき金二両二分）と農具料（一反歩の開墾につき六二四文）下付の触れを出した。これによって、小川新田では享保一四年に農具料を一二三名、家作料を二二名が受け取っていた。小川新田は三年の鍬下年期が過ぎ、役米の増徴で年貢が納められなくなり、翌年の延納となった。このような状態であったときに家作料と農具料が支給されたことを『小平市史料集　第一二集』で明らかにしている。戸倉新田（現、国立市）では、名主郷左衛門が家作料を引き当てにして出百姓に開発地を割り当て、「家作料の支給が出百姓の新田獲得や借財償還にある程度有効であったとはいえ、新田地の開発を促進させる役割まで果たさせなかった」[44]と判断している。

一方、武蔵野新田における年貢永高の増徴が享保一二〜一四年にあり、一五年二月南武蔵野の新田では幕府に家作料支給を要求していた。『新田村落』では、家作料支給の要求に参加した村がはっきりしないという。『国分寺市史中巻』によれば、同年三月に戸倉新田が家作料支給願書を岩手藤左衛門に提出し、四月に恋ヶ窪村、本多新田、野中新田ほか南武蔵野の新田も夫食を拝借したいと代官に願ったことが記されている。

おわりに

『新田村落』刊行の契機となった小川家文書の調査は、一九五一年の春、宗京奨三、木村礎、伊藤好一、高島緑雄の四氏によってはじまったという。しかし、それ以前に明高中歴研の生徒と顧問の伊藤（もしくは伊藤が単独で）が小川家文書の調査をはじめていたことはほぼ確実である。明高中歴研の調査は学術的なものではないと判断されたので、四氏によって調査がはじまったとするのだろう。高島は明高中歴研出身であり、小川家文書の調査をはじめたときは大学一年生であった(45)。

明高中歴研が発行する『歴研通信』は、小川家の調査がはじまるとつぎつぎと発行された。このためクラブ予算を使い果たしてしまい、発行する費用もなかなか集まらない状態だったので、調査報告と資料集を続けて出したい、と明高中歴研OBに寄付を呼びかけていた(46)。これは、明治高中歴研の生徒たちが「現地でナマの史料」に触れ、資料の読み方や史料の処理の仕方などを伊藤に教えてもらい、調査したことや学んだことを発表したいという意欲のあらわれであろう。

木村に引率されて武蔵野の各新田を歴訪し、史料を整理して目録をつくり筆写などをする「史料実習並調査」に参加した大学生は当初一〇名であった。年を追うごとに参加者は増え、五年後の東京都北多摩郡村山町、西多摩郡青梅市を中心とする文書調査(一九五八年八月)の参加者は三九名となっていた。このように参加者が増えていったのは、木村の指導やこれに参加した卒業生たちのアドバイスがあり、宗京のねらい(学生に現地でナマの史料を読ませ、史料処理の仕方を修得させ、歴史学習意欲の向上をはかる)が参加した大学生に功を奏したからであろう。それに、大学生たちが『駿河台日本史』に論文を発表したのも、明中高歴研の生徒と同じ様な意欲のあらわれだと見ることもできる。

これまで『歴研通信』、『駿河台日本史』、『新田村落中間報告』、『小平町誌中間報告(Ⅱ)第一篇』、『小平町誌』について見てきたが、『新田村落』が刊行されるまでの経過に二つの流れがあったことがわかる。ひとつ目は、小川家の調査を最も早くはじめた伊藤が『歴研通信』を通じて生徒とともにその結果を発表し、小平町誌の編纂に従事し、『小平町誌中間報告(Ⅱ)第一篇』→『新田村落中間報告』→『小平町誌』へと研究が継承されていく流れである(ただ、この流れの検証は十分ではない）。

二つ目は、武蔵野の新田の開発人と出百姓を中心に見てきたことから想定される流れである。この流れは杉本にあてはまる事例である。杉本は、木村の「史料実習並調査」にはじめから参加した卒業生（大学院生）であり、武蔵野の新田村落について『駿河台日本史』第五号に榎戸新田の検地に関する論文をはじめ、同六号に新田の労働事情を発表している。『小平町誌中間報告（Ⅱ）第一篇』には執筆者の名前が記されていないが、「第一章　小川家のなりたち」の「第二節　小川村開発の前提」、「第三節　開発の経過」、「第三章　享保時代の各新田の開発」は、小平町誌調査委員となった杉本が執筆したものだろう。それは、『新田村落』の中間報告の性格をもつ『新田村落中間報告』の「第一章　新田村落」を執筆したのが杉本であったことから推測できる。すなわち、『駿河台日本史』→『小平町誌中間報告（Ⅱ）第一篇』→『新田村落中間報告』→『小平町誌』の流れである。この流れに飯島端治も含まれる。飯島が「史料実習並調査」に参加したのは大学三年生からである。飯島は、小平町誌調査委員となり、『新田村落中間報告』では「第二章　畑作地域における年貢の問題」を書いている。

三つ目は、大学二、三年生のとき「史料実習並調査」に参加し、『駿河台日本史』に論文を発表し、『新田村落中間報告』に発表した山里玲子、堀内祐子の流れである。二つ目の流れと異なるのは、小平町誌の編纂に関連した仕事をしていないだけである。

これら三つの線を撚りあわせるようにして『新田村落』を成立させたのが木村であった。木村は、新田の研究がともすれば新田だけにかたよりがちであったものを、「新田は新百姓によってつくられた村であり、新田百姓は当然親村（本村）から出てきた存在であるから、新田研究のためには親村を調べる必要がある」(47)と述べ、この方法を武蔵野の新田で実践したのである。「史料実習並調査」が東京都北多摩郡小川村からはじまって西多摩郡青梅市まで及んだのもこのためであった。また、木村は小平町誌編集委員だったので、『小平町誌中間報告（Ⅱ）第一篇』を執筆したものと思われる。『歴研通信』に寄稿した小論[48]や『駿河台日本史』第六号に掲載された「『鷹場預り』についての覚書」、『小平町誌』の「はしがき」などから木村が『小平町誌中間報告（Ⅱ）第一篇』で担当した部分を見つけ出すのは難しい。木村の執筆だと思われるのは、新田研究の研究方法の転換と新田研究の研究史について述べている『新田村落中間報告』の序章である。

『新田村落』の刊行以後、多くの自治体史が武蔵野の新田について記述しているが、自治体史という性格があるためか、武蔵野の新田の全体像は浮かび上がってこない。武蔵の新田に関する情報を多くの自治体史から収集していけば事実の確認ができて新知見も得られるが、それでも全体像を示すに至らないであろう。そうした中で小平市中央図書館や青梅市郷土博物館などが行っている数多くの史料集[49]の刊行は、これまで一部の人しか見られなかった史料が多くの人びとに共有されることにより、武蔵野の新田研究に寄与するところが大きい。当たり前のことであるが、歴史研究に史料が必要不可欠だからである。

注

（1）木村礎・伊藤好一編『新田村落――武蔵野とその周辺』文雅堂書店、一九六〇年一一月。
（2）関利雄「享保新田開発と武蔵野入会地」東村山市史編纂委員会『東村山市史　史料集（1）』一九六六年五月。
（3）宗京奨三「特輯号によせて」（『駿河台日本史』第四号、一九五四年六月）。
（4）『新田村落――東京都下小平・砂川・村山・青梅地方調査報告』（明治大学日本史研究室史料調査会、一九五九年七月、孔版）。
（5）木村礎「新版へのあとがき」（『新田村落』吉川弘文館、一九九五年一一月）。
（6）木村礎の共同研究書については、巻末略年譜参照。
（7）伊藤好一「小川家文書のこと」（『木村礎著作集月報10』一九九七年九月）。木村礎も小川家文書の調査開始を「昭和二六年の春」（『新田村落』三三六頁）としている。なお、木村礎「北多摩郡小川町文書調査」（『地方史研究』第三号）によれば、調査に従事しているのは「明治大学史学研究室宗京奨三・木村礎、明治中学伊藤好一の三名」であり、調査は「今年四月より始まり」とある。

(8) 報告者と題名はつぎのとおり。中山義信「小川村の開拓」、山崎敬生「小川村の人口」、川島英明「家族構成」、竹田志郎「人と馬」、浅輪重信「農業経営規模」、菅充弘「農作物の種類」、北迫吉隆「肥料」、岡田清「山林」、木村稔「郷倉」。

(9) 伊藤好一「私たちの郷土史調査」(『地方史研究』第一二号、地方史研究協議会、一九五四年四月)。

(10) 大橋正爾「小川村調査報告一覧表」(『歴研通信第三五号、一九五二年三月二〇日』。

(11) 奥瀬富美彦「嘉永七年寅小川村の土地所有関係」(『歴研通信』第三四号、一九五一年一二月四日)。

(12) 『歴研通信』第三五号(一九五二年三月三〇日)。

(13) 『新田村落』三三六頁。

(14) 伊藤好一「はしがき」(『歴研通信』第五二号、一九五六年三月一〇日)による。ただし、小川村・岸村の村入用の調査報告は『歴研通信』が全巻揃っていないので確認できない。その他は、砂川村が『歴研通信』第四八号(一九五五年二月)、蔵敷村が『歴研通信』第五二号(一九五六年三月一〇日)、鈴木新田が『歴研通信』第五五号(一九五六年一〇月一〇日)、高木村が『歴研通信』第六八号(一九六一年三月一日)である。

(15) 伊藤好一「明治前期に於ける地主の農業経営(平作の状態)」(歴研通信』第四四号)、同「明治後半期における小川家の農業経営」(『駿河台日本史　小平特輯――新田開発をめぐって』第六号)、同「近世小川村に於ける在郷商人の成立」(『地方史研究』九号)、同「近世における江戸近郊農村の商品流通」(『地方史研究』第一三号)、同「青梅市、新町における市日紛争」(『地方史研究』第二三号)。

(16) 木村礎「巻頭言」(『駿河台日本史』第八号、一九五八年一二月)。

(17) 木村礎・伊藤好一「はしがき」(『新田村落――東京都下小平・砂川・村山・青梅地方調査報告』)。各章の担当者はつぎのとおり。「はしがき」木村礎・伊藤好一、「序章」木村礎、「第一章　新田開発」杉本敏夫、「第二章　畑作地域における年貢の問題」飯島端治、「第三章　畑作地新田の成立と商品経済の展開」伊藤好一、「第四章　社会関係」茎田佳寿子・山里玲子・堀内祐子。

(18) 杉本敏夫・飯島端治・山里玲子・堀内祐子は大学院生・学生であり、茎田佳寿子は明治大学刑事博物館員であった。

(19) 杉本敏夫「新田開発」(『新田村落――東京都下小平・砂川・村山・青梅地方調査報告』一九五九年七月)。

(20) 木村礎「序章」(『新田村落――東京都下小平・砂川・村山・青梅地方調査報告』)。

(21) 伊藤好一「近世小川村に於ける農業経営の発展」(『歴研通信』第三五号、一九五八年三月)。

(22) 富田吉信作成「小川村入村者数」、伊藤好一「武蔵野新田の出百姓」(『歴研通信』第六〇号、一九五八年三月)に添付。

(23) 『小平町誌中間報告(Ⅱ)第一篇』は複数の筆者からなるものと思われるが、担当者の記載がない。引用した部分は　杉本敏夫の執筆とみなした。

(24) 『歴研通信』第六〇号(一九五八年三月)。

(25) 伊藤好一は、「第一表 野中新田善左衛門組年次出身郡別入村百姓数」と「第二表　大沼田村入植者の出身郡」ともに杉本敏夫作製の表よりとして引用している。前者は山里玲子の論文に、後者は橋本豊栄・児玉吟代の論文に掲載したものであるが、いずれも杉本が作成した旨の注記がないので、杉本が作製した表でない可能性はある。

(26) 宮川康「小平町の調査の足跡」(『駿河台日本史』第六号、一九五五年一一月)。

(27) 小平町誌編纂委員会「あとがき」(『小平町誌』)。なお、小川町誌編纂のため、一九五四年、五五年に各分野の調査とその整理が多数の学生によって集中的に行われた。各分野の名称・責任者は、つぎのとおり。歴史班・宗京奨三・木村礎、地理班・渡辺操、社会学班・泉靖一、建築班・徳永勇雄・浦良一。

(28) 同右。なお、第二次中間報告書三編の構成・発行年月はつぎのとおり。第一篇 江戸時代・一九五七年二月、第二編 近代・同年四月、第三篇 現代の一と二・同年八月、現代の三・同年一二月。

(29) このときの要望事項と補正の内容がわからないが、約二年後に刊行された『小平町誌』が『小平町誌中間報告(Ⅱ)第一篇』の構成と異なるのは、このことを反映しているのだろう

(30) 『小平町誌』三三頁。

(31) 『小平町誌』四〇~四一頁。

(32) 『小平町誌』四九頁。

(33) 『小平町誌』五〇頁。

(34) 『新田村落』と『新田村落調査報告』対照表。

『新田村落報告書』	『新田村落』	備考

第3表　元禄2年砂川村土地所有状況	第13表　元禄2年砂川村土地所有状況	
第1表　砂川村耕地の推移	第15表　砂川村地目別開発地の変遷	
第4表　宝暦4年砂川村土地所有状況	第25表　宝暦4年砂川村土地所有状況	百分比付
第11表　岸村新畑検地における階層別開発反別	第38表　寛文9年岸村新畑検地における寛文8年土地所持グループ別開発反別	

(35)　宮川康「武州多摩郡廻り田新田における農民構造の分析」(『駿河台日本史』第六号)、山里玲子「武蔵野新田成立の一形態——野中新田の場合」(同右)。
(36)　小平市中央図書館『古文書目録　第二集　當麻家文書目録』(一九八〇年八月)。
(37)　同右。
(38)　小平市中央図書館『古文書目録　第七集　小川新田諸家文書目録』(一九八四年八月)。
(39)　「鹿児島県甑島の小川氏系図」(『秋川市史』一九八三年一一月)。
(40)　小平市中央図書館『古文書目録　第八集　小川家文書　下巻』(一九八六年三月)。
(41)　小平市史史料集は、現在、第一集『村明細帳・地誌・家数人別帳』(一九九三年二月)から同第三〇集『交通・運輸』(二〇〇八年二月)まで刊行されている。
(42)　『東村山市史調査資料第二集　小町家文書目録』(一九九三年三月)。
(43)　同右。
(44)　『国分寺市史　中巻』(一九九〇年三月)。
(45)　高島は、『駿河台日本史』第六号に小川九郎兵衛について発表したのち、明治大学図書館が作成した小川家文書や目録の作成に協力している。さらに、小平町誌調査委員となって『小平町誌』に執筆していた。しかし、『新田村落中間報告』および『新田村落』に執筆していない。
(46)　「歴研の財政的危機を先輩に訴う」(『歴研通信』第三三号、一九五一年一〇月)。
(47)　『新田村落中間報告』。
(48)　木村礎「小川家文書研究の意義に就いて」(『歴研通信』第三三号一九五一年一〇月)。
(49)　青梅市教育委員会『青梅市史史料集』第四七号に武蔵野の新田開発の嚆矢となる新町村を開拓した吉野織部之助が書き残した

『仁君開村記』を『杣保志』を収録している。

第2章　木村藩政史研究の到達点と課題——佐倉藩・内藤藩を中心に

森　朋久

はじめに

本章では、木村とその共同研究者が行った藩政史の研究について、下総国佐倉堀田藩と磐城国平（のち日向国延岡）内藤藩の各研究を中心にその研究の足跡を中心に論じる。具体的には、木村が藩政史研究を開始する契機や動機、佐倉藩研究および内藤藩研究の経過と成果、木村藩政史研究の到達点と課題という観点から論を進める。

近年藩政史研究に新しい潮流が生じるなか、その研究史をまとめるにあたり、佐倉藩研究や内藤藩研究を他藩における藩政史に関する総合研究と同列に位置づける傾向にあるが、筆者はこの位置づけが本当に正しいのであろうかと感じることがあり、この点についても言及したいと考えている(1)。

一 藩政史研究のはじまり

1 下級武士論について

木村が藩政史研究を行い、諸成果を刊行したのは、一九六〇年代を中心に七〇年代の前半までの約一五年間であり、具体的には下総国佐倉堀田藩（以下、佐倉藩と略す）と、磐城国平内藤藩（後に日向延岡に転封、以下内藤藩と略す）の二つの譜代藩である。その後は村落の問題に戻り、思想史および精神史、村落景観論、村落生活史の各研究に専念することとなる。藩政史研究を開始する以前に、神奈川県北部の津久井での封建村落についての研究、多摩西部での新田村落についての研究であり、木村の研究生活の大半を村落史研究に費やしている。この村落史研究の流れからみれば、木村の藩政史研究は本流から逸れた亜流の研究のようにみえる。しかし、亜流にみえる藩政史研究であっても一五年もの長い間継続するということであれば、木村にとって藩政史研究は、第二の本流であり意義のあるものであったと筆者は考えている。そして、村落史研究の流れから藩政史研究の流れに転換した契機というものがとても気にかかるところである。このことについてまず考察していきたい。

木村が佐倉藩研究に本格的に取り組む以前に、藩関係の研究を行わなかったのかというと、そういうわけではない。すでに長門国萩毛利藩で、いわゆる「下級武士論」の研究を行い、さらに伊東多三郎主宰の藩政史研究会の活動の一環として萩藩史料を分析していたからである。(2) 村上直編『木村礎著作集Ⅲ　藩領と大名』解説では、この辺りの事情について次のように記している。(3)

もっとも、それ以前から藩に関係する作品を書いてはいた。「萩藩在地家臣団について」（一九五三年八月）、「萩藩の陪臣について」（一九五八年六月）等がそれである（著作集Ⅱ所収）。また伊東多三郎氏主宰の藩政史研究会の一員として山口県図書館架蔵の萩藩文書（現在は山口県文書館蔵）を少し調べ、その報告を「長州藩の史料」（一九五九年一月）という短文にまとめたこともある（著作集Ｘ所収）。しかしながらこれらは、明治維新における下級武士の役割つまり「下級武士論」的関心にもとづくもの、あるいは厖大な藩政文書の瞥見といった程度のものであって、藩そのものを丸ごと研究しようと思っていたわけではない。

この文章より、学会で話題となった長門国萩毛利藩での下級武士の研究を行い、すでに藩政史関係の成果を生み出していたのにもかかわらず、木村は一九六〇年以前において、藩政史研究に本格的に取り組む意志がなかったことがわかる。

２　研究の契機

このような気持ちを変える契機はなんであったのであろうか。これについても『木村礎著作集Ⅲ』解説で次のように記している(4)。

このように〔『封建村落』『新田村落』の研究のように――引用者〕私は、若い時の神奈川県津久井地方や東京都北多摩郡の新田とその周辺の調査を通じて、しだいに「地域」の持つ魅力に開眼してきたのだが、やがて何となく物たりなさを感ずるようにもなってきた。最初のうちは、その物たりなさの正体がつかめなかったが、自分を問い詰めて行く間にそれがしだいにはっきりしてきた。政治がたりないのである。

私の地域認識の基本は経済的かつ社会的性質のものであって、政治つまり権力との関係が欠けていたのである。私のこれまでの村歩きは、幕府直轄領（代官支配）が中心だった。大名領や旗本領もあったが、それらは分散的で、江戸時代における領主支配の性質を統一的に示すものとはいえなかった。もちろん代官、大名の政策を示す文書は断片的には残っているから、所定の時期における領主側の意向は部分的にはわかる。だがそれを統一的・全体的かつ具体的に知るためには村の文書だけでは歯がゆい。

封建村落および新田村落についての研究によって、社会的、経済的側面からの地域認識を培った反面で、政治的な側面、権力と地域との関係が弱いという課題が明らかになった。それでは権力との関係を明らかにするにあたり、なぜ全国統治権をもつ幕府、将軍ではなく、藩を問題にしたのかであるが、これも『木村礎著作集Ⅲ』解説で次のように記している。(5)

所定の地域における領主権力と在地状況との関係、これを知るための好適な対象は藩領である。しかしながら領主側の文書つまり藩政文書がまとまって残っていなければ、領主制と在地との関係を明確に把握することはできない。〔中略〕

やがて私は〝関東地方、しかもできるだけ東京の近くにまとまった藩政文書がないものだろうか〟と思案するようになり、さらには〝それを探そう〟と思い立った。

運がよかったという他ない。そうした最中に伊東多三郎「佐倉藩堀田家史料をみて」（『日本歴史』八六、一九五五年）を読んだのである。しかしながら一九五五年当時の私はすぐには動けなかった。津久井地方の調査は佳境に入っており、そのまとめに入ろうとしていた。西武蔵野における仕事は、調査が古村地域へ広がるにつれ、いつ終わるのか見当がつかなくなってきたのも一九五五年からのことである。

津久井地方の調査が終了し、その結果が木村礎編『封建村落　その成立から解体へ——神奈川県津久井郡』として公刊されたのは一九五八年七月。つまりこの年の前半には、津久井調査の終局がわかっていた。そこで私は東京西方の津久井から東方の佐倉へと方向転換し、佐倉藩政文書の共同研究を猛然と開始したのである〈東京都北多摩郡西部およびその周辺の共同研究の終了は一九六〇年〈木村礎、伊藤好一編『新田村落——武蔵野とその周辺——』一九六〇年一一月〉〉。

全くの偶然だが藩政文書がある千葉県佐倉及びその周辺は旧知の場所だった。佐倉は印旛沼南岸台地上の城下町であり、印旛郡の中心都市である。その印旛沼を隔てた対岸の村に私はかつて住んでいたことがある。一九四一～四三年にわたり、辺鄙な村の学校で代用教員をやっていたのである（一七歳～一九歳）。代用教員は講習を受けて資格をとらねばならない。講習は郡内の佐倉、成田等の町場で実施される。私は印旛沼を舟で渡り、何回か佐倉に行った。このかつての城下町は若い時のなじみの場所だった。

佐倉には日産厚生園という大きな病院があった（今もある）。この病院は維新後設けられた堀田家（旧領主）の屋敷地の一廓にある。広壮な堀田家の屋敷そのものも立派に残っていた（今もある）。院長さんの御厚意で、われわれはその屋敷を合宿所としてお借りした。藩政文書そのものは屋敷地の一隅の土蔵の中にあった。

藩を研究対象としたのは、截然とした境界によって長期的に不変性をもつ藩領域が確定されることによって領域＝地域が確定され、領域内における権力と在地状況との関係が把握できるからである。このためには領主文書が必要とされたが、伊東多三郎氏の成果によって、下総佐倉堀田藩の文書の所在を把握することとなり、同文書に基づく、藩政史研究、佐倉藩研究を進めることになる。

以上が『木村礎著作集Ⅲ』解説から伺うことができる、木村の藩政史研究開始の契機であり、一九五五（昭和三〇）年に伊東多三郎氏の論文にその所在情報について教示を受けてから五年後、五八年から佐倉藩の研究に本格的に取り組むこととなる。木村の藩政史研究を始めた動機であるが、以上にみたように『木村礎著作集Ⅲ』解説によると、地域史研究における政治と権力の問題となるが、これは封建村落から生活史研究までの一連の村落史研究を終えた段階の回想によるものであり、他の文献によると当時は少し異なった動機を持っている。この点については、後で触れる。

二　『譜代藩政の展開と明治維新――下総佐倉藩』

1　『明治維新史研究講座』の執筆

一九五五年から五八年までの間、『封建村落』および『新田村落』の二つの村落史研究に専念するが、その忙しい日々を送る傍ら、「天保期における幕政の改革」が歴史学研究会編『明治維新史研究講座　第二巻　天保期～嘉永期下』（平凡社、一九五八年）の第二章「幕藩体制の動揺とその改革策」の第二節として発表される[6]。同書の刊行は一九五八年八月であり、まさに佐倉藩研究に邁進し始めた時期とほぼ同時期である。本論文は、表題に記す通りに、あくまでも天保改革を中心とする天保期の幕政改革に関する研究史的な整理であり、佐倉藩の藩政史研究とは一見関連性がないかにみえる。しかし、本論文の構想、執筆、推敲を行ったであろう時期と佐倉藩研究の構想を練ったであろう時期は一致しており、いずれも近世領主制の研究であるので、本論文は佐倉藩研究に対して少なからず影響を与えたと思われる。さらに天保期前後の佐倉藩主堀田正睦は一八三七（天保八）年九月から西丸老中、天保改革開始の前々月の一八四一（天保一二）年三月に老中となり、水野忠邦が老中を罷免される直前の一八四三（天保一四）年閏九月に同職を罷免されており、天保改革のほぼ全期間水野忠邦とともに職務を遂行した(7)。したがって佐倉藩は、水野忠邦とともに天保改革を推進する幕閣の藩であり、天保期の幕政改革を検討することは佐倉藩研究の前提になると捉えられる。

そこで、この「天保期における幕政の改革」の概要を触れたのちに、佐倉藩研究の成果である木村礎・杉本敏夫編『譜代藩政の展開と明治維新——下総佐倉藩』（文雅堂銀行研究社、一九六三年一〇月）(8)との関係について触れたい。「天保期における幕政の改革」の章立ては以下の通りである。

木村礎「天保期における幕政の改革」目次(9)

Ⅰ　はじめに

Ⅱ　戦前研究の概観

天保期と維新史の関連について

（尾佐竹猛・服部之総・野村兼太郎の諸説について言説）

水野忠邦を中心とする研究

（角田音松・福地桜痴・工藤武重・中村二葉の諸説について言説）

三上参次の事実究明とアカデミズム史学

（池田晃淵・小林庄次郎・三上参次・内田銀蔵の諸説について言説）

民間史学の系統と社会経済史的研究の成果

（竹越與三郎・徳富猪一郎・『維新史』〔文部省維新史料編纂事務局編〕・本庄栄治郎・宮本又次・江頭恒

Ⅳ　むすび

今後の研究への要請

本論文は、天保改革に代表される天保期の幕政改革の研究史について、大きく戦前研究の概観と戦後研究の問題点に分けて論じている。[10] 戦前研究の概観では、戦後の研究のように天保改革の研究が、必ずしも明治維新の前段階として研究されているわけではないことを前提に、幕府天保改革の研究史について論じている。個々の成果は省略し、天保改革の性格について、内田銀蔵以来である「天保改革は、封建制度維持のための復古的・保守反動である」という見解が定着していたことが注目される。一方で戦後研究の問題点では、木村が主要な問題と捉えた「絶対主義への傾斜の問題」と「株仲間解散」を扱っている。長州藩天保改革から見出された天保期を幕藩体制の全体的危機と把握する、奈良本辰也の問題提起が遠山茂樹・井上清によって定着され、批判的見解が堀江英一から出される状況であった。遠山茂樹は天保改革を失敗と捉え、「その原因を、幕府機構の腐敗と硬化、幕領の分散したがって農民掌握の不徹底、農民的商品経済の発展、商業・高利貸資本統制の不十分などをあげた。」とあり、また遠山の絶対主義の理解については、「就中政治的には、絶対主義の成立は、農民戦争に対抗する封建権力の統一・強化として把握さるべきものて、「天保の幕政改革を促す直接のきっかけとなったものは、この時期の百姓一揆の昂揚であった」という見解を生み出したという。これらの農民に関することは佐倉藩の研究に影響を与えたと捉えられる。一方で株仲間解散については、戦前の研究と戦後の研究に分けており、戦前の研究をまとめて、「以上で戦前における株仲間解放研究史を概観し、年を追うてこの問題が重視されるに至り、幸田成友、宮本又次らの研究に至ったことを紹介した。これらの研究は株仲間ならびにその解放の事実について精密であり貴重なものではあるが、おおむね「商業史」的観点にかたより過ぎているという欠点があったと思う。商業機構、商業政策の観点が強く、その農村との関連、幕藩体制崩壊期における歴史的位置づけの面では不足の憾みがあった」と結論づけた。戦後の研究では津田秀夫の天保改革の研究を取りあげている。津田は、天保改革の全過程における課題は農民的商品経済の成果を如何に把握するのかであると捉え、まず株仲間解放令は幕府が都市問屋資本を排して農民的商品経済を掌握する意図があり、さらに株仲間復興は農村に在方株を設定させ組織化し、農民的商品経済の掌握を完成させるという見解を示したことを紹介している。

むすびでは、戦後の天保改革の研究が戦前研究からあまり進捗していないこと、事実そのものの掘りさげが旧来の成果にほとんど負っていること、天保改革の諸政策のうち株仲間の解散ばかりでなく政策の全構造を問題にすべきことをあげ、今後の研究への要請として、改革と農村との関係の具体的な検証、第二に商業史研究の再検討、第三に政策の変化の追求を指摘した。以上の内容で佐倉藩との関係で注目されることは、天保改革の直接契機となった、この時期の百姓一揆の昂揚、都市商業資本の農民的商品経済の掌握、天保改革の主要政策である株仲間解散の対象となった都市商業資本と農村の株仲間復興の対象となった在方株の対抗等であり、これら問題解決の手段が、「むすび」の今後の研究への要請で挙げた改革と農村の関係の具体的な検証となる。佐倉藩は、関東平野の江戸近郊農村が城付領であり、改革と農村との関係の具体的な検証を行う対象地域となり、本論文は、佐倉藩研究に大きく影響を与えたと考えられる。

2　『譜代藩政の展開と明治維新』の特徴

佐倉藩研究の成果は、木村礎・杉本敏夫編『譜代藩政の展開と明治維新――下総佐倉藩』（文雅堂銀行研究社、一九六三年）として結実されることとなる。[11] 木村が「はしがき」[12]に記しているが、本書は近世後期から幕末維新期に至るまでの後期堀田佐倉藩の研究である。後期堀田佐倉藩は一七四六（延享三）年に佐倉藩主となった老中堀田正亮に始まる。堀田正亮の祖は三代将軍徳川家光の幼少時の近習、側近から老中となる堀田正盛であり、正盛は武蔵国川越藩主から信濃国松本藩主を経て一六四二年（寛永一九）に下総佐倉藩主となり、前期堀田佐倉藩が成立する。しかし、正盛殉死後、子正信が一六六〇（万治三）年に改易となり、前期堀田佐倉藩は比較的短期間で終わったのである。現存する佐倉藩文書は一七四六（延享三）年以降のものであり、この史料的な制約から本書の大部分、第二章から第八章までは近世中後期から幕末維新期の研究となる。第一章はその前史として、藤野保によって堀田氏の性格を規定する譜代藩一般についてその成立と存在状況を、また後期堀田佐倉藩の成立過程を前期佐倉藩との繋がりからそれぞれ概観し、次に木村によって佐倉藩の家臣団の構成と藩領の構成についてそれぞれ概観し、藩領については不変部分であり町・村の一円的な支配が可能な城附領（佐倉領）と、羽州領などから構成される可変的領地である飛地から構成されることが示される。

第二～八章までが本論であるが、内容は大きく四つに分かれる。①佐倉藩政の諸問題で、具体的には中後期から幕末維新期までの藩政史で主要問題とされる藩政改革、兵制改革の諸問題、②近世後期から幕末維新期までの佐倉藩城附領の農村構造と商品流通の変遷、③羽州領の農村構造と商品流通の変遷、④幕府の関東支配と佐倉藩へのその影響の四点である。

本書において、先にあげた「天保期における幕政の改革[13]」と関連する部分は、「四　藩政改革の展開」「五　天保期農政と幕末農村」である。前者のうち万延期の財政改革について木村は、「江戸の蔵元による藩財政支配を断ち切り、金融源を領内の富農、富商層に求め、それらは決して踏み倒さないという内容を主軸にしたものである。これは藩の財政・経済を幕府の保護下にある都市大商人の支配から脱却させ、領国経済の自立化を計ったものとみなされる」と評価している[14]。さらに「このような藩経済自立化への志向については、既に長州藩において指摘されていたが、江戸にごく近い譜代藩である佐倉藩において実施され、それが一応の成功をおさめたというようなことは予想していなかったから、この改革には少々驚いた（後述する内藤延岡藩には全くなかった）[15]」と『木村礎著作集Ⅲ』解説で述べている。

この佐倉藩研究を支えた学生・卒業生が参加した夏調査として、一九五八（昭和三三）年から六二年まで佐倉藩政史料と周辺地方史料調査が、六一年には成田市周辺地方史料調査が、さらに六二年には羽州領山形市周辺地方史料調査がそれぞれ実施された。佐倉藩の研究の方法としては、佐倉藩の藩政文書と地方史料との両方を利用するという方針であったため、上記の城附領や飛地領での地方史料調査はとても重要であった。

また、木村礎「藩政史と村落史――佐倉藩を中心に」（『地方史研究』44、一九六〇年四月）、杉本敏夫「譜代佐倉藩の解体過程――その廃藩置県への道程」（『駿台史学』11、一九六一年三月）が発表される一方、佐倉藩政をテーマとした学生の卒業論文（六本）が発表され、いずれも佐倉藩研究をまとめるにあたり、基礎的な成果となった。(16)

三　『譜代藩の研究』――磐城平・日向国延岡内藤家研究

1　内藤藩研究の意義

佐倉藩の研究に引続き行われるのが、同じく譜代藩である磐城平および日向国延岡内藤藩の研究である。堀田家は堀田正睦に代表される老中など幕閣を務める大名であるが、譜代大名のなかでは三代将軍家光に取立てられたいわゆる新参大名の家系である。これに対して古参のものは、家康またはその先祖松平氏が三河国（現愛知県）で土豪から戦国大名に成長する過程で附属し、辛酸を嘗めながらも松平氏を支えてきた先祖をもつ譜代大名や旗本など徳川氏直臣団であり、この系譜をもつ譜代大名の研究を行わなければ、本来の譜代藩の研究を行ったとはいえなかった。このような状況下、一九六三（昭和三八）年六月に明治大学は文部省機関研究費を得て、譜代大名内藤家の文書を東京青山の内藤邸から明治大学図書館和泉分館へ移管した。内藤家は、その先祖が家康の祖父松平清康の代までに松平氏に仕えた徳川氏家臣団のなかでも古参中の古参であり、幕末期までに越後国村上藩、信濃国高遠藩など分家六家を輩出した内藤家の宗家的な存在であって、本来的な姿をもつ譜代藩の研究ができる可能性を秘めた文書であった(17)。

2　内藤家文書の整理

明治大学へ内藤家文書移管ののち、直ちに木村の指揮のもとに文書整理と目録作成作業が開始されたが、明治大学へ文書が移管される以前、戦前から臼井信義らによって整理作業が開始され、一九六三（昭和三八）年六月までにすでに相当な整理が進行しており、①分類も編年も概ね終了していたもの（完成した目録の第一部所収）、②分類も編年も共に済んではいないが、文書一点ごとの書上が終わっていたもの（同第二部所収）、③ほとんど処理の行われていないもの（同第三部所収）という状況であった。整理にあたっては三部だての整理状況を生かし、それぞれ別途に整理することにした。ただし分類項目は、臼井の第一部の分類項目を第二部、第三部に反映することとし、場合によっては若干追加することとした。三部立ての目録は利用者にとっては不便であったが、約五万点文書をなるべく短期間で整理するとなると、致し方がない処置であった。文書整理合宿には多数の卒業生と学生が参加し、比較的短期間に整理が終了し、文書移管から二年半ほどたった一九六五（昭和四〇）年一一月に目録（二段組六五六頁）を明治大学図書館から刊行した(18)。内藤家文書の内容について、木村は『木村礎著作集Ⅲ』解説のなかで、「上総佐貫時代の文書はないが、磐城平時代からの文書は継続的に残っている。江戸初期の藩主が国元の家老にあてた書簡（政治・行政上の指示）、内藤氏と幕府との関係を示す老中奉書などが大量に残っている。この内藤家文書は譜代大名文書として第一等のものである。外様大名文書を含めても屈指の文書である(19)」と述べて、譜代・外様を問わず非常に貴重な大名文書であると評価している。

3 『物語藩史』の執筆

内藤家文書の整理の結果に基づいた成果で最初に公刊されたのが、児玉幸多・北島正元編『物語藩史』7（人物往来社、一九六六年）に所収された木村礎「延岡藩」である。一般書なので平易に書かれた概説書となっている。この作品の特徴は、内藤家文書に残存する一七四七（延享四）年の磐城平から日向国延岡への転封関連の文書を利用して、転封時の諸手続き、城と領地の引渡および受取の際の幕府役人や藩役人の動向、旧領磐城から新領延岡への家臣団の移動状況などを詳述していることである。転封時の状況を詳述した成果は少ないので、筆者はこれを論文化するべきであったと思うが、後に刊行される『譜代藩の研究』では実現しなかった。[20]なお、明治大学博物館二〇〇九年度特別展「大名と領地　お殿様のお引っ越し」（明治大学博物館、二〇〇九年）において、内藤家文書のうち転封関連史料の一部が公開、展示された。[21]

4 平領および延岡領での地方調査

木村の藩政史研究の理念は、藩政文書と在方文書の両方を基本史料として研究を行うというもので、佐倉藩研究ですでに実行されており、この理念は内藤家研究でも引き継がれた。そのため、前述した内藤家文書の整理作業の最中、一九六四（昭和三九）八月に磐城平領（福島県）で地方文書の調査合宿を実施し、翌六五年八月に延岡領（宮崎県および大分県）で地方文書の調査合宿を実施した。[22]延岡領は一円所領である平領と異なり高千穂・宮崎・豊後など分散所領であり、延岡を拠点にこの全ての地域に調査団を派遣した。平領および延岡領での地方文書調査の成果も、一九六六年に明治大学図書館から目録が刊行された。[23]

これら文書調査合宿に参加した門前博之は、「内藤家文書調査と木村礎先生の思い出」[24]において、図書館和泉分館での内藤家文書の調査合宿および平領、延岡領での地方文書調査合宿のそれぞれの様子について語っている。そのうち延岡領の調査については氏が非常に印象深く、その様子を詳細に描写している。

5　『譜代藩の研究』の刊行

その後、文書内容の共同研究を進め、小規模な現地調査も実施した。その成果の事前報告として「内藤家文書研究中間報告——藩政と藩領」（一九六八年）が発表され、駿台史学会「駿台史学」第二三号では「内藤家文書研究特集」が組まれ、七本の論文が報告されている。そして一九七二年（昭和四七）に明治大学内藤家文書研究会編『譜代藩の研究——譜代内藤藩の藩政と藩領』が刊行された。[25]

本書は、他の共同研究と異なり個別論文集である。この時期は大学紛争期であり、木村の身辺は混乱し多忙であったためである。木村はこの共同研究の特徴を、「武将としてのまた譜代大名としての内藤氏を三河時代、上総佐貫時代に遡って追求したことである。これは、堀田佐倉藩の場合にはできなかった。内藤家文書中にはこの時期の原文書はないのだから、三河や佐貫に行って内藤氏の痕跡を探す作業をやった。七〔木村忠夫「耳川合戦と大友政権」——引用者〕は内藤氏とは直接関係しないのだが戦国期東九州の情勢を知る一斑として収録した。本書の中心は、磐城平時代及び延岡時代の主要事象を各筆者の関心にしたがって書いた部分にある。[26]」と述べており、各論文の個別性と問題関心の独自性について指摘している。

このなかで木村は、「八　延岡藩領とその支配」を執筆したが、問題関心は、延岡周辺、西方の九州山地の高千穂、南方の宮崎、北方の豊後三郡に分散している同藩の所領構成そのものの特徴を掴むことにあった。また、木村は、互いに遠隔地として離れた高千穂・宮崎・豊後の各地に置かれた代官や藩の諸所に置かれた番所の各機能や役割に興味を引かれたようである。

木村の佐倉藩の研究との関連でいえば、都市商業資本からの藩領内市場経済の自立化の問題である。幕府は幕藩制国家を支える三都をはじめとする都市商業資本を通して藩領内市場経済を統制したが、近世中後期から幕末期にかけて藩は財政赤字を克服するために商品作物の奨励と専売化を進める結果、幕府の経済的な箍を乗り越え藩領内市場経済の自立化が明治維新を担う薩摩・長州・肥前・土佐など西南外様雄藩等でみられるようになる。(27)譜代藩である佐倉藩の場合は、城付所領が江戸近郊に位置するという地理的条件と領内では「豪農」が発生することができない生産性の低さと、特産物が佐倉炭のみに限定されるという商品作物の希少性に規定されて、江戸後期までは藩領内市場経済の自立化はできず、将来的にも望めない状況であった。ところがこのような諸条件がいずれも低位に止まる佐倉藩城付領でも、城下町佐倉や成田、千葉の経済的な繁栄や農村部でも藩の諸負担に耐える豪農が出現するようになり、この状況を踏まえて佐倉藩首脳部は江戸商人との関係を絶ち、領内商業資本や豪農との商業金融的関係を深め、譜代藩であるのに佐倉藩は、江戸商業資本からの藩領内市場経済の自立化を推し進める。以上のことを木村は佐倉藩研究で明らかにした。(28)「八　延岡藩とその支配」でも、佐藤信淵の『経済要録』が語るような延岡藩での領内市場経済の自立化について触れ、佐倉藩と異なり幕末期までこれが実現しなかったことを言及した。(29)木村は、信淵の延岡領の潜在的な商品作物の存在と経済的な発展の可能性の説を批判的に受け止め、その反証のため本論文で領内の実情、磐城平と比較しながら延岡の自然条件の低さ、支配の困難さ、領内商業資本の問題などを明らかにしたと捉えられる。本章の内容は、延岡領の概要のようにみられるが、重い問題意識を以て書かれたものといえよう。

なお、内藤藩研究を行う途中で、いくつかの目録、諸論文が発表された。いずれも本書をまとめるにあたり、基礎的な成果となった。(30)

四 木村藩政史研究の成果と課題

1 佐倉藩研究開始の動機に関して

先に『木村礎著作集Ⅲ』[31]解説に記された木村の藩政史研究の動機は、一連の村落史研究を終えた段階での回想ではないかという見解を述べた。その根拠として「藩政史研究と村落史——佐倉藩を中心に」[32]と「幕末期の藩政」[33]の一部を以下あげる。

これ〔長州萩毛利藩——引用者〕とは逆に、関東〈殊に南関東〉の村落〈多くは幕領〉史料を見ていて常に感ずることは、幕府の政策、或いは旗本というものの実質について、もっともっと具体的な理解を獲得せねば研究の面白味は出てこないのではないか、ということである。ところが幕領は広大な上に非常に異なった多くの地域を包括しているから、それぞれの地域に関する数多くの結論を得てからでないと一般的な結論は得難いのである。これは実はなかなか骨なことである。ところが藩領となると幕領程の広さも複雑さもなく、従って藩権力と藩農村の問題を一望の下におさめることは必ずしも不可能ではない。このように支配と被支配との関係を統一的に把握するためには、今のところ藩を中心に考えてみることが必要だし、早道なのである。(「藩政史研究と村落史——佐倉藩を中心に」一九六〇年四月)

戦後の天保改革研究は長州藩を頂点にして非常に進んだが、その研究対象は外様大藩や水戸藩のような特別な藩であった。何といっても外様大藩は幕末・維新期にそれぞれの立場で大きなエネルギーを発揮したし、史料の残り方も割合良好なのである。これに対し、譜代諸藩は彦根藩（三五万石）を除いては規模が小さかったし（大きくとも大体は一〇万石程度）、幕末・維新期に独自の活躍をなしえなかったものが圧倒的であった。また史料の残り方も若干の例外を除いては劣悪である。したがって譜代藩においては天保期前後の政治改革についても必ずしも定かでないというのが当時の実情であった。

私が研究室やその周辺の若い人々や学生とともに佐倉藩の研究を始めたのは、右のような幕末藩政史研究にあきたらなさを感じたからであった（この研究結果は木村礎・杉本敏夫編『譜代藩政の展開と明治維新――下総佐倉藩』として一九六三年刊行）。（「幕末期の藩政」一九七〇年六月）

前者の論文によると、関東において幕府政策や幕領の研究は必要であるが当面は困難なので、藩権力と農村との関係を一体的に把握できる藩政史研究を行うという内容にとられ、これによると藩政史研究を始めた動機は、幕府や幕領研究の前段階として藩政史研究を行うということになる。

一方で後者の論文によると、外様大藩や一部の親藩が研究の中心であり、これに対して譜代藩は天保期前後の政治改革ですら明らかにならない当時の幕末期藩政史の研究状況に対する批判として、譜代藩である佐倉藩の研究を開始したという内容にとられ、これによると、藩政史研究を始めた動機は、これまでほとんど手つかずなので幕末期の譜代藩を対象にした藩政史研究を行うということになる。つまり両論文にみられる藩政史研究の動機は藩政の研究史の流れにあり、地域史研究の流れではないと捉えられる。

2 佐倉藩研究と村落史研究などとの関係

前述のように、一九五八（昭和三三）年七月に神奈川県津久井（相模原市）での研究の成果論集である『封建村落』[34]が上梓された。その月に西の津久井から東の佐倉へ調査地を変更し佐倉藩の研究が開始される。その際、一九五四年七月から開始された多摩西部での新田村落の研究も継続され、五八年八月に同地でこの調査が実施され、翌年八月も引き続き実施され、六〇年一一月にその成果が『新田村落』として上梓された。[35]つまり、佐倉藩研究が開始されて二年間余りは多摩西部の研究と平行しており、両研究のまとめ役であった木村はかなり多忙であったと想像される。『封建村落』では、木村は序章とあとがきのほか、「第六章　飢饉をめぐる諸問題　第一節　天明飢饉」「第二節　土平治騒動」「第三節　天保飢饉」「第四節　明治二年の飢饉」を執筆し、天明期・天保期・明治期の各飢饉と、土平治騒動という打ち毀しを著した。[36]

一方で木村は、『譜代藩政の展開と明治維新――下総佐倉藩』の「二　江戸後期城附農村の諸問題と商品流通」では、天明飢饉と一揆・打毀し、江戸後期農村構造の諸問題として散田、潰百姓の増大、人口の総体的減少を、また「五　天保期農政と幕末農村」では隠徳講・社倉仕法・種痘仕法などによる人口増加・散田防止、年貢収納確保、村内治安維持、農民の土地緊縛強化などを趣旨とする天保期農政の展開の結果として、幕末期農村の回復、年貢収納の上昇、農民分化の兆候がみられる一方で、百姓一揆・村方騒動が増加したことをそれぞれ明らかにしている。[37]この両書の内容から、木村が扱った課題は、農村荒廃と百姓一揆や村方騒動という民衆運動であることがわかり、当時木村がこれら問題に関心を寄せていたのではないかと想定される。

さらに「一　堀田佐倉藩の成立」「Ⅲ　家臣団の形成」および「Ⅳ　藩領の構成」は、長州萩毛利藩での下級武士論の研究[38]と、一九五九（昭和三四）年一月発表の長州藩の藩法、知行制度、家臣団構成の史料について略述した小考、「長州藩の史料」[39]と問題関心が関連すると考えられる。また、「四　藩政改革の展開」「Ⅰ　元文改革」「Ⅱ　文政改革」「Ⅲ　天保改革」「Ⅳ　万延期の財政改革」という近世中後期および幕末期の藩政改革をテーマにしているが、これは幕末・明治維新期の諸問題を取り扱う藩政史研究が、長州藩を皮切りに諸藩で藩政改革を中心課題として行われてきたためである(40)。

そして佐倉藩の場合、『明治維新史研究講座　第二巻』所収の「天保期における幕政の改革(41)」を前提に、天保期の幕政改革担当者(堀田正睦)の自領内における諸改革について幕政改革を意識しながら明らかにしたと考えられる。

以上のように木村藩政史研究では、過去の下級武士論などで行った長州藩での家臣団や政治制度の研究のみならず、藩政史研究の方法として藩政文書と地方文書を同等に扱って村落構造を分析したが故に、『封建村落』と内容の関連が生じたと考えられる。

3　藩政史研究の方法論

木村は「幕末期の藩政(42)」において佐倉藩研究を事例として藩政史研究の方法についても触れており、参考になる。以下その部分を紹介する。

佐倉藩(堀田氏、譜代、一一万石)の史料は当時すでに相当散逸していたがそれでも中心部分は現地に残っていた。まず最初に史料を整理し、目録をつくったわけだが、その過程で、藩史の概略に関する編纂物が相当多量に存在していることがわかった。天保期の藩主は堀田正睦(はじめ正篤、安政期の幕府老中として著名)であるが、彼の謚号は「文明公」で、彼の治世中の藩政の概略は「文明公記」という編纂物によって明らかになしうる(歴代藩主の略伝という形で藩史の概略が編纂されたのは明治に入ってからのことである)。これを読んでいくと、彼が主唱してこの藩においても天保期に藩政改革が行われていることがわかった、(どのような藩でもこのような型の編纂物は存在するはずである。大藩はもとよりであるが、私見の限りでは日向延岡藩[譜代、七万石]のように原史料の厖大な残存にもかかわらず編纂物の極度に少ない藩においてすら「藩史資料」という概括的な編纂物が一部だけ存在している）。また正睦の前の藩主の時期に文政改革が施行され、それが挫折していることがわかった。

一般的に藩政文書のなかには、近世または近代にはいってから藩の政治的または文化的事情により藩政文書から職務上重要な事項を抜き出してまとめた実務手控および藩や大名家の歴史や名君賢宰の事績を記した諸編纂物が存在する場合が多く、このような史料を利用すると藩政の概要や藩や大名家の歴史の概要の把握が容易くなるのである。

4　内藤藩研究の動機

一九六三（昭和三八）年に明治大学に内藤家文書が移管され、木村を中心にその整理と目録作成作業を行ったことが研究の契機となったと考えられる。また佐倉藩の研究の場合は、藩政文書の残存状況から近世中後期から幕末維新期までであった。これに対して内藤家文書は江戸時代初期の磐城平時代から文書が存在し、近世を通して研究できる可能性があった。また堀田氏の場合は家光に取立てられた新参譜代であったのに対して、内藤家は少なくとも家康の祖父の時代から松平氏に仕えた古参の松平氏家臣団出身の譜代大名であり、譜代大名の研究にとどまらず徳川氏直臣団の研究に広がる可能性も秘めていた。このような有利な状況を踏まえて木村は内藤家文書の共同研究を始めたと考えられる。

その方法は、佐倉藩研究のスタイルを踏襲し、藩政文書と地域調査で発掘された地方文書の両方を基本史資料とした。前述のように平領と延岡領で地域調査を実施するとともに、内藤家文書では洩れている松平氏・徳川氏家臣であった三河時代や佐貫時代の藩政文書調査を三河地域や佐貫でも実施している。

5　藩政文書における農政史料について

木村は、「幕末期の藩政(43)」において、藩政文書における農政史料に関して、次のようなことを述べている。

ところで、奇妙なことに農政については藩側の史料はあまり多くを語っていない。天保六年五月一日の佐倉藩『年寄部屋日記』は藩主正睦の「在中江申渡」全文をのせているが、これは儒教的天道理念で農民を教化していく意図を示した要するに御説教で、具体的なものではない。農政に関する記述は総体にきわめて断片的で少量なのである。このような傾向は他の藩についてもほぼ同様ではないのかと最近感じ始めている。したがって、藩からの触書や藩への意見書などは広く領内農村や地方関係の家臣の家を訪ねて求める必要がある。我々は佐倉藩の研究においてまさにそうしたのであるが、結果はそう良好ではなかった。それでも勧農役や子育て掛に各村の上層農民があてられていることがわかったし、彼らを中心とする社倉仕法が広く展開してきたことも判明した。また、藩の農政に対する意見書が農村史料の中から出てくるというようなこともあった。

藩政史研究において農政の検討は藩の基礎構造を解明するうえで重要であるが、木村は、佐倉藩では農政の具体的な政策を示す史料は藩政文書には断片的で少なく、これは他の藩でも同様ではないかという見通しを立てている。そしてそれを補うために藩領域で地方文書調査を行った結果、勧農役や子育役の存在や社倉仕法の施行状況などが把握できたことを述べ、藩政史研究における村方文書調査の重要性を語っている。また、この引用文のように一般的に藩政文書に農政史料が断片的で少ないということであれば、木村が専攻する村落史研究を行う際に藩政文書の検討のみでは、農村における代官など支配方と被支配方である農民との関係を明らかにすることが難しいということになる。

さらに極端なことをいえば、農政の問題は地方文書の分析のみで十分に明らかにできるというところまで主張しているようにとれる。「幕末期の藩政」が発表されたのが一九七〇（昭和四五）[44]年、その二年後の一九七二年に『譜代藩の研究』[45]が上梓されたのを最後に木村は藩政史研究から離れ、再び村落史研究に戻り、後生をこの研究に費やすこととなる。この論文の先の引用文の記述は、木村の以後の研究活動の軌跡を示唆するものとして気にかかるところである。

6 『譜代藩の研究』の内容構成

本研究が本格化した時期は、木村が大学内外で重職を務め非常に多忙であり、このため共同研究は実施されたが積極的に関与できなかった。この影響を受けて、本研究の成果である『譜代藩の研究』[46]は、各筆者の関心に基づき執筆された個別論文の集成体となった。それだからといってばらばらな内容の論文を寄せ集めたというわけではなく、全体の流れとしては三河における松平氏・徳川氏直臣時代から始まり、佐貫で近世大名となり、磐城平転封以降の領国経営と初期の地域社会と、その後の内藤家の運命を決めた元文一揆を経て、一七四七（延享四）年に延岡へ転封し、その後の領国経営と地域社会、幕末の藩政改革と明治維新後の藩の解体という形で、内藤藩に関してその前史を含めて成立から解体まで一貫して追及した成果となっている。佐倉藩研究は史料の問題もあり近世中後期から明治維新期まで譜代藩政の展開と解体を明らかにしたのに対して、内藤藩研究は近世を通して譜代藩政の成立から解体を明らかにしたのである。この成果は例えば伊東多三郎が主宰する藩政史研究会編『藩政成立期の研究——米沢藩』[47]や谷口澄夫『岡山藩政史の研究』[48]で行った藩政成立期の諸問題の具体的な検討を通して、江戸時代の社会の原形を明らかにするという分析方法[49]と、「「藩政」の変動（藩政改革）の中から明治維新への展望を明らかにしようとする型[50]」という幕末・明治維新期の藩政史研究の二つの研究の流れを組み込んだ当時においては数少ない成果と考えられる。[51]

7　木村藩政史研究の到達点と課題

木村が佐倉藩研究を開始する以前の藩政史に関する研究史は、豊富な研究報告の積み重ねがある外様藩に比して譜代藩の研究はかなり少ないという状況にあったが[52]、佐倉藩と内藤家の研究が加わることで譜代藩の研究事例の厚みが増すとともに、幕閣藩である佐倉藩、三河以来の本来的な譜代藩である内藤藩の各研究によって幕府と譜代大名、徳川（松平）氏と譜代大名（譜代武将）、幕府政治と譜代藩政などというような徳川氏（松平氏）および幕府と譜代藩の諸関係が明らかになった。また佐倉藩では、藩政文書の残存状況から近世前期に関しては概説に留まったものの、両藩ともに近世を通して譜代藩の成立から解体まで一貫して追求した研究であり、藩としての一貫性、譜代藩としての特質、幕府との関係がかなり明らかになったと考えられる。以上が木村藩政史研究の到達点である。

また課題であるが、木村が佐倉藩は最幕末期に藩領内市場経済の自立化が達成される一方、内藤藩は幕末期まで藩領内市場経済の自立化が達成されなかったと結論づけることが象徴するように、木村の藩政史研究の主たる分析視角は『下級武士論』以来の政治史的立場と社会経済史的立場である。したがって大名家格、官位制度、朝廷関係、都市史、交通史、階級、身分という視角は弱いといえる。ただし、このような研究視角は一九八〇年代に歴史学が社会史の流れに関心を向けて以降[53]、研究方法が確立されるので、当時としては仕方がないことであった。また、先述したように両研究ともに藩の成立から解体まで一貫した研究である反面で、政治変動（多くは藩政改革期と一致）の時期を中心に論を組み立てているために、近世全体の歴史の流れからみると言及されない時期がある。例えば内藤藩の場合元文三年一揆と延享四年の転封の関係性が指摘され、一七三八（元文三）年から一七四七（延享四）年までの政治状況、一揆の影響、幕府との関係などの解明が重要と考えられるが、『譜代藩の研究』ではふれられていない[54]。また、佐倉藩の研究では飛地領山形について本格的研究を行ったが、内藤藩の研究では豊後国の飛地領についての本格的な

研究はなされていない。その他些細な点は省略する。(55)

8　木村藩政史研究の影響

その後、藩政史は県市区町村の自治体史で扱われるとともに、各藩の総合研究書も多く出されるようになった。例えば長谷川長次『高遠藩の基礎的研究』（一九八五年）(56)は、内藤家支流にあたる信濃国高遠内藤藩の総合研究であり、また肥前国佐賀鍋島藩の総合研究としては、藤野保編著『佐賀藩の総合研究』（吉川弘文館、一九八一年）および藤野保編著『続　佐賀藩の総合研究』（一九八七年）(57)などが発表された。一九九〇年代になると社会史の影響を受けて研究テーマは、村落、都市、流通、身分、民衆運動などの特定テーマごとの問題意識が先行したため、たとえ藩領域を対象とした研究であっても先のテーマに帰属したため、藩政史研究という形の研究は少なくなった。(58)しかし二〇〇〇年代になると、このような状況に対する反省から藩政史研究に新たな流れが生じた。従来の藩政史研究の批判から問題提起的な藩研究を目指した「藩世界」（岡山藩）「藩領社会」（阿波藩・佐賀藩）「尾張藩社会」「藩地域」（松代藩）という概念である。(59)

このうち、現在の藩研究の一到達点を示す「藩世界」という概念は、これまでの総花的な藩政の総合研究では藩の総体的な把握は難しいという認識のもとで、「藩世界」内部には藩権力ばかりでなく家臣団および領民から構成される諸集団を包摂しており、この「藩世界」内部を多様な諸集団が織りなす関係と位置づけ、さらに藩領を越える社会諸集団、藩領外の諸集団との織りなす諸関係を総合的に捉えようとする概念で、「藩権力のみでなく、藩領域に住む人々の多様な姿を描き出す視角である」(60)とされる。その方法論として「①一藩完結型ではないこと、②岡山藩を素材としつつも他藩との比較の視点を強く意識すること、③中世～近世移行期の研究成果を重視すること、④藩庁史料と地方史料を併用すること」を明らかにしている。(61)「藩世界」では佐倉藩の研究も批判対象となっているが、上記の方法論のうち④に関してはすでに行っており、①に関しても佐倉藩の飛地山形領は支配が錯綜しており一藩完結型ではなく、この項は対応している。[62] ただし、②③の点については行っておらず批判対象となるうえ、藩内外の社会諸集団を前提に論を立てていない。社会諸集団の交流がテーマとなるのは、歴史学が社会史の流れを受け入れて以降のことであり、佐倉藩の研究や内藤藩の研究はそれ以前の成果であり、当然のこととしてこのテーマが抜けることになる。しかしながら、未だ佐倉藩研究が批判の俎上にあがるということは、藩政の研究史のうえで木村藩政史研究は欠くことができない成果であると捉えられる。

おわりに

以上、木村の藩政史研究について佐倉藩・内藤藩の各研究を中心に述べた。藩政史研究の分野でさえ非常に重畳な木村の研究業績を、筆者の短い拙文で表すことは不十分の誹りを免れえないが、後生の研究の捨て石になれば幸いと存じ敢えて一石を投じた。

なお、木村自身の藩政史研究への関係を論述するのが主旨であるため、『譜代藩政の展開と明治維新』および『譜代藩の研究』の各執筆者の論文、各研究の過程で公刊・公表された論文については、それぞれ優れており、研究史において高い評価を得ているが、各論文に言及することはできるだけ避けたことを一言お断りする。

注

（1）新しい藩政史研究の流れについては、第四節でふれる。

（2）このような目的と態度を以て、東京大学史料編纂所の近世史研究者阿部善雄・伊東多三郎・村井益男・山口啓二などが公務の余

（3）暇に、まず諸藩史料の伝存状況調査に着手したのは、一九六五年頃である。この作業は北は松前藩から南は鹿児島藩まですべて二六〇余藩につき史料の有無を調べたもので、その成果をカードに記入し、要旨を謄写版印刷に付した。そして一九五七年に至り、伊東が前記の三名のほかに木村礎（明治大学）・辻達也（横浜市立大学）・藤野保（東京教育大学）を加えた協力者と共に、藩法の調査研究に着手し、文部省科学研究費（各個研究）の支給を受けるに及んで、諸大名の家訓や家中法度などの蒐集、比較研究が進捗した。この共同研究の主旨は、法を権力の表現とみて、まず藩の体制を法の側面から理解しようと志したものである。（藩政史研究会編『藩制成立史の綜合研究——米沢藩』例言、吉川弘文館、一九六三年、一～七頁）。『藩領と大名』解説」（村上直編『木村礎著作集Ⅲ　藩領と大名』名著出版、一九九七年、四六七～四六八頁）。

（4）同右、四六九頁。

（5）同右、四六九～四七一頁。

（6）「天保期における幕政の改革」（歴史学研究会編『明治維新史研究講座　第二巻　天保期～嘉永期　下』平凡社、一九五八年八月、一二五～一四九頁）。

（7）「堀田正睦と井伊直弼」（『木村礎著作集Ⅲ』〔注3〕）三八一～四三一頁ほか。

（8）木村礎・杉本敏夫編『譜代藩政の展開と明治維新——下総佐倉藩』（文雅堂銀行研究社、一九六三年）。

（9）前掲「天保期における幕政の改革」〔注6〕。

（10）同右。引用は、一三〇、一三三頁、一三五～一三六頁、一四四～一四五頁、一四六～一四七頁、一四八～一四九頁。

（11）前掲、木村・杉本編〔注8〕。

（12）同右。以下は断らない限り引用は〔注8〕による。

（13）前掲「天保期における幕政の改革」〔注6〕。

（14）前掲「『藩領と大名』解説」（『木村礎著作集Ⅲ』〔注3〕）四八五頁。

（15）同右、四八五～四八六頁。

（16）前掲、木村・杉本編〔注8〕四二六頁。

（17）臼井信義「延岡内藤家と其史料」（『明治大学所蔵内藤家文書目録』明治大学図書館、一九六五年、初掲載は「駿台史学」14、一九六四年三月）一一四～一二一頁、前掲、「『藩領と大名』解説」（『木村礎著作集Ⅲ』〔注3〕）四八六～四八七頁。

（18）同右、木村礎「（『明治大学所蔵内藤家文書目録』）あとがき」（明治大学図書館、一九六五年）。

(19) 前掲「『藩領と大名』解説」(『木村礎著作集Ⅲ』〔注3〕)四八七頁。
(20) 「延岡藩」(『木村礎著作集Ⅲ』〔注3〕)二二一～二七一頁。
(21) 明治大学博物館二〇〇九年度特別展展示図録『大名と領地　お殿様のお引っ越し』(明治大学博物館、二〇〇九年)。
(22) 明治大学内藤家文書研究会編『譜代藩の研究――譜代内藤藩の藩政と藩領』(八木書店、一九七二年)六六一～六七〇頁。
(23) 内藤家文書研究会『福島県平市周辺地域地方文書目録』(一九六四年一二月)、明治大学図書館『福島県平、宮崎県延岡・宮崎、大分地方旧内藤藩領地方文書目録』(一九六六年六月)など。
(24) 明治大学博物館二〇〇五年度特別展展示図録『江戸時代の大名　日向国延岡藩内藤家文書の世界』(明治大学博物館、二〇〇五年)六六～六七頁。
(25) 「内藤家文書研究中間報告――藩政と藩領」(昭和四三年五月)前掲『譜代藩の研究』〔注22〕、「駿台史学」23(駿台史学会、一九六八年九月)。
(26) 前掲「『藩領と大名』解説」(『木村礎著作集Ⅲ』〔注3〕)四八九頁。
(27) 例えば、歴史学研究会編『明治維新史研究講座　第二巻　天保期～嘉永期　下』(平凡社、一九五八年)所収論文など。
(28) 前掲、木村・杉本編〔注8〕。
(29) 前掲『譜代藩の研究』〔注22〕三八五～四四一頁。
(30) 同右、六六一～六七〇頁。
(31) 前掲「『藩領と大名』解説」(『木村礎著作集Ⅲ』〔注3〕)四六九～四七一頁。
(32) 「藩政史研究と村落史――佐倉藩を中心に」四頁(前掲『木村礎著作集Ⅲ』〔注3〕)三一～一三頁。
(33) 「幕末期の藩政」三〇～三一頁(前掲『木村礎著作集Ⅲ』〔注3〕)二五～五一頁。
(34) 木村礎編著『封建村落　その成立から解体へ――神奈川県津久井郡』(文雅堂書店、一九五八年)。
(35) 木村礎・伊藤好一編著『新田村落――武蔵野とその周辺』(文雅堂書店、一九六〇年)。
(36) 前掲、木村『封建村落』〔注34〕一～一二頁、三九三～四二三頁、四六八～四七七頁。
(37) 前掲、木村・杉本編〔注8〕四一～八八頁、二一七～二六〇頁。
(38) 『下級武士論』(塙書房、一九六八年)など所理喜夫編『木村礎著作集Ⅱ　明治維新と下級武士』(名著出版、一九九七年)所収の諸論文。『下級武士論』は所編『木村礎著作集Ⅱ』六五～三一三頁。

(39)「長州藩の史料」（森安彦編『木村礎著作集Ⅹ　史料の調査と保存』名著出版、一九九七年）九五～九七頁。
(40)前掲、木村・杉本編〔注８〕、前掲、『明治維新史研究講座　第二巻』〔注27〕と同じ。木村礎・杉本敏夫編『譜代藩政の展開と明治維新』のはしがきでは、幕末・維新期の藩政史研究を「「藩政」の変動（藩政改革）の中から明治維新への展望を明らかにしようとする型の研究」（同書はしがき一頁）と定義している。
(41)「天保期における幕政の改革」〔注６〕。
(42)前掲「幕末期の藩政」〔注33〕三一頁。
(43)同右〔注33〕、三四～三五頁。
(44)前掲「幕末期の藩政」。
(45)前掲『譜代藩の研究』〔注22〕。
(46)同右〔注22〕。
(47)藩政史研究会編『藩制成立史の綜合研究——米沢藩』（吉川弘文館、一九六三年）。時期的に、近世前期の藩政成立期から中期を対象とし、内容は部門別に編成されている。
(48)谷口澄夫『岡山藩政史の研究』（塙書房、一九六四年）。近世前期は藩政成立期の諸問題を取りあげ、近世中期・後期は部門別編成、幕末・維新期は藩政解体期の諸問題を取りあげるという形で、藩の成立から解体まで一貫して取りあげているが、中心は近世前期から中期の藩政の流れである。
(49)前掲「幕末期の藩政」〔注33〕二七頁。
(50)前掲〔注40〕。
(51)村上直は「木村史学と譜代藩の研究」（前掲『木村礎著作集Ⅲ』〔注３〕四九九頁）において、「一九七〇年代になると藩政改革の研究は、明治維新史の研究とは断絶していく傾向がみられ、藩政史研究は幕藩体制の構造的特質の究明という視座から捉えていこうとする動向が見られるようになった。こうした時期に『譜代藩の研究』が上梓されたのである。ここでは譜代内藤藩の成立・展開・解体の諸問題について、三河以来の転封地（佐貫→磐城平→延岡）の諸段階に即して究明しているのである。いわば譜代藩政の全貌を明らかにした最初の研究書として高い評価が与えられたのである。」とあり、内藤家研究によって譜代藩の成立から解体までの一貫した過程が明らかになったことを指摘している。
(52)佐々木潤之介の諏訪藩の研究、金井円の諏訪藩・松本藩の研究くらいであった。

(53) さまざまな研究史をまとめた概説書。本書で挙げた論文では、藩政史研究の新しい流れを挙げる論文や著書。
(54) 拙稿『近世中後期藩財務役人の研究』(巌南堂書店、二〇〇三年)で、元〆役の役割を通してであるが、この時期の藩政の展開について言及した。
(55) 前掲、木村・杉本編〔注8〕、前掲、木村『譜代藩の研究』〔注22〕参照。
(56) 長谷川長次『高遠藩の基礎的研究』(国書刊行会、一九八五年)。
(57) 藤野保編著『佐賀藩の総合研究』(吉川弘文館、一九八一年)、藤野保編著『続 佐賀藩の総合研究』(吉川弘文館、一九八七年)。
(58) 高野信治『藩国と藩輔の構図』(名著出版、二〇〇二年)九〜二六頁、特に九頁。
(59) 「藩世界」は岡山藩研究会編『藩世界の意識と関係』(岩田書院、二〇〇〇年)、同『藩世界と近世社会』(岩田書院、二〇一〇年)、「藩領社会」は高橋啓『近世藩領社会の展開』(渓水社、二〇〇〇年)または高野信治『藩国と藩輔の構図』、「尾張藩社会」は岸野俊彦編『尾張藩社会の総合研究』(清文堂、二〇〇一年)、「藩地域」は渡辺尚志編『藩地域の構造と変容』(岩田書院、二〇〇五年)。
(60) 泉正人「藩世界と大坂――天保期岡山藩大坂留守居を中心に」(岡山藩研究会編『藩世界と近世社会』岩田書院、二〇一〇年)一九九〜二三〇頁、特に一九九頁。その他「藩世界」の理解のために注59で挙げた編著書のほか、渡辺尚志・小関悠一郎編『藩地域の政策主体と藩政』(岩田書院、二〇〇八年)、佐藤宏之「「藩」・大名研究の現状と課題」(大石学編『近世藩制・藩校大事典』吉川弘文館、二〇〇六年)四五〜五四頁などを参考にした。
(61) 堀新「官位昇進運動からみた藩世界――岡山藩主池田継政の場合」(岡山藩研究会編『藩世界と近世社会』(岩田書院、二〇一〇年)八一〜一〇九頁、特に八一〜八二頁)。
(62) 前掲、木村・杉本編〔注8〕、前掲『譜代藩の研究』〔注22〕、前掲「幕末期の藩政」〔注33〕、前掲、高野『藩国と藩輔の構図』〔注58〕。なお、谷口澄夫氏は、著書『岡山藩政史の研究』(塙書房、一九六四年)の序言において、藩政史研究の当時の課題として、「従来とかく手薄であった譜代大名領や旗本領などの解明、比較藩政史的な研究法の導入や村落史料の積極的発掘利用、商品流通などの諸問題への接近など」(同書序言七頁)を挙げているが、旗本領の解明と比較藩政史的な研究方法を除けば木村の行った佐倉藩研究の段階ですでに達成できていると捉えられる。

第3章　「村歩き」の研究——資料調査から見た木村史学について

鈴木　秀幸

はじめに

「村歩き」とは、歴史学者・木村礎（以下、「木村」）がとくに好んで使用したことばである。実際、木村は「生涯、地域におもむき、史料や景観を見、話を聞くことを信条とし、それを「村歩き」と呼んで」[1]いた。その「村歩き」を考察することが本章の目的である。それは「信条」ということばからわかるように、この「村歩き」こそが木村の歴史研究（「木村史学」）の真髄、さらにいえば人生そのものとも思えるからである。そのことを筆者のごときが筆を執ったのは同人の資料調査、とくに大原幽学研究以降、ごく近くにいた者としてその様子を記録したい、そしてその何がしかについて論じてみたいと思ったからである。

なお、本章のテーマとして、木村の資料調査論を選んだ背景にはアーカイヴズ論による「現状記録」方式とか、「文書館学的史料整理論」という近年の動向が念頭にある。[2]そこでは、従来からの、資料に対する扱いが痛烈に批判されている。しかし一方、こうした問題提起に対して疑問をなげかけている者もいる。筆者は上記のアーカイヴズ論的資料論について、一定の意義や有用性を認めつつも、従来の資料調査への批判に対しては視点にズレがあることと、実践面での検討課題が多いと理解しているが、本稿で直接論考するスペースはない。とはいえこの問題を念頭に考察するようにしたい。

行論上、もう一点断っておきたいことがある。それは「資料調査」の概念である。一般には、狭義では資料採訪を指し、広義では課題設定・採訪・目録作成・筆写や撮影等である。ここでは木村が大体そうであったように後者をとる。もっとも同氏は「各様のやり方での史料調査、これこそが彼をたらしめている基礎的かつ最基層の条件なのだ」[3]としていたのである。なお対象とした地域は圧倒的に地方・農村であった[4]。

ところで筆者は『地域文化史の調査と研究』[5]において木村史学およびその文化史研究を論じたことがある。そこではとくに同氏の文化史への関心（大原幽学研究）と「精神生活」論の提起を強調するとともに、そうした研究の背景に「下町」の地域性とそこにおける「あんちゃん」的な気質を見出したのである。

木村は「村歩き」とともに、時には「遊弋《ゆうよく》」とか、「ぶらり歩き」ということもあった。とくに、筑波山を一望できる関東鉄道常総線石下駅のプラット・ホームで、そのようなことをつぶやきながら行き来していた姿を思い起す。

資料調査においても、旧香取社の研究時を振り返り、「歩くことそれ自体が目的だった」[6]といい、その際には「軍隊から復員した時の編上靴をはいていた」[7]ことがある。佐倉藩領飛地調査でも「何と軍隊の時の編上靴をはいていた」[8]と山形の榎本宗次を驚かせている。筆者には大原幽学研究時に国鉄総武線の列車の中で「以前、ゲートルを巻いて調査に行ったこともある」と語ったことがあるが、その時は「娘が買ってきた」という当時人気絶頂だったグループ・サウンズ「タイガース」と同じ靴をはいていた[9]。

監修者木村・委員長筆者による茨城県千代川村（現在の下妻市）の自治体史編さんの帰路、前出関東鉄道常総線の車中において、次のような会話をしたことがある。

「先生は明大でいろいろなことがありましたが、今どう思ってますか」

「うーん、明大生活の前半は楽しかったな。ずいぶん自由に動きまわれて」
「先生が一番なりたかった職業は何でしたか」
「古文書調査業」

「村歩き」は木村の強力な手段というよりも、永年培われた身体および行動のほとんどといってよい。そのことは「これからも歩くことになるだろう」[10]とか、「史料調査と実証、これこそが歴史家にとっての基本的かつ最低限の仕事なのだ」[11]ということばから確信と決意のほどがうかがえるのである。

ところで、木村はなぜ、そのようにしてまで村を歩いたのか、歩く必要があったのか。重要なことなので、本論の前に一応、仮想しておきたい。

・青少年時代の「皇国史観」への反省
・師である実証主義者・渡辺世祐の影響
・「戦後歴史学」への疑問と批判

一　資料調査の経緯

1　一人歩きの頃

在学と卒業論文

帝国陸軍二等兵の木村は復員後、それ以前に勤務の傍ら通学していた明治大学二部（夜間）専門部地理歴史科に復学しようとしたところ、卒業扱いとなっていた。その後、共栄女子商業学校に勤務したのであるが、解雇され、東京文理科大学国史学科へ入学。敗戦直後の混乱のさなか、アルバイトや奨学金等により通学した。「文理大での私は、よい学生とはいえず、古文書学で落第もしたが（略）学問というものは自得するものらしい[12]」ことだけは修得した。その東京文理科大学を卒業したのは一九五〇（昭和二五）年三月のことである。卒業論文の題名は「明治官僚の政治倫理」であるが、「木戸や大久保の文書や書簡（史籍協会本や伝記が主）から気儘に文句を拾い集め適当にやっつけた[13]」という。少なくとも、のちの日本村落史研究とはかなりの相違がある。

最初の資料調査

正確にいえば、東京文理科大学在学中、出身の明治大学二部（夜間）専門部地理歴史科の助手となった。その明治大学がやがて新制となり、文学部を創設したのは一九四九（昭和二四）年二月二一日（認可日）のことであり、木村は同学部助手となった。翌月三一日、上司ともいうべき渡辺世祐教授（文部省近世庶民史料調査委員会委員）に同行し、東京都府中町（現在の府中市）の大国魂神社で資料調査をした。この時の態度・姿勢について「私は何となく行儀のわるい青年であり、その時先生は私を叱った[14]」という。もっとも得たものも大きく「この時何気なくあけた一点の文書に私はしびれるような感動をおぼえた。その文書には村の百姓の名前がずらりと並んでおり、彼らはごく普通の百姓であり、私と同じ庶民であ」り、「ようやくにして打ち込むべき研究対象を見出した[15]」と後年に述べている。その後、同年の四・五月に数度同神社に、またこのころに山口村（現在の所沢市）で資料調査を行っている。さらに翌年には三月に鶴瀬村（現在の富士見市）、四月には大井村（現在のふじみ野市）に出向いている[16]。これらは前記・近世庶民史料調査委員会の調査員としての活動であり、やがて『近世庶民史料目録』において報告をしている。同年五月二六日には上司・指導者渡辺世祐の国分寺方面の実習に参加し、国分寺跡を見学したり、再び大国魂神社に行っている[17]。

以上のような近世庶民史料調査委員会や師・渡辺世祐に関わらず、自身の目的により単独で資料調査に出かけたのは、同年五月（日付不詳）のことであり、目的は狛江村（現在の狛江市）の石井千城家文書調査である。まもなく論文（最初のもの）として「幕末明治に於ける一富農の研究」を『駿台史学』第一冊（前出）に発表することとなる。のちに「村歩きというのは、若い人と一緒になる前からやっていた[18]」と講演で述べているのは、こうしたことをいっているのである。なお、同家には一〇月二日にもうかがっているが、ここで特筆すべきことは、木村が学生を引率したということである。[19]

2　共同合宿調査

契機

木村の学生引率開始のことはすでに述べた。ここでは長年続くことになる学生引率の合宿調査（共同研究）のことに触れたい。そのはじまりは一九五二（昭和二七）年八月五日のことであり、場所は神奈川県の与瀬町（現在の相模原市）である。同地を選定したのは同年三月に卒業した者からの情報提供による。[20]それは「本陣文書を読むささやかな合宿[21]」であった。翌年は近隣の中野町（現在の相模原市）でなされたが、参加学生であった井上隆男は「とにかく考古学に負けていられない[22]」、つまり同じ明治大学文学部史学地理学科内の考古学専攻（杉原荘介助教授、一九五三年教授）の合宿調査（発掘）のスタイルに刺激を受けたのであった。ただし井上によれば「普通の授業の演習という形」・「単位の一般的な形[23]」であったという。

やがてこの津久井調査は「宿駅のみならず、関係諸村をも調べねばならない[24]」ということになり、「調査の手は助郷村から津久井郡全郡にのび[25]」るとともに、「参加学生も次第に増え[26]」ていった。木村は「この調査には卒業生や学生がたくさん参加している。最初は何のことやら分らなかったこの調査にどうにか恰好をつけつつある」と一九五六

（昭和三一）年三月刊行の『駿台史学』第六号の中で津久井調査について記している。

その後のこと

津久井調査は継続しつつも、小平町（現在の小平市）を中心とする武蔵野地域の合宿調査を開始したのは、一九五四（昭和二九）年七月からである。とくに一大文書というべきは小川家文書であり、それは伊藤好一のアドバイスによる。伊藤は次のように述懐している。[27]

このころ〔一九五二年――引用者〕、史跡見学の団体があって、この会が東京西部の武蔵野を歩くという機会に、私も参加してみた。青梅街道沿いの小川村の小川家を訪れて、古文書の一束を見せていただいた。私はこのとき初めて村明細帳を見た。このようなものがあるのかと、ただ驚くばかりであった。私は家へ帰ってから数日たって、明治大学の宗京先生・木村先生に、この話をした。小川家を訪れて古文書を見せていただき、学生さんの実習にしたらどうだろうかと考えてのことであった。

伊藤はそれまでにも勤務先の明治高等・中学校生の「歴史研究会」部員を引率したり、「日曜日には娘をつれて」[28]武蔵野一帯を調査していた。木村はこの小川家の文書について、「武蔵野農村としては多い方（略）綜合研究を可能にする程ヴァライティに富んでいる」[29]としている。この調査の一環としての「砂川のあたりになったときには、もうかなりの合宿のスタイル」[30]となっていた。

ところで、以上のようにして開始され、軌道に乗ってきた合宿調査について、以下、本章後掲の「合宿調査一覧」をもとに概要を記しておきたい。

時期　一九五二（昭和二七）年八月～一九九三（平成五）年八月（四一年間）
回数　一一七回
一回当たり日数　七日間（六八回）、四（一四）、五（一一）、六（一〇）、八（四）、三（三）、一〇（一）、二（一）
参加人数　延三一〇七人、一回平均二七人
最多五八人、最小三人
場所　千葉県（三四回）、茨城（三三）、東京・神奈川（各一九）、静岡（八）、福島・宮崎（各二）、山形・大分（各一）
テーマ　封建村落（一九五八年刊行『封建村落――その成立から解体へ』）
新田村落（一九六〇年『新田村落――武蔵野とその周辺』）
藩政史（一九六三年『譜代藩政の展開と明治維新――下総佐倉藩』）
耕地と集落の歴史（一九六九年『耕地と集落の歴史――香取社領村落の中世と近世』）
藩政史（一九七二年『譜代藩の研究――譜代内藤藩の藩政と藩領』）
報徳（一九七六年『村落・報徳・地主制』）
大原幽学（一九八一年『大原幽学とその周辺』）
村落景観（一九八八年『村落景観の史的研究』）
村落生活（一九九四年『村落生活の史的研究』）

上記のデータに関して若干の事柄を解説しておきたい。一回当たりの参加者が少なくないのである。木村は「〝明治みたいなマス・プロ大学では研究なんてできないね〟」とある先輩格の人からいわれたが、のちにその人は「〝明治みたいな所でないと、大きな調査研究はできないね〟」[31]と言ったという。調査場所は圧倒的に関東地方が多い。このことは費用との関係であるが、ある時、木村は筆者に「やはり、学生の交通費のことを考えねば」[32]といったことを覚えている。またテーマからは研究の時代性をもいささか察しうる。

なお、参考までに個人調査のことにも触れておきたい。木村の調査はたとえ一人で行ったとしても、その多くは共同研究や自治体史編さんに関係するものである。つまり個人でテーマを立てて、一人で本格的に資料調査をしたのは、戦時下の女学校教育[33]などであるが少ない。もっとも定年退職後、かねてから見聞したかった所を何か所か訪れているが、これは資料調査といえるものかは分らない。

以上、ここでは木村による資料調査の開始や調査歴の概要（データ中心）を一瞥してきた。やはり、木村の資料調査とは、地方（関東中心）における、いわゆる「村歩き」である。またそれは一人のこともあるが、多くは共同・集団で当たり、その引率者であった。さらに、学生には交通の出費を少なくするように努めた。

二　資料調査の実態（Ⅰ）——大原幽学研究

ここでは共同研究・大原幽学研究を通して、木村を中心とする共同研究、その一環としての合同合宿資料調査の実態を追ってみる。

同合宿資料調査は、木村のそれとしては第六四回目、つまり一九七一（昭和四六）年八月からであり、終了は八〇年七月のことである。宿所は千葉県香取郡干潟町（現在の旭市）の中央公民館（通称「研修所」）である。実は同館は木造であったが、途中から道路向い側に鉄筋コンクリート造で新築されたため、合宿もそこに移った。一回当たりの参加者は一三〜四五名である。初期の頃に多かったのは学生を引率しているためであり、終盤に少なくなるのは研究要員のみが参加したからである（学生参加は、次の共同合宿調査地となる）。調査対象の地域は干潟町を中心に、その近隣であった。そして一〇年間の資料調査や研究により『大原幽学とその周辺』が刊行されたのは、一九八一（昭和五六）年一〇月のことである。

なお、以下、大原幽学の資料調査研究、そして編著刊行までチーフ・マネージャーとして、ごく身近で体験した実態を綴る。

1　契機と準備

木村が大原幽学を研究の対象として選んだ理由は、『大原幽学とその周辺』[34]のあとがきにある。

一九七〇年当時、私は混迷し疲れていた。（略）私は人間の内面を見つめる手掛りを歴史の中に求めたかった。この当時、同人は学園紛争の真只中、しかも明治大学一部教務部長という激職にあり、学生だけではなく周囲の関係者への対応に追われ、心身ともに疲労困ぱいしていたのである。それでも調査研究を中断することは考えなかった。

鈴木秀幸氏は、現地の事情に最も通じていた。[35]

当時、筆者は同大学大学院生であり、学部時代から前出の干潟町中央公民館（研修所）を拠点に地域教育史の調査研究をしていた。一九七一年一月のある日、筆者は木村より、声をかけられ、現地を案内することとなった。その結果、大原幽学研究は共同研究として、同年に開始されたのである。

2　合宿調査の準備

「事を発する前の準備、これが死命を制する」[36]

あるいは次のようにも筆者に話した。

「大体、準備で六割くらいが決まってしまう。あとは実際で変えればよい」

この言葉は、夏期合宿調査の各家への挨拶のため、干潟町の東西を横切る幹線道路を二人で歩いている時の木村のことばである。

実に入念に準備する様を、筆者は「干潟調査ノート」と題した調査日誌に記していたのであるが、今そこからごく一部を拾うと次のようである。

一九七一年五月二六日　干潟町と打ち合せ、遠藤家で挨拶
　　　　　七月　六日　遠藤家虫干しへ、中井信彦氏と会う
　　　　　八月二六日　事前ミーティング

この内、遠藤家とは、幕末に大原幽学を招聘した高弟の子孫宅である。中井信彦とは、当時吉川弘文館の人物叢書執筆のために幽学を研究していた慶應義塾大学の教授である。事前ミーティングとは大学内で行われた合宿直前の説明会である。その際木村は参加者に「これは練習ではない、実戦なのだ」[37]と檄を飛ばした。当然、この事前説明会は毎回の合宿調査のたびになされた。この間、筆者は埼玉県の高校教師の傍らチーフ・マネージャーとして、木村とは

この説明会だけではなく随時さまざまな打ち合せをした。

３　共同研究の費用

簡単にいうと資料調査合宿は有志参加によるボランティア集団ということが前提であった。そして出版費も含め、共同研究のほとんどは木村が支出した。大原幽学研究以前に参加学生であった青木美智男は「御夫人に、先生は合宿費用はどうされたのですか、と質問をしたことがある。夫人は公的調査機関から依頼された調査以外は全部木村の負担ですと答えられた」[38]とのことである。合宿費用は筆者に渡され、事務的なことはその下の会計係が担った。参加費はＯＢ・ＯＧの場合は無料であったが、学生からもわずかな費用を徴収したにすぎない。筆者も大原幽学合宿調査の初年度、木村から「学生からはとることに意義があるのだ。合宿の細かいことに充ててくれ」といわれたのを覚えている。

４　合宿生活

筆者は大原幽学研究の夏期合宿の状況を、ある研究会の求めに応じて綴ったことがある。その一部を紹介する。[39]

学生の参加はあくまでも希望者ではあるが、かなりの数になる年が多く、一週間、リーダーとなるＯＢ・教員の指導を現地でうける。私はマネージャー（外にサブ一名・係三名）として渉外・生活管理・会計などの任に当ると同時に調査・研究のリーダーの一員でもあった。なお、この外に当番（学生、交代、一グループ三・四名）もマネージャーの下に、一日だけ宿舎（町公民館）に残り、炊事・掃除・買い出しなどに当った。

また『木村礎著作集』の「月報」には、次のような小文を掲載したことがある。同様に一部を抽出する。(40)

朝五時に起きる当番が作った弁当を各自、手に各班は担当する地区や家へ向った（忘れたものはみじめであり、班員にも迷惑をかけた）。一週間、皆、飛びまわった。研究とは自らの「足」で歩くことから始まるということを知った。夜は調査報告会がなされ、二時間位、張り詰めた空気が流れた。心配そうな班のリーダーの顔、おどおどした発表者のようすを今でも想い起こす。このような合宿生活であっても多くは次回の参加を望んだ（次回が待ちきれず自主的に干潟町へ調査に行くものもいた）。

共同研究の合宿のスタイルは長年の試行錯誤により形づくられてきたものである。上記の「リーダー」・「マネージャー」云々から大体がわかると思うが、正確にいえば、組織は責任者（代表、木村）、「おじさん」（ベテランOB・OG）、リーダー（班長、OB・OG）、チーフ・マネージャー、サブ・マネージャー（とくに食事担当）、風呂係、会計、日誌係、そして学生（一〜四年生、院生、希望者）。

すでに述べたように、この頃になると、木村によれば「以前は自らどなっていた(41)」ような状況から大きく変わっていた。

このように木村の仕方というのは、最初から形式を作り、与えるのではなく、経験値に則し、考えながらものにするのであった。だから変えるものもあったが、変えないことも多かった。この合宿で大きく変えたのはやはり、三年目の、自炊から仕出し取り寄せ（一部自炊）であろう。

ところが、重要な点がひとつある。それは軍隊のような生活とは違うということである。例えば木村は食事も洗濯も宿泊も一切皆と同様である。年長・代表者とはいえ何の特典・優遇措置もない。移動についても、歴史研究は歩くことがよいとしており、各家の調査状況（リーダーの指導の下）把握のため、町内を巡る時も炎天下、歩いていた。そうしたことに唖然とする地域の人たちも少なくなかった。筆者は木村の共同調査研究を軍隊並と、ある研究者による軽口を耳にしたこともあるが、木村を良く知る歴史研究者の次のことばの方が適切であろう。

地方史研究を志す人のすべてに許容されるような方法はないか等、木村式悉皆フィールド調査法も大切な事は立項にさいし討論し、確認した(42)。

確かに木村は体験した軍隊の用語で表現することもあったが、もし軍隊的な合宿生活や研究の共同調査であったなら長年は続かなかったであろう。まして大原幽学研究時は全共闘運動（大学解体論）による大学紛争の渦中にあったのである。

5　資料の調査

端的にいえば木村という人間は右脳には理想をもち大胆に、左脳では現実をとらえ細心にとバランスを保っていた。その最たるものは資料調査の目的と方法にあらわされている。すでに木村は戦後歴史学の主流ともいうべき社会構成史研究を省察することにより、新たな打開策を思案していた。したがってこの頃、さかんにもてはやされていた民衆思想史研究や民衆教育史研究を厳しく批判していた。その批判は解釈面に及ぶこともあったが、とりわけ研究者の都合による抜き取り的な資料調査や自らの理論に付け足すための資料調査・資料操作といった姿勢に向けられた。

批判だけではなく、まずは新たな資料調査の方法論を提示したのである。具体的には長年培ってきた地域資料の徹底調査（「ペンペン草も生えていない」と称された）により「関係なさそうな文書まで広く調べねば(43)」という意気込みで調査をした。このことに関連して、次のように述べている。

・なぜ、別れの歌を歌ったのかについて書いておく（社会構成史などを中心とする「戦後歴史学」に対して――引用者）。その最も深い根底には、戦後早々から始め、以後ずっと続けてきた（今も続けている）村歩きがあった。

・村は多様な現実問題を抱えて生きてきた歴史の宝庫なのである。壮大にして明快な理論あるいはさまざまな形で繰り返される煩瑣な議論、それらに捉われていては村歩きはできない。

・一九七〇年当時の私は、「戦後歴史学」の基底にある「理論信仰」とそれが持たざるを得ないパターナリズムや教条化に愛想をつかし、悪声ではあるが、それなりの別れの歌を歌っていたのである。(44)

大原幽学の研究テーマおよび刊行書名はごく早い段階で定められた。「大原幽学とその周辺」であり、「の周辺」ではないのである。つまり幽学だけを扱うだけではないとしたところが味噌である。そのため、各家にて資料探索・目録作成・筆写等、調査のフルコースが演じられた。木村のことば「既知の史料を机上であれこれ(45)」してはいけない「片っ端からの（略）野戦、それも邁遇戦(46)」に如実に表現されている。

その一方では実に細心な配慮も随時みとめられた。例を示せば、夕食後、二時間に及ぶ班別報告会が終了すると、木村より次の日の班別配置が発表されたが、実に適材適所や人的関係等々を配慮したものである。なお、調査そのもののことではないが関連して付記すると、学生は一日だけ、交代で「当番」（前記。マネージャー傘下で食事・掃除等々。三・四名）を配置したが、その仕方も実に参考になった。

筆者はこうした木村の思考や姿勢の基因を探った。合宿最後の年はとりわけ雨にたたられ、参加者は嘆いた。しかし、木村は「雨の日は家に人がいるから、たずねやすいし、ゆっくり話ができる」（宿所出発の直前）と何げなくいったことがある。筆者には木村のこうした前向きの姿勢に全ての根源があると確信した。

したがって周囲への対応にも柔軟さが見受けられた。一九七五（昭和五〇）年夏、ある大学の教員が私達と同じ地域で、同じように合宿調査をしたいと申し出てきた。筆者も町当局も実に困惑したが、木村はためらうことなく了承し、成果を相互交換することとした（ただし、そのある大学の調査は町関係者らの怒りをかい、一回で終わってしまった）。また私たちの調査研究の真最中の一九七七（昭和五二）年に干潟町史編さんが進められたが、木村はそれまでの調査結果を全て提供した。あるいは一〇年間の合宿調査にはしばしば、明治大学関係者以外の者が参加を希望してきた。他大学の学部生・院生、著名な研究者等々であるが、木村はためらうことなくメンバーの一員として迎えた。(47)

本項の最後に、合宿調査を通してみた教育者（本業のひとつ）としての木村のことを書いておきたい。それは筆者にとって、単位にも儲けにもならないのに、どうして多くの人が集まるのかということを知りたかった（とりわけ筆者は当時、高校教師であったため）からである。しかし、このことの原因を解明するのに時間を要しなかった。それは何といっても、すでに既述したように明解な目標・目的の設定である。従来の調査研究を十分に精査し、その上での新たな、かつ具体的な目的と方法を明示したことである。一方、参加者にとっては、一人一人が学問研究の最前線に立っているような気分になり、それによって自発性が高められた。

また、合宿中の夜の班別報告会、あるいは普段の木村研究室における研究会（「干潟研究会」。月一〜二回の順番による研究発表）でもそうであったが、木村は激しく厳しく注意した。茫然として卒倒しそうになったり、うちしおれる報告者（発表者）もいた。しかし、最後には、ポイントをついた分かりやすいアドバイスをした。それにより報告者（発表者）はまた「やる気」を出した。こうしたことの繰り返しにより、参加者は一人前をめざした。

ここでどうしても追記しておきたいことは、「学生指導としての教育」ではないのであり、「歴史研究（資料調査）のための教育」ということである。既述したように、元来、木村は「教育」とか「教育学」とか（さらには「教育史」

も）を好まなかった。したがって第一は研究であった。しかも多勢の共同によるものであった。対象は村落（一軒の所蔵者宅だけではない）であり、扱う資料も膨大であり、分析も多種である。共同合宿の前日打ち合せの際には必ず「これは実戦だ。練習じゃない。単位がもらえるなんて思う奴はくるな」と声高に力説した。こうしたことの結果としての教育である。とはいえそうしたことのみが木村の教育でないことは前記した通りであり、そこには本人の成育環境、長い教員生活よる経験則、さまざまな人生が付与されていたことはいうまでもない。

以上、大原幽学研究の一環としての夏期合同合宿を通して、木村資料調査の実態を紹介した。その特筆すべき点を列記してみたい。

・資料調査の準備段階を重視した。
・研究者・引率者としての気概にあふれ、厳しい調査や合宿であった。
・「足」による徹底した調査であった。
・全体として大胆（理想・理論中心）と細心（現実・行動重視）の両方を持っていた。
・変えざるをえぬことは変え、柔軟に対応すべき時はする。
・鋭く、かつわかりやすく指導することにより、「やる気」を出させる。

この大原幽学調査研究により木村共同合宿のスタイルが完成されたとしてよい。

三　資料調査の実態（Ⅱ）——千代川村史編さん

大学教員という職業は研究や教育に精励し、成果をあげるのは当然のことである。これがなければ職業は成り立たない。それ以外に学内役職に尽力する人もいる。これは推挙される場合もあるし、必死にめざす者もいるが、評価はむずかしい。しかし本当に真価が問われるのは社会的役割（現代的にいえば「社会貢献」）である。こうしたことについて、木村に即せば、研究実績のほどは前記したし、また教育についてもすでに紹介したが、いずれも世間の大方は高評している。学内役職は大学改革準備委員会委員長・一部教務部長・文学部長・学長等に就任している。これらは本人やその周辺の人々のことばによれば強く背中を押されたためのようである。ただしその激職・激務ゆえ一時ひどく体調をこわしたり、辞表を提出したこともあるが全うした。しかし、それらの評価となると現在の筆者には手にあまる。

問題の社会貢献に関して、学術会議委員や地方史研究協議会々長などによる資料保存の運動（とくに公文書館法の制定）は誰もが認めている。であるから定年退職後、「俺もちっとは社会に貢献したかもしれない」と述べたが、さらに「けれど大学から叙勲申請の話があった時は、国家に貢献した覚えはないから辞退した」（以上、石下駅前旅館での朝食時）とも続けた。この資料保存運動に関してもうひとつ見落すことができないのが、自治体史編さんである。本項は編さん論の場ではないので、資料調査論に引き寄せて綴る。

ここでは千代川村史という自治体編さんのことをとりあげる。そのわけは何といっても資料調査から刊行まで、従来の共同研究・合宿のスタイルを基本的に踏襲したからである。たしかに調査の日数はかなり増加し、費用も村役場から支出され、さらにはマネージャー的な業務は主に編さん室員が行ったが、実際はそれまでの共同研究の延長のようなものであった。事実、編さんを引き受ける数年前には景観と生活史をテーマとした共同研究・合宿を同村立母子健康センターを拠点として、例により実施したことがあった。さらにもう一点、筆者自身、監修者木村の下、編さん専門委員長としてさまざまな具体的事柄に当たったためでもある。

1　木村の自治体史編さんへの関わり

筆者は千代川村史編さん以前、木村は自治体史編さんには関心が薄いのではないのかと思ったこともある。もっともそのように思ったのは、同人とそうした事業に関わったことがなかったためかもしれないし、また次のようなことばを聞かされていたためでもあろう。

「われわれの調査や研究は、干潟町が行なっている自治体史編さんとは立場をしっかりわきまえて当らねばならない」（大原幽学研究の合宿時）

「体制には、斜めの向きで対応することも必要だ。別に正前向き合って対決する必要もないが」（景観・生活研究の合宿中）

ところが筆者は千代川村史編さんに参画する際、木村の自治体史編さん歴を調べてみたことがある。四件がみとめられた。『小平町誌』『相模原市史』『市川市史』『神奈川県史』である。この内、小平町誌編さんには住民と研究者の間に立ち、苦慮したようであるが、それだけに学んだことも多々あったと思われる。市川市史編さんや神奈川県史編さんの時は四〇歳代であり、公務多忙とはいえ気力がみなぎっていた。前者の時（一九六六年〜）は文書量の少ないといわれた市域で、得意の「足」を使い、民俗的な調査から入り、結果として新たな文書を多数発掘した。後者（一九六七年〜）については一大組織を編成し、県内全域を調査した。それによって成った目録は全国的な資料所在情報の集約化をめざす人々にとって範とされた。(48) あるいはこうした業績はその後設立された神奈川県文化資料館・公文書館の業務として位置づけられるなどして、「まさしく「歴史資料保存法」の試金石といってよいでしょう(49)」と評されている。

２ 千代川村史編さんへの参画

以上のような実績をひっさげ、木村は茨城県西の千代川村の自治体史編さんにどのように関わったのであろうか。一九九二（平成四）年の初夏、千代川村教育委員会村史編さん係の係長・人見健一氏より筆者に電話があった。用件は「村史編さんを開始したので、木村先生の御指導をいただきたい(50)」ということであった。七月一四日、永瀬純一村長らが明治大学に来校、木村はさまざまな助言をした。翌年四月二八日に再び村長らは同大学の木村を訪問し、村史編さんに当たってほしいということであった。この二回とも筆者は同席したのであるが、二八日夕方、要請に応えるか、否か木村と二時間弱ほど話し合いをした。翌日、筆者は内々諾の返事をし、後日千代川村役場に向かった。

なぜ、同村から最初に筆者へ連絡があったのか、またどうして木村と筆者なのかということであるが、簡単に述べておきたい。すでにいささか触れたように、一九七八（昭和五三）年から例の合宿調査は茨城県西を対象に景観・生活史研究をテーマとして行ったのであるが、その一環として千代川村では八四年以降、五年間重点的に実施した（宿所については前記）。村内の郷土史家・渡辺悟郎（故人）はのちの一九九三年のある日、村役場にて「今だから言うけど、木村先生が以前、千代川村を調べたいといってきた時、また学者かと思い、少しだけ村を案内して帰しちまおうかと思った」と筆者に語ったことがある。筆者はこの合宿では自らの授業（近世史の演習、つまりゼミ）の学生も参加していたこともあるので、「おじさん」役（前出）のような存在だった。担当した所蔵者宅は主に村内伊古立の飯泉正夫家である。そして一九八九（平成元）年に調査の中心は隣町・猿島町（現在の坂東市）に移ったが、そこの宿所（中央公民館）から千代川村に通った。こうして筆者は調査の拠点が他地域に移っても千代川村役場の職員・住民との交流はますます深まったのである。

また一方、木村の調査研究の方法と成果に感銘を覚えた文学史研究者（とくに長塚節）であり、「やるなら茨城県一、日本一の自治体史を作ろう[51]」と満を持して臨んだ永瀬純一千代川村長は「徳川家康云々なんて書かなくてよい[52]」とまで言い切った。

3　編さん・調査の方針

第一回千代川村史編さん委員会は一九九三年九月一〇日、第一回同専門委員会も同月一七日に開催された。以降、一〇年間監修者木村以下三八名の研究者、永瀬純一編さん委員会々長以下四三名の編さん委員、小倉末男教育長以下四名の編さん室員、一四名の協力者によりスタートした。

ここでは編さん論よりも、資料調査論を綴ることが本旨であるので、極力、そのことに限定して述べる。

木村は『村史紀要　千代川村の生活』創刊号[53]「監修にあたって」において、次のように断言している。

〝地域に即し、生活に即する〟を理念として唱えているだけでは空文句に終る恐れがあります。そこで、この理念を実現するための具体的な方策を考えねばなりません。まず村史各巻の題名を変えます。もちろん題名にふさわしい内容をもりこみます。（略）その第一の着手が現在進行中の「地誌編」です。現在の千代川村の中には多数の大字《おおあざ》があります。これらは江戸時代から明治中期までは「村」でした。人々は「村」という小地域を社会生活の単位としていました。そしてそれらの「村」には長期にわたる生活の歴史の跡が今でもはっきり残っています。これをきちんと調査することが『村史　千代川村生活史』の基礎なのです。

4　実態

そして同誌の中で筆者は「新しい「村史」めざして」というタイトルにより、村史編さんの具体的な内容を綴った。このことについては筆者のことゆえ、別書（『地域文化史の調査と研究』）を参照されたいが、最初に取りかかった上記・地誌編の資料調査に関することだけ、同紀要から抜き出す。

昨年一一月より第一冊目に刊行する第二巻・地誌編に取りかかっています。この地誌編は現在の大字（江戸時代の村）ごとに、今日、目で確かめられるものを手掛りに、これまでの村の人々の生活や村の佇（たたず）まいを描こうとするものです。さしずめ風土記稿のようなものです。この試みはとてもこれまでの歴史書を読んでいてもわかりませんから、公民館に行き、区長さんや年配の方々から話を聞き、区内を案内していただき、さらに区内のお宅を尋ねて歩く（文書や遺物などを求める）というやり方をしてきました。（略）前記した予備調査（一昨年一一月から昨年八月まで）を受けて、今度は徹底した本調査に入りました。その調査メンバーは表の通りです。一覧のように大字（おおあざ）ごとに五班編成になっています（調査メンバー表省略）。

つまり、同村の歴史をより深く知るとともに新たな資料を発見するためには、地域の人たちとともに村を歩く。その歩き方は最初はメンバーやスタッフ全員（編さん室に職員一人は残る）で全大字を、次には班編成をして担当地区をそれぞれ調査をして歩く。その結果を第一冊目の刊行物の「地誌編」に大字毎にまとめるという方法である。なお、この際、調査上の共通認識として「地誌・調査項目」などを作成した。

千代川村史の資料調査は筆者が関わってきた自治体史編さんとは比較にならぬほどの日数・人員であった。こうしたことは地誌編刊行以降も続行され、年中、いままでの夏期合宿を行っているような感じであった。宿所はかつての母子健康センターではなく、編さん室のある農業就業改善センター・運動公園ハウス・旅館等であった。帰館後、報告会を行ったり、二月に「一年の計」と称した「大会議（調査や編集方針の確定、各自の調査研究発表。住民も参加）」は夏期合宿のころとほとんど同様であった

というよりもその資料調査の実態は従来の夏期合宿並、あるいはそれ以上に激烈であった。木村自らも猛暑の日、自ら個人宅の土蔵の中に入ったり、編さん室入口の土間で資料整理をした。生活も調査も編集も全くメンバーと同様にする木村を見て住民は驚き、感動もしたようである。

このようにして開始された千代川村史編さんは予定通り進められ、そして二〇〇三（平成一五）年六月に文書目録と村史紀要（第一〇号）の刊行をもって終了した。

ここでは、千代川村史編さんについて、資料調査を中心に特筆すべき事柄を箇条書にしたい。

・「普通」の自治体史の調査・編さんとしない。村人のため、村人とともにという意識を持ち、いわゆる「金太郎飴」といわれるような編さん物を作らないようにした。

・表題の『村史　千代川村生活史』とあるように「生活史」という観点で徹底した資料調査をする。村の人の方が知っていることが多いので、よく教えてもらうことに努めた。

・特別な分野以外、メンバー全員で当る。とくに時代を取り払い、例えば地誌編が終わったら、前近代部会といったように新たな部会を設けて当る。村の人達の時間は連続しているのであるが、時代区分はあくまで研究者の都合のためにすぎないという意識で当たった。

・村民参加の「大会議」（一年の計の決定）をするとともに、各編の調査・編集の方針決定の「中会議」を設置し

た。[54]

・村役場の事務局員は雑務下請係といった関係ではなく、同じテーブルで同じ目線でともに当った。

こうした調査、編集を木村にそくして総括してみると、少なくとも次のようなことがいえよう。

・長年の木村の共同合宿調査の集大成であった。

・「茨城一・日本一の自治体史の本を作りたい」という永瀬村長以下の村当局と「日本村落史論」（村落における景観・生活の史的研究）の確立をめざす木村以下の研究者とが合致・融合したものであった。

木村は筆者に、千代川村史編さんのある日、自分と同じ居住地域（下町の葛飾）の「フーテンの寅さん」（架空）の歌詞「奮闘努力のかいもなく」は身に染みるといったことがある。しかし編さん事業終了に当たっての村民向歴史講演会において、千代川村史編さんは「客観的な言い方をすると、うまくいったといえます[55]」と満足するとともに、村の人たち・村役場関係者・メンバーを称えている。

四　資料調査の理論化と評価

1　資料調査の理論化

「足」を使い村の中を歩き、見聞したり、資料を探す木村のことはこれまで再三紹介してきた。ただし、木村はいつの合宿においても「足」だけではなく「頭」を使うことを求めた。「きついが客観化しなければならない」と強調した。この場合、具体的には教育・啓発（授業、講演等）、社会運動（資料保存運動等）等々があるが、聞く側の門下生にとって第一番はやはり学術（研究、執筆等）に関することであった。そこで、ここでは木村の刊行物を通して、資料調査の普遍化・客観化（資料調査論）を一瞥しておきたい。そのために断っておきたいことは、すでに察せられるように木村の活動は常に以前のものに重複・重層させつつ、前進させる仕方である。ゆえに、その調査論の経緯についても、時期や内容を明確に区分できないことが多いので、ごく概略を述べる。

そうした最初の刊行物は一九五五（昭和三〇）年七月発行の『近世地方史研究入門』(56)である。設立間もない地方史研究協議会々員の内、一六名により編集・執筆がなされた地方史研究の手引書である。全体は三章により構成されており、第一章総論では第四節に「史料の蒐集」とある。中心は第二章であり、「史料の利用法」とし、検地帳・村明細帳といった資料を示し、解説をしている。同書は戦後、新たに出発した地方史研究を知らしめ、歴史に関心や興味をもってもらうことを目的としたものである。今日からすれば資料「蒐集」といったタイトルにはやや懸念される部分もあるが、こうした案内書が刊行された意義の方が大きい。問題は、木村の執筆部分であるが、第二章第四節の「村の政治」の部分である(57)。同節は五項目あり、その全てか、否か、わからない。ただし、すでに小平町調査（既述）に取り組み、同協議会の『地方史研究』第三号に「東京都北多摩郡小平町小川家文書調査」(58)という論文を発表していることからすれば、少なくとも同書中の第二章の具体事例の内、村法（九九頁、小川新田村「相定申村相談之事」）と村方出入（一〇六頁、同村「乍恐書付を以御訴訟申上候事」）の項目は木村筆と思われる。

さらに一九五八（昭和三三）年七月には「村の古文書」という小論を武蔵野文化協会による『武蔵野』第三八巻第一号(59)に発表した。そこでは消失しつつある資料に危機を感じるとともに、かつての東京帝国大学における資料の扱いを批判している。そして具体的に「どこにあるのか」・「どういう態度で見るか」などと記し、さらに「村の古文書は村にあるのが一番いい」としている。すでにこの頃になると、村歩きは九年ほど経ち、資料調査の方法論も出来上りつつあったのであろう。

こうした資料論の公表から、さらに一〇年経過した一九七〇年前後になると、その刊行に力を入れた。一九六八（昭和四三）年四月刊行の『地方史研究の方法』[60]は「中世文書」・「藩政史料」・「交通史」・「農村工業」といった各節ごとに専門分野を設けて扱っている。そのことは一九七〇（同四五）年六月に刊行した『近世郷土史研究』[61]からもうかがえる。同書は全一四章からなっている。序文には「真に郷土に主体をおいて地方史研究を推進する一助」のために刊行するとされており、本論における「近世都市の景観と実態」・「領土と農民」などといった項目からも察知できるように、あえていえば資料調査に関する専門的・理論的色彩がみとめられる。そのため、やや硬い内容といえるかもしれない。

一九七四（同四九）年一二月刊行の『文献資料調査の実務』[62]は長年行ってきた文書調査の実際をストレートに表題に付している。以下、「はじめに――文献資料の性格とその調査」の中から触りの部分を列記してみる。

・すべての歴史資料の中における文献資料の位置づけを知り、各種の文献資料を見きわめる、ということは資料調査の基本である。
・何を調査するのか、を明確にすることが、調査の基本である。それを知るためには何を見ればよいのか、が第二にくる。そして、それは、それを見るためにはどうすればよいのか、という第三まで会得すれば、それは練達した調査者といえるだろう。
・私人所有の資料を見せてもらう時には、目録を作ること、その資料の内容について家人に語ること、保存を依頼すること、この三点だけは守りたいと思う。（略）資料はその調査者だけのためにあるのではなく、その所蔵者や後に続く調査者のためにもあるのだ。

・資料調査者が各地で文書館設立運動を起すことは最も望ましいことである。

同書は自ら単独で編者となり、前記のような資料調査の意識のもと、古代から近代の文書について実務的・技術的に集約したものといえよう。しかもそれまでの木村資料調査論のレベルを一段階引き上げ、内容も拡大したものとしてもよい。例えば、項目に「武家文書の定義と内容」とある一方、「図書館の利用のしかた」や「史料撮影・複写・筆写の技術」なども見うけられる。いずれにしても従来の実績を基に重複・重層させつつ推し進める木村の仕方がよく表わされている。なお、同書の姉妹編として『文献資料整理の実務』が他の研究者によって刊行されているので、同書では資料整理にはほとんど触れていない。

ところが一九八〇年代に入ると、以上のような研究や入門・案内、あるいは実務といった類の刊行には関わらなくなる。一九八三（昭和五八）年一一月にはじまる『村の語る日本の歴史』[63]シリーズの一冊目（古代中世編）において著者の木村は「庶民生活の場としての村を、弥生時代以降一貫して叙述する」と定め、「当時の村の姿が眼前に浮かび上がるように書きたい」とした。そのために「本書に提示した諸事例については、（略）実際に現地を巡見しているものを多くのせる」ことにしている。実際、どの巻、どの頁にも木村が歩いて見た景観・遺物遺跡・見出した文書・絵図・写真によって、弥生から江戸時代まで営々と歴史を築いてきた日本の村落と村民の生活がリアルに描かれている。[64]それは概論とか、通史といえるものではなく、かといって全くの手引きや案内でもなく、また実務のものでもなく、新たな史書といえよう。同書は木村にとって「村歩き」の成果を公表するだけではなく、それによる村落史論を敷衍《ふえん》しようとしたことに意味がある。

さらにそれを深化させ、進展させたのが一九九八（平成一〇）年八月刊行の『村を歩く——日本史フィールド・

ノート』[65]である。その序文は次のようにして始められている。

歴史研究者としての私の仕事の中心は村歩き（フィールドワーク）にあったし、今もそうである。歴史に対面するに当たっての私の基本的態度、考え方、方法、認識の仕方等は、すべてその根源を村歩きに置いている。

同書において、どのようなものを素材としたのであろうか。次のように述べている。

村を歩くとさまざまなモノが目に映る。というよりはむしろ道、家屋、田畑、水路、山林等々のモノの中を歩いている。こうした多様なモノはそれぞれが深い歴史性を内包している。

本書も、やはり純然たる手引・案内・技術（ハウツウ）のためでなく、ましてや研究だけではない。モノ資料を中心に（文書史料は副次的）、歴史へ迫るための基本について豊富な村歩きの経験と膨大な研究の成果を凝縮したものとなっている。事実、章題を見ると、「第一章　村のモノグラフ――長塚節『土』の村を歩く」、「第二章　視野を広げる」、「第三章　モノを見る」となっており、各章の項目には、田・畑・山林、集落、村の境等々に関するさまざまなモノが取り上げられている。やはり長年の景観の調査研究がベースとなっており、村の歴史を熟知している木村ならではの著書である。この刊行直後、木村は筆者に「次のを楽しみにしている人達が三〇〇人くらいいると、出版社から言われた」（千代川村史編さん時）と話したことがある。

その約二年後の二〇〇〇年六月に『村の生活史――史料が語るふつうの人びと』[66]を刊行した。序文にて前著の続編と断わったうえで、「本書では村に残る古文書によって、村におけるさまざまな生活史像を語る」としている。全体は三章より成っており、第一章は「生活史を考える」、第二章は「さまざまな生活史像」、第三章は「先人に学ぶ――研究方法の検討」とある。自論の、天下国家ではなく村人の日常生活の歴史を重視し、その実相を存分に描写している。とくに第二章で取り上げた「鈴木はつ女一代之記」・「悪いやつら」・「村医者のカルテ」・「ある老人の逮捕」の調査では食い入るように文書に目を通していたのが印象的であった。

さらに三部の最後として、翌年の二〇〇一(平成一三)年九月には『村のこころ――史料が語る村びとの精神生活[67]』を上梓した。本書では、「精神生活」について、次のように規定している。

ここにいう「精神的・意識的側面」とは、気持ち、心の動き、態度等々の用語で表現されているごく日常的な事象を意味しており、「思想史」「精神史」等として表現されてきた描象力の強い高度な知的事象のことではない。

全体は第一章で「村の意識」、第二章で「村人の学び」、第三章で「書くというとなみ」の三章から成っている。具体的には節として「村をまもる――里正杢左衛門の慶応二年」「大原幽学のもとに集う人々」「家訓――家永続の願い」等々である。こうした木村の「精神生活」(生活史に含まれるもの)に対する筆者の見解は拙著「木村史学における文化史論」(『地域文化史の調査と研究』所収)と重複するし、本稿の執筆意図に適うものではないので割愛する。

すでに述べてきたように、以上の三部作は研究上のハウツウものや単なる啓発書ではない。長年の村歩き、それによる研究(日本村落史)が凝縮されたものであり、レベルの高い内容を具体的にやさしい文章でわかりやすく書いたものである。その三部作いずれにも調査地域における長塚節の作品『土』の世界が描かれている。「妙な研究書を読むより『土』を読んだ方がよっぽど日本の近代史が分かる」と木村は常々、学生に諭していた。筆者は「妙な資料論や歴史論を読むより、三部作を読んだ方が、資料調査のことだけではなく日本歴史が分かる」と思うこともあった。

なお、その年の一二月には『地方史研究の新方法』[68]を刊行している。同書は当初以前の『地方史研究の方法』（前出）を受けたものにしようとしたようであるが、全く異なるものになっている。それは景観編と生活編に大別し、また各種多様にみとめられていく資料に配慮しつつ、各項目を二頁見開きの形式をとり、調査上「知識や手法の概略を素早く一覧」できることに努めている。新たに開拓された資料の種類とテーマ、最新の処理方法、見やすい構成とあくなき挑戦を続けている。また同書の中では「戦後地方史研究の重要にして貴重な本質は、身の廻りの事物およびそれらの相互の諸関係についての強力な実証性である」と力説しているが、それは「村歩き」の重要性を訴えているわけである。

このように木村は「足」だけではなく「頭」を使い、じょじょに資料調査の方式・方法を作り上げてきた。そのことにより理論化や普遍化に努め、さらには独自性をも築き、公表したといえる。

2　資料調査の評価

木村は二〇〇四（平成一六）年一一月二七日に他界した。その後、多くの人により哀悼の意と賛辞が寄せられた。ここではそのすべてを網羅することはできないので、資料調査を中心にその何がしかを紹介するにとどめる。

『日本経済新聞』（二〇〇四年一二月一七日）[69]

「村歩き」で地方史研究

農村社会の無名な人々の営みの歴史を発掘し続け、地方史研究に尽力した。自ら「村歩き」と呼ぶ手法で家を一軒一軒訪ね歩き、地方（じかた）文書の調査、保存に努めた。

『朝日新聞』（二〇〇四年一二月二七日付）[70]

追い続けた庶民の歴史
学生を連れて農村を歩き古文書を探す調査を重ねた。納屋や屋根裏にもぐり込み、ほこりまみれになって文書を読んだ。(略)調査をもとに江戸時代の農民や農村の姿を描き出した。庶民の視点の「木村史学」と呼ばれた。

両紙とも生前に木村自身が述べていた「氷山にたとえると、海面下の見えない部分[71]」である「村歩き」のことを強調している。
木村が愛着をもち、自ら会長もつとめた地方史研究協議会では会誌『地方史研究[72]』の中で「追想　木村礎を偲んで」により、多くの人が惜別の辞を寄せた。同窓生同士で研究会を続けてきた島田次郎は次のように追悼文を記している。

木村は自分自身が名もなき庶民、非権力被支配者であるというごく当り前の生まれや、育ちを研究の原点とした。終生その姿勢にブレはなかった。

当然、文中の「研究」には資料調査も含まれていることはいうまでもない。
教え子の一人である前出・青木美智男は木村の死去する三年前、合宿調査を振り返り、次のように綴っている。

いずれの場合も村落をベースにし、現地へ入って古文書調査し、そこから発信する研究姿勢は変ることはなかった。だから木村さんは古文書を保存するための努力や、地方史研究への情熱が人一番強く、その先頭に立って活動された[73]。

木村自身が前出『村を歩く——日本史のフィールド・ノート』で確信しているように、仕事の原点（根源）は資料調査であるが、青木が評価しているように、それを基に研究のみならず学会運営や社会的運動へと拡大させたのである。

木村は生涯、「手作り」（アナログ）で通したが、これは同世代の大方はそうであったと思われる。夫人が聞き取りの際、「電気関係が嫌い」であったと話されている[74]。大原幽学研究の合宿の際には、カメラ底部の電池の蓋がはずせなくなり、参加者の一人が外したことがあった。そして千代川村史編さん時にはコンピューター処理が話題となった。その時、木村は「オレは人間カンピューターだ」といい、笑いが起った。その編さん時、筆者はコンピューターによる文書の調査の方法を進言した。木村は了承したのであるが、実際になると従来の方法が脳裏に強くあるようであった。ただし、筆者はそうしたことをとても旧弊には思えなかった。それは例えば、木村は資料をカードに採録し、関連データを記入し、それを一枚一枚凝視・熟考することにより、構想し、執筆をする、つまり「手作り」の長所を生かしていたからである。また、その頃にはすでにヨーロッパ流のアーカイヴズ的資料調査論が、それまでの資料調査論を経験主義・資料破壊と批判する考え方が提示されていたし、そのことに対する賛否両論が起こりはじめていたことも筆者は当然知り、検討していた。木村は、社会史ブームの時は、即移入の風潮に日本の研究者の悪弊であると批判的であったが、このことについて筆者に話すことはなかった。しかし、筆者はアーカイヴズ的資料調査法の内、整理に関する技術は採用に値すると思い、より簡便化に努めた。そしてそのことを提案したところ受入れられた。筆者は木村の壮大な資料調査論の内の「変えなくてもよいものは変えないし、変えるべきものは変える」・「誰でも分かりやすいこと」に努めるという判断のひとつと察した。

むすびにかえて

一言で言うと、木村による歴史学は「木村史学」、その研究対象は「日本村落史」となるが、その一環としての資料調査は「村歩き」ということになる。

本章では、そうした「村歩き」について、長大な資料調査歴に基づいて論及した。それは個人として行うこともあったが、多くは共同合宿によった。本稿ではその実態のいくつかを紹介し、いささか考察もしてきた。またそうした資料調査について、木村が理論化・普遍化に尽力したことやそれに対する評価の一端も紹介した。

これらのことについては各章で小括をしてきたので、ここでは繰り返さないが、もし木村の資料調査のことに関するキー・ワードをひとつあげるとすれば、やはり「足」を使うであろう。

本章では、最初に、木村はなぜそれほどまでして「村歩き」をしたのか、と問うた。はじめに、戦前の歴史学、とくに皇国史観の有していた主情論や観念論への批判を想定した。確かに木村は自著『少女たちの戦争』などの中で戦前における体制協力に対し自己批判をしていた。しかし筆者にはそうしたことを「村歩き」に即結させることば、例えば皇国史観を否定するために「村歩き」をするといった類を明確には、見出せなかった。[75]一方、同じく戦前のマルキシズムに基づく資本主義論争等に対しては「唯物史観の通用に性急でありすぎたり、きちんとした実証を伴わなかったり、情熱の発露に急でありすぎたり、つまりは概念的で荒っぽいものだった」[76]と断じている。ただしそれだからこそ「村歩き」を始めねばならなかったとは述べていない。とはいえ、以上のようなことが木村に全く無関係であったとはいえない。世代共通の戦前への悔悟や自己否定があったことは否定できないし、そうした意識はごく基層にあり、「村歩き」にストレートではなくとも間接的に影響していたと解釈してよい。

また、「村歩き」は師・渡辺世祐の影響が大であると仮定した。それは筆者が木村からその「世祐先生」の話を聞くことが少なくなかったからである。しかし、その話題は日常的な事柄がほとんどであった。そこで文献の上で追うと、確かにその実証主義を標榜した遺著『関東中心　足利時代之研究』復刻の際には尽力をしている。さらに明治大学夜間部地歴科在学時の教授を振り返り「この人たちは忠良な臣民であったが、皇国史観風ではなく、明治期以来の文献実証主義者であった(77)」としている。ただし、「この人たち」とあるように、それは渡辺世祐だけではなくあと二人の教員の名前をも記している。しかもその古文書による実証はのちの社会構成史研究に直結するものとは質を異にしていたのである。であるならば渡辺世祐による、近世庶民史料調査の一環としての大国魂神社引率の一件（前出）はどうか。このことについて木村は「世祐先生は懇切に文書の一々の性質を教えてくれたわけではない。今から思うと先生がそれらについて心得ていたとも考えられない(78)」としている。こうしたことからは「村歩き」への強い影響を直接、見出すことは現時点では難しい。とはいえ、木村の「村歩き」の契機は師・渡辺世祐によることなどを考えれば強くはなくとも全く学ぶことがなかったと断定はできないであろう。

最後に考えられることは木村の言う「戦後歴史学」への決別の時である。このことについては本節で前記した。木村は戦後、社会構成史を中心とした地方史研究の台頭の真只中で地域の資料を求めていたことは確かである。だが一九七〇年ころ、戦後歴史学を牽引してきた社会構成史的方法等から脱却して「自由な研究(79)」をめざしたのである。それは「村歩き」を続ける中から覚せいしたのであり、つまりは理論先行からくる形式・教条の主義からの自己解放であった。つまり村は学界や研究における問題のためにあるのではなく、長い間、多くの現実の問題に直面し生きてきたのであり、それを直視し、実感しなければならない。そのためには村歩きが必要だったのである。いうなれば木村の「村歩き」は戦後歴史学の見直しによって、目的・方法、そしてパワーといったさまざまな面で変革的・主体的かつ精力的になったといってよい。このことからすれば木村の「村歩き」は前述した自己悔悟・自己否定、指導者の存在を根底・間接的条件、あるいは自明の前提としつつも、やはり戦後歴史学への決別の一件が大きくかつ直接、影響したとしてよい。

さらにもう一点、木村の「村歩き」の目的・理由を追加すれば、確かめた資料を後世に残すためであったといえる。茨城県千代川地域の「村歩き」の帰途、列車内で筆者は木村に当時、関わっていた大学史活動や大学資料館について話したことがある。その時、木村は「大学史でもそうやって歩くことは保存につながる。そうすれば事実は伝えられるのだ」と明言した。[80] そのことは前節における木村の「資料調査者が各地で文書館設立運動を起す」べきという文言と符号する。

木村は最期を夢想した。ごく簡潔に要約すると資料調査のため烈日の下、美田の中の耕道を歩いて行き、倒れる。[81] そのようにはならなかったが、「村歩き」は否定されないどころか、もっともっと継承されていくであろう。

注

(1) 鈴木秀幸「木村礎先生と干潟町」(『広報　ひかた』第三九六号、干潟町、二〇〇五年二月)。
(2) 例えば国文学研究資料館史料館『アーカイブズの科学』上・下巻、柏書房、二〇〇三年、等。
(3) 森安彦編『木村礎著作集X　史料の調査と保存』〈以下、『木村礎著作集X』〉(名著出版、一九九七年)四〇八頁。
(4) 本人に確かめたことはないが、木村は業務以外で博物館・文書館に足を運ぶことは多い方ではなかった。ただし「保存措置としてはきわめて有効」(木村礎『戦前・戦後を歩く』〈以下、『戦前』〉日本経済評論社、一九九四年、二九二頁)と認めていた。
(5) 日本経済評論社、二〇一三年一〇月。
(6) 前掲、木村『戦前』〔注4〕二七二頁。
(7) 同右、二七一頁。
(8) 木村礎『地方史を生きる』〈以下、『生きる』〉日本経済評論社、一九八四年)二二五頁。
(9) 大原幽学共同研究時、国鉄総武線列車内にて。

(10)「なぜ歩くのか」『歴史評論』（第四三三号、歴史科学協議会、一九八六年五月）一六頁。
(11)前掲、森『木村礎著作集Ⅹ』〔注3〕三七七頁。
(12)前掲、木村『戦前』〔注4〕七四頁。
(13)同右七六頁。
(14)同右七五頁。
(15)所理喜夫編『木村礎著作集Ⅰ　「戦後歴史学」の中で』〈以下、『木村礎著作集Ⅰ』〉（名著出版、一九九六年）四〇八頁。
(16)前掲、木村『生きる』〔注8〕四頁。
(17)『駿台史学』（第一冊、駿台史学会、一九五一年三月）一六一頁。
(18)「戦後史料保存事始」（『会報』埼玉県地域史料保存活用連絡協議会第二七号、二〇〇一年三月）一頁。
(19)前掲、木村『生きる』〔注8〕五頁、前掲『駿台史学』〔注17〕一六一頁。
(20)前掲、木村『生きる』〔注8〕七頁。
(21)前掲、木村『戦前』〔注4〕二五〇頁。
(22)「井上隆男氏聞き取り」『明治大学史紀要』（第一六号、明治大学、二〇一二年三月）二〇一頁。
(23)同右二〇〇、二〇一頁。
(24)前掲、木村『戦前』〔注4〕二五九頁。
(25)『駿台史学』（第六号、駿台史学会、一九五六年三月）七六頁。
(26)前掲、木村『戦前』〔注4〕二五九頁。
(27)「小川家文書のこと」（『木村礎著作集Ⅹ　月報10』名著出版、一九九七年九月）二頁。
(28)一九九六年一二月一四日、筆者と明治大学歴史編纂事務室にて。
(29)「東京都北多摩郡小平町小川家文書調査」（『地方史研究』第三号、地方史研究協議会、一九五一年一一月）一八、一九頁。
(30)前掲、井上隆男聞き取り〔注23〕二五頁。砂川町のみ対象の調査は一九五七年八月。
(31)前掲、木村『生きる』〔注8〕二五頁。
(32)大原幽学研究時に国鉄総武本線列車内にて。また木村礎編著『村落生活の史的研究』（八木書店、一九九四年）においても「若い人々と共に遠方までしばしば出掛ける費用はないから、東京から簡単に行ける関東地方に適地を求めざるを得ない」（七〇四頁）とある。

（33）勤務した女子商業学校とその生徒の勤労動員や東京大空襲を調査し、『少女たちの戦争』（日本経済評論社、一九八七年）として刊行した。

（34）八木書店、一九八一年、七六八頁。

（35）同右。

（36）前掲、木村『戦前』〔注4〕一九三頁。

（37）同右二九三、二九四頁。

（38）青木美智男「木村礎さんの近世村落史研究へのこだわり」（『評論』第一八四号、二〇一一年七月）二頁。本書二頁。

（39）「私の教育史研究に至るまで」（『日本教育史研究』第六号、日本教育史学会、一九八七年七月）三頁。

（40）「研究と教育の原点・木村塾」（5、名著出版、一九九六年一一月）三頁。

（41）大原幽学合宿時の木村の筆者への話。

（42）「木村さんのこと」（前出『地方史研究』第三一四号、二〇〇五年四月）一〇六頁。

（43）前掲、木村『戦前』〔注4〕一八〇頁、同『生きる』〔注8〕一四頁。

（44）前掲『木村礎著作集Ⅰ』〔注15〕三九七、三九八頁。

（45）木村礎「幽学研究雑感」（『千葉史学』千葉史学会一二、一九八八年五月）。このような軍隊経験によることばを用いるので、木村の共同合宿調査を軍隊的と早とちりするものがいたかもしれない。また木村は資料調査について常に「発見の喜び」とか「スリル」ということを口にしていた。

（46）前掲、木村『戦前』〔注4〕一八一頁。

（47）以上は、筆者「干潟調査ノート」。

（48）山田哲好「近世・近代史料所在情報の収集・整備に向けて」（『地方史の新視点』雄山閣出版、一九八八年）一五七、一五八頁。

（49）小松郁夫「古文書の調査・保存と木村礎先生――神奈川県史編さんから公文書館への過程で」（『記録と史料』第一六号、全国歴史資料保存利用機関連絡協議会、二〇〇六年三月）三六頁。

（50）筆者「茨城調査ノート」。

（51）前掲、一九九三年四月、明治大学来校の際の発言。

(52) 同右。
(53) 千代川村、一九九五年三月、八頁。
(54) 筆者が中会議設置を提案した時の木村の得心がいった様子は印象的であった。
(55) 第二回歴史講演会「『村史　千代川村生活史』の完成を迎えて」(『村史　千代川村の生活』千代川村、第一〇号、二〇〇四年三月に収録)三一～五三頁。
(56) 地方史研究協議会、岩波書店。
(57) 木村礎『木村礎略譜』(私家版、日本経済評論社制作、一九九四年四月)には、自身の「論文ないし論文的な性質をもつ文章」として、『近世地方史研究入門』(分担執筆)の「村の政治」が記されている。
(58) 前掲『地方史研究』第三号、一八、一九頁。
(59) 武蔵野文化協会。
(60) 林英夫と共編、新生社。
(61) 古島敏雄・和歌森太郎と共編、朝倉書店。
(62) 柏書房。同書刊行の三年前、高橋磌一編『新編古文書入門』(河出書房新社、一九七一年一二月)に「史料の調査・整理・保存の手引き」の執筆をしている。木村はのちに「こういう作品の執筆を頼まれても不自然ではなかった」(前掲『木村礎著作集Ⅹ』〔注3〕四二四頁)と真情を吐露している。
(63) 株式会社そしえて、古代中世編・一九八三年一一月、近世編①・一九八三年一二月、近世編②・一九八三年一二月。
(64) まさしく「日本村落史」(近世村落史ではない)研究を体現しているといえよう。
(65) 雄山閣出版、一頁。
(66) 同右。
(67) 同右、五頁。
(68) 林英夫と共編。かなりの部分は木村の構想による。八木書店。「はじめに」ⅲ頁。
(69) 夕刊、日本経済新聞社。
(70) 夕刊、朝日新聞社。
(71) 前掲、木村『戦前』〔注4〕二四九頁。

（72）前掲、第三一四号、二〇〇五年四月。
（73）前掲「木村礎さんの近世村落史研究へのこだわり」〔注38〕三頁。
（74）前掲『明治大学史紀要』第一六号〔注22〕二二二頁。
（75）木村はこうした短絡的な表現を好まなかった。しかし「実証は主観性を本質的に持つ歴史学を、さまざまなイデオロギーの手先きにしないための強力な防壁なのである」（『木村礎著作集Ⅰ』〔注15〕四〇八頁）と述べたことはある。
（76）前掲『木村礎著作集Ⅰ』〔注15〕三七四頁。
（77）同右、三七〇頁。
（78）前掲、木村『戦前』〔注4〕二二三頁。木村は、以前（一九七一年）、研究室で、この時は「重いライカのカメラの担当だった」と筆者に述べたことがある。
（79）前掲『木村礎著作集Ⅰ』〔注15〕三九六頁。
（80）木村は明治大学百年史編纂の専門委員長時には、二度、大学資料館設立を企図したが、果たせなかった。しかし、その後も実現に向けて支援を惜しまなかった。やがて退職後の二〇〇三年四月、明治大学史資料センターとして開設された。
（81）高島緑雄編『木村礎著作集Ⅺ「少女たちの戦争・年譜」』（名著出版、一九九七年）四五三頁。

合宿調査一覧（一九五二～九三年）

番号	期日（計）	調査地	人数	成果刊行物
1	52・8・5～12（8）	神奈川県津久井郡与瀬町	8	封建村落
2	53・8・4～10（7）	神奈川県津久井郡中野町	13	〃
3	54・7・5～12（8）	東京都北多摩郡小平町	12	新田村落
4	〃・8・15～21（7）	神奈川県津久井郡	6	封建村落
5	55・7・11～15（5）	東京都北多摩郡小平町、砂川町、村山町	27	新田村落
6	〃・8・1～7（7）	東京都西多摩郡小河内村	3	〃
7	〃・8・14～19（6）	東京都南多摩郡由木村	15	
8	〃・8・22～28（7）	神奈川県津久井郡	24	封建村落
9	56・7・2～7（6）	東京都北多摩郡村山町およびその周辺	23	新田村落

番号	期日(計)	調査地	人数	成果刊行物
10	〃7・26〜31(6)	東京都南多摩郡由木村	13	
11	〃8・20〜27(8)	神奈川県津久井郡	25	封建村落
12	57・7・1〜7(7)	東京都北多摩郡村山町およびその周辺	31	新田村落
13	〃8・11〜16(6)	東京都北多摩郡砂川町	14	封建村落
14	〃8・19〜25(7)	神奈川県津久井郡	15	〃
15	58・7・1〜7(7)	千葉県佐倉市およびその周辺	29	譜代藩政の展開と明治維新
16	〃8・24〜30(7)	東京都北多摩郡村山町、青梅市	41	新田村落
17	59・7・1〜7(7)	千葉県佐倉市およびその周辺	25	譜代藩政の展開と明治維新
18	〃8・6〜12(7)	東京都北多摩郡村山町	15	新田村落
19	〃8・18〜23(6)	千葉県香取郡下総町	7	耕地と集落の歴史
20	〃8・24〜30(7)	東京都南多摩郡由木村	20	
21	60・7・10〜16(7)	東京都南多摩郡鶴川村	18	
22	〃7・18〜24(7)	千葉県佐倉市およびその周辺	5	譜代藩政の展開と明治維新
23	〃7・26〜31(6)	千葉県香取郡、茨城県鹿島郡	10	耕地と集落の歴史
24	〃8・19〜24(6)	東京都八王子市	9	新田村落
25	〃8・26〜9・1(7)	千葉県佐倉市およびその周辺	19	譜代藩政の展開と明治維新
26	61・7・2〜8(7)	千葉県成田市およびその周辺	25	〃
27	〃7・20〜26(7)	千葉県佐倉市	9	〃
28	〃8・26〜9・1(7)	千葉県佐原市	20	耕地と集落の歴史
28′	〃8・2〜6(5)	〃	5	〃
29	62・7・3〜9(7)	神奈川県平塚市	19	
30	〃8・3〜7(5)	千葉県佐原市	5	耕地と集落の歴史
30′	〃3・5〜8(4)	〃	3	〃
31	〃8・9〜15(7)	山形県山形市、上の山市	3	譜代藩政の展開と明治維新
32	〃8・16〜20(5)	千葉県佐倉市およびその周辺	9	〃
33	〃8・25〜31(7)	東京都調布市、狛江市	19	
34	63・7・2〜8(7)	明治大学和泉校舎	16	譜代藩の研究

番号	期日(計)	調査地	人数	成果刊行物
35	〃7・25〜30(6)	千葉県佐原市	6	耕地と集落の歴史
36	〃8・24〜30(7)	神奈川県平塚市	26	
37	64・7・1〜7(7)	明治大学和泉校舎	46	譜代藩の研究
38	〃7・23〜27(5)	千葉県佐原市	19	耕地と集落の歴史
39	〃8・10〜15(6)	神奈川県平塚市	23	神奈川県史
40	〃8・23〜29(7)	福島県平市およびその周辺	43	譜代藩政の展開と明治維新
41	65・7・2〜9(8)	明治大学和泉校舎	36	〃
42	〃7・12〜18(7)	神奈川県相模原市	25	神奈川県史
43	〃8・6〜9(4)	福島県平市およびその周辺	5	譜代藩政の展開と明治維新
44	〃8・19〜28(10)	宮崎県延岡市、高千穂町、大分県別府市	36	譜代藩の研究
44′	〃7・20〜24(5)	千葉県佐原市	14	耕地と集落の歴史
44″	〃7・29〜30(2)	〃	8	〃
45	66・7・19〜25(7)	千葉県市川市	37	市川市史
46	〃7・28〜8・3(7)	明治大学和泉校舎	56	譜代藩の研究
47	〃8・14〜17(4)	千葉県佐原市	12	耕地と集落の歴史
48	〃8・20〜23(4)	神奈川県相模原市	9	神奈川県史
49	67・7・25〜29(5)	千葉県佐原市	11	耕地と集落の歴史
50	〃7・25〜31(7)	神奈川県秦野市	33	神奈川県史
51	〃8・3〜9(7)	千葉県市川市	23	市川市史
52	〃8・9〜11(3)	静岡県掛川市	5	村落・報徳・地主制
53	〃8・23〜29(7)	明治大学和泉校舎	38	譜代藩の研究
54	68・8・2〜8(7)	神奈川県藤沢市およびその周辺	58	神奈川県史
55	〃8・10〜16(7)	神奈川県小田原市およびその周辺	37	〃
56	〃8・19〜25(7)	宮崎県延岡市、宮崎市、西臼杵郡	13	譜代藩の研究
57	〃9・3〜6(4)	静岡県掛川市	4	村落・報徳・地主制
58	〃9・20〜26(7)	神奈川県伊勢原市、厚木市およびその周辺	46	神奈川県史
59	69・8・4〜10(7)	神奈川県横浜市、川崎市	24	〃

番号	期日(計)	調査地	人数	成果刊行物
60	〃・8・15〜19(5)	静岡県掛川市	3	村落・報徳・地主制
61	〃・9・22〜28(7)	神奈川県横浜市	11	神奈川県史
62	70・8・23〜27(5)	静岡県掛川市	8	村落・報徳・地主制
63	71・8・18〜21(4)	〃	4	〃
64	〃・8・27〜9・2(7)	千葉県香取郡干潟町	35	大原幽学とその周辺
65	72・8・7〜13(7)	〃	32	〃
66	〃・8・29〜9・1(4)	静岡県掛川市	4	村落・報徳・地主制
67	73・8・4〜10(7)	千葉県香取郡干潟町	15	大原幽学とその周辺
68	〃・8・27〜31(5)	静岡県掛川市	4	村落・報徳・地主制
69	74・8・8〜14(7)	千葉県香取郡干潟町、山田町	26	大原幽学とその周辺
70	〃・8・19〜24(6)	神奈川県川崎市	8	神奈川県史
71	75・8・5〜11(7)	千葉県香取郡干潟町、山田町、東庄町	45	大原幽学とその周辺
72	〃・8・18〜23(6)	神奈川県横浜市	8	神奈川県史
73	〃・9・5〜7(3)	静岡県掛川市	4	村落・報徳・地主制
74	76・8・4〜10(7)	千葉県香取郡干潟町、山田町、東庄町	34	大原幽学とその周辺
75	〃・8・20〜26(7)	千葉県市川市	23	市川市史
76	77・8・4〜10(7)	千葉県香取郡干潟町、山田町、成田市	22	大原幽学とその周辺
77	〃・8・16〜21(6)	千葉県市川市、流山市	23	市川市史
78	78・8・8〜14(7)	千葉県香取郡干潟町、山田町、東庄町	15	大原幽学とその周辺
79	〃・8・18〜24(7)	茨城県猿島郡境町	27	村落景観の史的研究
80	79・8・7〜13(7)	千葉県香取郡干潟町、山田町、東庄町、海上郡飯岡町、旭市	14	大原幽学とその周辺
81	〃・8・17〜23(7)	茨城県猿島郡境町	27	村落景観の史的研究
82	〃・8・27〜29(3)	千葉県流山市	3	〃
83	80・7・30〜8・5(7)	千葉県旭市、八日市場市、香取郡東庄町、小見川町、山田町	13	大原幽学とその周辺
84	〃・8・20〜26(7)	茨城県猿島郡境町	25	村落景観の史的研究

番号	期日（計）	調査地	人数	成果刊行物
85	81・8・4〜10（7）	〃	30	〃
86	〃・8・26〜29（4）	茨城県猿島郡五霞村	6	〃
87	82・8・3〜9（7）	茨城県真壁郡明野町	30	村落景観の史的研究、村落生活の史的研究
88	〃・8・26〜31（6）	茨城県猿島郡五霞村	9	〃
89	83・8・2〜8（7）	茨城県真壁郡明野町	47	〃
90	〃・9・9〜12（3）	茨城県猿島郡境町	14	〃
91	84・8・1〜7（7）	茨城県真壁郡明野町	50	〃
92	〃・8・17〜20（4）	茨城県猿島郡境町	6	〃
93	〃・8・27〜30（4）	茨城県結城郡千代川村	12	〃
94	85・4・30〜5・3（4）	茨城県猿島郡境町	6	〃
95	〃・8・1〜7（7）	茨城県結城郡千代川村	36	〃
96	〃・8・20〜26（7）	茨城県真壁郡明野町	17	〃
97	〃・9・7〜10（4）	茨城県猿島郡境町	8	〃
98	86・5・2〜5（4）	茨城県結城郡石下町	12	〃
99	〃・8・1〜7（7）	茨城県結城郡千代川村	55	〃
100	〃・8・21〜27（7）	茨城県真壁郡明野町	14	〃
101	〃・9・5〜8（4）	茨城県猿島郡境町	8	〃
102	87・8・1〜7（7）	茨城県結城郡千代川村	42	〃
103	〃・8・27〜31（5）	茨城県真壁郡明野町	17	〃
104	88・8・2〜8（7）	茨城県結城郡千代川村	47	村落生活の史的研究
105	〃・8・25〜31（7）	茨城県真壁郡明野町	17	〃
106	89・8・1〜7（7）	茨城県猿島郡猿島町	43	〃
107	〃・8・24〜30（7）	茨城県真壁郡明野町	17	〃
108	90・8・1〜7（7）	茨城県猿島郡猿島町	32	〃
109	〃・8・24〜30（7）	茨城県真壁郡明野町	16	〃
110	91・8・1〜7（7）	茨城県猿島郡猿島町	22	〃
111	〃・8・23〜29（7）	茨城県真壁郡明野町	17	〃

番号	期日（計）	調査地	人数	成果刊行物
112	92・7・31～8・6（7）	〃	19	〃
113	93・7・30～8・5（7）	〃	18	〃

（注）
1　本表は木村による、学生引率およびその関係の合宿調査が主である。
2　本表は木村礎著の『地方を生きる』所収「合宿調査表」と『戦前・戦後を歩く』所収「合宿調査一覧」をもとに鈴木秀幸が修正・追加および加工をしたものである。
3　調査地は合宿当時のものであり、現郡市町村名とは異なるものもある。
4　番号欄に「'」が付いているものは、地理学・民俗学・考古学を主体とした調査である。
5　30'番は原表には人数「3＋α」とあるが、ここでは「3」と表記した。
6　41番は合宿せず。
7　千代川村史編さんにともなう調査合宿（一九九三年一一月～二〇〇三年一月）関係のものは除いた。『大学史紀要』第一三号（明治大学史資料センター、二〇一三年三月）中の、鈴木秀幸「「村歩き」の研究——資料調査から見た木村史学について」や『村史紀要　千代川村の生活』第一～一〇号「事務局だより　千代川村史編さん日誌」（千代川村史編さん室）等を参照されたい。また第二次大原幽学研究の合宿調査（一九八一年八月～一九八五年八月）については、『歴史論』八（明治大学近世近代史研究会、一九八七年九月）の「調査合宿その他経過」を、また大原幽学記念館関係の合宿調査（代表の木村参加……二〇〇一年七月～二〇〇二年四月）については、『大原幽学関係資料調査報告書　三』（旭市教育委員会、二〇一〇年三月）の「総説」（鈴木秀幸）中の「大原幽学記念館所蔵資料合同調査」等を一覧いただきたい。

第4章　木村礎の下級武士論——日本近代への視座

長沼　秀明

はじめに

木村礎は日本近世史・日本村落史の専門家として知られる。しかし、木村自身が左記のように語っていることは、本書が対象とする木村史学の全体像を考える際にも、きわめて重要である。

私は日本「近世史」の研究者であります。近世史と申しますのは安土桃山・江戸時代史のことでありまして、その私が「近代史」についての御依頼を受けましたのは全く意外でありまして、近世史と近代史をお間違いになったのではないかと失礼ながらちらと思ったこともある程です。しかしながら、日本の近代史は、どのような専門分野の歴史研究者にとりましても非常に大きな関心事でありまして、まして江戸時代史研究に携わる者にとりましては研究上の不可欠な問題なのであります。(1)

日本近世史の専門家である木村にとっても、日本近代史を探究することは「非常に大きな関心事」であり、かつ

「研究上の不可欠な問題」であった。筆者は以前、木村が「日本の近代史」について、どのように考えていたかを知るために、木村の論考から、日本の近代に関わる作品を選び、各論考のうち重要な箇所を抜粋して、木村礎の日本近代への視座を確認するための基礎資料を提供した。(2)

いうまでもなく、日本の近代史は明治維新から始まる。本稿は、右の作業を元に、木村礎の下級武士論を検討することをつうじて、木村の日本近代への視座をあらためて解明しようとするものである。

一　明治維新史研究史における下級武士論

下級武士論は明治維新史研究における主要な研究課題の一つである。日本史研究のための最も代表的な参考図書である『国史大辞典』にも「下級武士論」の項目がある。そして、この項を執筆しているのは、意外なことに、木村礎である。木村は、この項を印象的な一文から始めている。

明治維新を達成した主体勢力（担い手）は下級武士であった、という常識的論議。曖昧な点が多く、慎重な検討が必要である。(3)

末尾の「参考文献」に自著『下級武士論』（『塙選書』五九、一九六七年）のみを掲げ（この書については後に詳しく考察する）、奈良本辰也の見解を自らの反論によって「実証的根拠を失った」と一蹴していることからもわかるように、右の引用から始まる「下級武士論」の全文は、木村の強い自負が感じられる文章である。それにしても、明治維新史研究を専門とするわけではない木村が、なぜ、この辞典に「下級武士論」を執筆したのか。『国史大辞典』編集委員会の編集顧問には、近代史の専門家として、大久保利謙、小西四郎がいるが、木村との関係から、彼らが木村へ執筆を依頼したとは考えにくい。思うに、編集顧問の一人に児玉幸多がいるので、地方史研究協議会での活動などをつうじて木村をよく知る児玉が、木村をあえて指名したのかもしれない。ちなみに、木村の「下級武士論」が収められた『国史大辞典』第三巻が刊行された一九八三年には、集英社から、木村が「責任編集」・「著者代表」を務めた『日本史の舞台　第一〇巻　風雲つげる幕末維新』が刊行されている(4)。この書は、全一〇巻の監修を児玉幸多が務め、各巻に異なる編集責任者が配置されており、木村は「江戸時代末期」を扱う最終巻のみを担当し、この巻の「時代史概説」を書いている。したがって、右の推測は必ずしも的外れであるとはいえないように思われる。

さて、『国史大辞典』中に木村が執筆した「下級武士論」には、戦前・戦後の明治維新史研究における下級武士論の研究史が簡潔に整理され、読者に提示されている。木村は「明治政府の官職の中心は、彼ら下級武士出身者に当然占められた。このことが、早くから素朴な意味での下級武士論の底流となった」と述べたうえで、戦前の服部之総およびハーバート・ノーマンの説を引用・紹介し、「第二次世界大戦終結後における明治維新の主体勢力論としての下級武士論の学界での主流は、服部の同盟論の延長線上にあった」とする。そして、「ことにユニークな見解を提起したのは奈良本辰也である」として奈良本が提起した「「郷士＝中農層」範疇」を詳細に引用・紹介し、「「政治をその経済の深みにおいて把握する」という点において大きな注目を集めた」と奈良本説を評価した。しかし、木村は、この奈良本説は、自らの反論により破綻したと、つぎのように述べるのである。

奈良本のかかる見解の実証的根拠は、井上馨家を以て下級武士的な中農層的郷士とすることにあった。これに対して、井上家は百石取りの大組士であり、「郷士」的な存在ではない、とする木村礎の反論があり（「萩藩在地家臣団について——「下級武士論」の一問題——」、『史学雑誌』六二ノ八、昭和二十八年）、その実証的根拠を失った。

「しかし、」と木村が続けるとおり、田中彰の研究に代表されるように「奈良本の提起したいわば新しい同盟論はその後も強い影響力を持ち」、かつての「素朴な意味での下級武士論は研究史的には否定されて自立性を失い、広い意味での同盟論の中に吸収された」といってよい。そして、木村は「下級武士論」をつぎのように結んで説明を終える。

ただし、この同盟論そのものも、鹿児島藩のごとき「封建制の極北」においては全く有効性を失うという大きな難点があり、一層の吟味が必要とされている。

この一文は、木村自身も含め、明治維新史研究の主たる対象が長いこと長州藩であり続けたことに対する自己批判にもなっている。そして、近年の明治維新史研究において薩摩藩や佐賀藩を対象とする研究が強力に推進されていることを考えるとき[(5)]、この一文のもつ意味は、あらためて大きいといわねばなるまい。

ところで、右の木村「下級武士論」の最後に引用・紹介された田中彰は、『木村礎著作集Ⅱ　明治維新と下級武士』（名著出版、一九九七年）で「下級武士論の行方」と題する「解説」を書いている。木村が『国史大辞典』に「下級武士論」を発表したのは一九八二年であったから、それから一五年ほどの歳月が流れていることになる。木村とは異なり、明治維新史の大家として知られる田中は、明治維新史研究史における下級武士論をどのように描いているであろうか。

著作集第二巻の末尾に一五ページに収められた田中彰「下級武士論の行方」は、つぎのような簡潔な構成をとる。

一　下級武士とは何か

二　下級武士論の流れ

三　下級武士論の現在

田中は冒頭で、下級武士の定義について、奈良本辰也の文章と木村礎の文章とを対比しながら、つぎのように「解説」を始める。

下級武士を簡単に規定すれば、「封建君主に仕える武士のなかで下級に属する身分のものの総称」（河出書房新社『日本歴史大辞典』「下級武士」の項。奈良本辰也執筆）ということになる（略）。／本書に収められた『下級武士論』のなかで、木村礎は「下級武士とは何か」というみずからの問いに、「答えることは実はそう簡単なことではない」といい、慎重な文章選びをしている。(6)

田中が、木村の下級武士論をどのように見ていたかという問題については、後に検討することにして、まずは、下級武士論とは明治維新史研究において、いかなる意味をもつのかという田中の指摘に耳を傾けなければなるまい。

田中は端的に、こう述べる。

下級武士が注目され、研究対象としてクローズアップされるのは、下級武士と明治維新との関連が問われるからに他ならない。／このように下級武士と明治維新とのかかわりが問われたときに、下級武士の問題は下級武士論となるのである。(7)

すなわち、下級武士論は田中が言うとおり「明治維新遂行の主体をめぐっての問題」にほかならない。[8] そして田中は、「この問題が明確になるには、第一に明治維新を客観的にとらえる歴史的な時間経過が必要だったこと、第二には維新を客観的な歴史の流れとして構造的にとらえる方法が自覚的に提起されるという条件が必要だった」ことを指摘し、「明治維新を客観的、構造的に初めてとらえようとしたのは、いわゆる「大正デモクラシー」の潮流のなかの大正十（一九二一）年、堺利彦「ブルジョアの維新」（『解放』大正十年一月一日、大鐙閣発行）だった」とする。そして、堺の「問題提起」を受けて「いかなる立場での「解釈」が「科学的」客観的なる解釈」であるのかを論じたのが羽仁五郎」だったとして「史的唯物論の上に立つ」羽仁の見解を田中自身が言うように「長々と紹介し」、「下級武士説が維新解釈として、いかに位置づけられているか」を検討するのである。[9]

そして、「戦後の明治維新史研究において、明治維新を封建社会から近代資本主義社会への転換点とみることにおいて、それをブルジョア革命とみるか絶対主義の成立とみるかについて、長い論争があったことはよく知られている」としたうえで、「しかし、現在においてはそのいずれの説に立つにしても、二者択一ですべて割りきることができないことは、いまや論者たちの自覚するところであろう」と述べ、「明治維新の国内的要因と外圧としての世界史的規定性を、いかに総合的、構造的にとらえて明治維新の位置づけをすべきか、と維新史研究者たちは腐心しているのである」と現状を語る。[10] 日本資本主義論争以来の明治維新解釈の難しさを、東西冷戦終結後の一九九〇年代後半の段階で、率直に吐露しているといえるだろう。

さて、木村自身が『国史大辞典』で自信に満ちて振り返っていた「奈良本・木村論争」以後、下級武士論は歴史学界で、どのように展開されていったのであろうか。田中彰は、その前提として、木村礎が『国史大辞典』で語らなかった、木村『下級武士論』刊行（一九六七年）以前の研究状況を的確にまとめている。すなわち、堀江英一『明治維新の社会構造』（有斐閣、一九五四年）、石井孝『明治維新の国際的環境』（旧版、吉川弘文館、一九五七年）、田中彰

『明治維新政治史研究』（青木書店、一九六三年）、笠原拓自『明治維新の権力基盤』（御茶の水書房、一九六五年）を引用・紹介し、「維新変革の主体、とりわけそのヘゲモニーがどのように変化するか」という問題に関して、田中自身が、かつての自らの見解を、芝原の批判と「公武合体派の運動の研究成果をふまえて」修正した新しい見解、つまり田中が『幕末維新史の研究』（吉川弘文館、一九九六年）などで描いた「藩政改革派——尊攘派・公武合体派——討幕派・維新官僚」という見解を提示し、「尊攘派・公武合体派の関係は、「尊攘運動と公武合体運動の対立・交錯」との規定を示して、一九九〇年代後半における「下級武士論の現在」（傍点は引用者）を語っていくのである(11)。

　一九九〇年代後半の「下級武士論の現在」について、田中は、つぎのように述べる。

> 下級武士論はもはや下級武士論の範疇のままで維新変革の主体として論じえないことがおのずからわかろう。下級武士は下級武士の身分として登場しつつも、幕末の藩政改革から尊攘・討幕運動の過程で、（そこにはいうまでもなく外圧＝国際環境が不可避の問題として絡む）脱皮・転回・転生する存在であり、彼らは藩士から朝臣、つまり維新官僚として天皇制を創出する存在となっている。この維新の主体はいうなれば自己否定の論理の展開過程の上に形成された存在に他ならない、といえるのである(12)。

　実は、この文章こそ、田中自身が指摘するとおり、後に考察する木村下級武士論の特質と見事なまでに合致するのであるが、ここでは、「主体変遷にみられる、いうところの自己否定の論理」について「思想史の立場からこれをみようとしたもの」である尾藤正英の論(13)を田中が引用・紹介し、「いうところの自己否定の論理と相通ずるところがあるといってよい」としていることに着目したい(14)。

　木村著作集の解説の最後で、田中彰は「最近の視角」にふれ、「その一例」として園田英弘が『西洋化の構造』（思文閣出版、一九九三年）で提示した「郡県の武士」という概念を紹介し、「ここでの発想は、もはや下級武士論を遥かに越えたところからのものである」として「本来の下級武士論を遥かに越えて複雑な様相を呈してくるであろう」と予言して、いわば混沌状態にある「下級武士論の行方」についての自らの見解を締め括るのであった(15)。

それでは、現在の明治維新史研究において、木村が提示した下級武士論からは、もう学ぶべき点は何もないのであろうか。このことをつぎに考えることにしよう。

二　木村下級武士論の特質

冒頭に述べたとおり、木村礎は日本近世史・日本村落史の専門家として知られており、現在、明治維新史を専門とする人びとによって、木村の下級武士論があらためて真正面から考察されることはほとんどないといってよいであろう。木村は、明治維新史研究の分野において、いわば忘れ去られた人であるといっても過言ではない。それでは、木村礎の下級武士論は、もう過去のものになってしまったのだろうか。学ぶべき点は、もうないのだろうか。

これまた冒頭に述べたとおり、木村にとって、日本近代史を探究することは「非常に大きな関心事」であり、かつ「研究上の不可欠な問題」であった。木村が日本の近代に関する論考を多数発表していることは、すでに前稿で明らかにしたとおりである(16)。

そもそも、木村礎の本格的な歴史学研究の出発点は、ほかならぬ明治維新史研究であった。木村自身、塙書房から出版した『下級武士論』（一九六七年）の「あとがき」で、こう述べている（傍点は引用者、以下同）。

> 昭和二十七年の秋、東京大学の史学会大会で、私は「萩藩在地家臣団について」という研究発表をした（翌年『史学雑誌』に発表）。これは奈良本辰也氏の「郷士＝中農層」批判という結果を生んだもので、私がささやかながら歴史の学会というものに足を踏み入れた最初であった。その後「秋良敦之助小伝」（『明大短大紀要』二、一九五七年）、「萩藩の陪臣について」（『歴史学研究』二二〇、一九五八年。本書所収）を書いたのだがこれらは私の歴史研究の一里塚となった。そのころ私の研究主題は江戸時代農村史、更には一般的な意味での藩政史に転向しつつあり、維新期の問題から次第に離れていった。しかし、下級武士の問題については細々ながら関心を持続していたのである。／だから、もう五年も前に塙書房から『下級武士論』という課題を与えられた時私はとても嬉しかった。(17)

木村が、一九五二（昭和二七）年に東京大学史学会で研究発表を行い、それが自らの歴史学研究の「一里塚」となったことをやや興奮した面持ちで語っている様子が伝わってくる。この年（五二年）は、木村が、生涯の伴侶となる富貴子と結婚した年でもあった（飯澤「木村略年譜」参照）。そして、自らの下級武士論の特長をつぎのように語るのである。

> 本書には、江戸時代下級武士の存在形態についての叙述と、明治維新の主体勢力としての下級武士の問題が全く融合しない形で収められている。この両者が統一されているのが世間的常識というものである。〝下級武士は長年にわたり貧乏だったから明治維新の時に奮起した〟というのがその常識である。私はこの常識に忠実に章を立ててみた。結果は、御覧の通り、〝下級武士の存在形態そのものをいくら追究しても、明治維新の主体勢力論としての下級武士論は出てこない〟ということになった。端的に言えば、本書は世間的常識としての下級武士論を

否定しているのであり、下級武士論の限界を示しているのである。[18]

さらに、下級武士論をめぐる当時の歴史学界の状況をふまえ、自らの著書をこう位置づける。

それにしても、下級武士の存在形態や下級武士論に真向から触れた著書、論文はきわめて少ない。参考文献や本文中に掲げた程度のものである。したがって私はこの書物を一般的な性格を持つ書物として書いた。引用史料なども読み下し形式にしてある。下級武士をめぐる諸問題をできるだけ一般的に理解してもらうにはこうした書き方がよいと思ったからである。[19]

ここで木村が本書を「一般的な性格を持つ書物」としていることに注意したい。この箇所の直前で木村は、下級武士論に関する先行研究の少なさを指摘していた。塙書房からの依頼を「とても嬉しかった」と素直に喜んだ木村が、そして奈良本説を反駁したと自負する木村が、この本を下級武士論の、いわば定本としようとしたとみることは、決して間違いではないだろう。このことは、木村が『国史大辞典』に執筆した「下級武士論」で、「参考文献」として本書『下級武士論』のみをあげていることからも十分に裏づけられよう。

ところで、木村は著作集に収めた自らの「解説」の最初に、先に引用した『下級武士論』「あとがき」ですでに語っている、東京大学史学会での研究発表について、またもや語っている。この「解説」にあるとおり、木村は当時、明治大学文学助手を務めていた。二八歳であった。[20]

木村自身が語るように、木村が「歴史の研究らしいものに入ったのは一九四九年春、二五歳の時だった。その中心は村落史料の調査、つまりフィールドワーク」。[21] まさに後年、日本村落史の大家として学界に揺るぎない地位を築くことになる木村礎の出発点であった。だが、「しかしながら」と木村は続ける。

若い私の関心は多様かつ拡散しており、堰を切ったように発表される先学のすぐれた作品を分野を問わず貪り読んでいた。その一つに奈良本辰也『近世封建社会史論』（一九四八年八月）があった。私がこれを買い求めたのは一九五〇年五月。この本は今も私の手許にある。表紙がはがれかけ、紙は変色している。／この本には、赤鉛筆で引いた傍線や書き込みがある。殊に「幕末における郷士＝中間層の積極的意義」にはそれが多い。私はこの論文に魅せられ、何返も読んだ。注目すべきは余白に記された以下の書き込みである。「郷士層の存在についての実証がまったくない。従って郷士＝中農層範疇の摘出は危険であり、検討を要する」。この論文を繰り返し読んだ過程で、私は右のような決定的な問題に気づいたのである。[22]

右の木村の述懐を素直に信じるならば、木村は奈良本論文を何度も繰り返して読み込むなかで、奈良本説が何ら実証的でないことに気づいたということになる。木村は続けて、奈良本節は「明治維新の主体勢力を、諸階級、諸階層の複合関係に求めるという考え方」の「代表的見解」である服部之総による「〝地主・ブルジョアと下級武士の同盟〟論の「延長線上に樹立された「範疇」であった」とはいえ、奈良本の「具体的なイメージは服部よりずっと強力だった」と当時を振り返る。そして、その理由として、「奈良本氏の「郷士＝中農層」範疇は、それを長州藩という特定の場所において、そして幕末の政治経済の動向を通して摘出したものである」ことをあげ、奈良本の「具体性に魅せられた」と率直に語るのであった。[23]

しかし、木村は、奈良本論文の欠陥を知る。木村の述懐を聞こう。

奈良本論文にはそのような存在としての長州藩在郷武士についてのごとく一般的な説明はなされているが、彼らの人数や領内における分布状態等々の基礎的なことについては全く触れていない。また、長州藩の大組士（歴々の中士）、百石取りの井上馨家を下級武士扱いにしている等の基礎的な誤りもあった。／幸いなことに、私が働いている明治大学の図書館には毛利文庫本の写本が若干入っていた。その中には幕末期の地誌である「郡中大略」等私の関心に適合するものもあった。それらの分析や検討を執念深く継続し、やがて「郷士＝中農層」に範《ママ》疇における郷士部分についての全体像（よく分からない部分も残ってはいたが）が浮上してきた(24)。

こうして、木村は東京大学史学会での発表の準備を整えていくのであるが、ここで重要なことは、木村が、奈良本説における実証面での弱点を見つけ、奈良本説の弱点を、母校であり勤務先である明治大学が所蔵する史料によって鋭く反論することができたとしている点である。ここには、木村史学の、そして明治大学文学部史学地理学科の、昭和初年に創設された専門部文科地歴科以来の学風が見てとれるといってよい。

話は転ずるようであるが、木村礎は、明治大学文学部の創設者といってよい尾佐竹猛を歴史学者として非常に高く評価していた（傍点は引用者）。

尾佐竹猛は維新史、近代史研究の一つの巨峰である。服部之総を理論面での巨峰とすると尾佐竹は実証面、史料面での巨峰であり、その仕事が後学に与えた思想や影響はきわめて大きい(25)。

木村は「私は最近まで、尾佐竹が明治法律学校の卒業生だとは知らなかった」などと述べているが、これは本当ではあるまい。これに続けて「尾佐竹の学問は明大の土壌から育ったものではなさそうである。このような轍を今後踏みたくない」[26]と、この文章を結んでいることから、尾佐竹猛の学問が正当に評価されていない、当時の明治大学の学問的風土を厳しく批判する狙いがあったものと思われる。

いずれにせよ、木村は、自ら学んだ明治大学文学部で仕事をするなかで、村落史料の調査を続けながら、自らの研究の方向性を模索し、やがて実証史学という道を歩み始めることになったということができよう。

さて、東京大学史学会での研究発表のことに話を戻そう。木村は著作集「解説」で、つぎのように当時を振り返っている。

家は貧しく大学などというものは雲の上の存在だった。一七歳の時に社会人となり、その後明治大学専門部地歴科（夜間部）に入り、軍隊から復員したらそこを卒業していた。（略）／戦争や戦後の窮迫の中を私は何とか生きてきたものの、浮き草のような心許ない存在であり、そのことがひしひしと自覚された。それでも、駿台史学会（明治大学）や大塚史学会（東京文理科大学）で研究発表めいたことを少しはやっていた。しかしながら私はまだ若く、なじみのある会だけで発表することにものたりなさを感じはじめるようになっていた[27]。

このような木村にとって、帝国大学の系譜をひく東京大学の史学会で研究発表を行うということは、大舞台への飛躍そのものだったといってよいだろう。「史学会（東京大学）に発表を申し込んだいきさつは全く記憶にない」と言いながらも、木村は、この大舞台への挑戦をつぎのように語るのである。

誰かにすすめられてやったわけではないし、もちろん誰かに打診した上でのことでもない。多分〝イッチョウやってみるか〟といった生来の向こうみずな気分にそそのかされて、発表を申し込んだということなのだろう。史学会は一八八九年（明治二十二）に創立された日本で最も古い歴史の学会である（この年『史学会雑誌』〈のち『史学雑誌』〉を発刊し現在に至る）。私はこの大学の卒業生ではなく、それまでに一度も出席したことはなかった。[28]

「イッチョウやってみるか」などとは、実に木村らしい言い方である。しかし、この「向こうみずな気分」の背後には、帝国大学以来の伝統を有する権威ある学会で発表することへの不安と畏れの感情が見え隠れしているように思われてならない。

研究発表当日の会場の風景を「驚きと落胆」という言葉で木村は回想している。「会場は大きな教室で、そこには沢山の出席者がおり、ざっと見渡したところ禿頭や白髪頭ばかりだった」からである。「〝これがみんな歴史研究者なのか。とても俺の出る幕はないな〟と気憶《ママ》れしたのである」。そして「〝発表を終えたら、歴史の「研究」なんてことはやめた方がよさそうだ〟と痛切に感じた」という。[29] しかし、木村は歴史学研究を決してやめることはなかった。「発表が終わると拍手が沸いた。各発表者に拍手を送るのは慣習的かつ儀礼的なものなのだろうが、それでも私は嬉しかった」と木村は、この時のことを素直に回想する。[30]「私への拍手は他よりもやや大きいとも感じた」とまで述べている。[31]

そして、この木村の感触は当たっていた。後日、「明大東洋史の神田信夫氏（当時史学会委員か）から〝あれを『史学雑誌』に書いてくれないか〟と言われたのである」。木村は「驚いてもう一度聞き返したように思う」と、この時のことを回想する。しかし「聞き間違いではなかった」。そして、木村は、つぎのように思ったのである。

> これは滅多にない幸運というものであり、〝俺のようなものでも大舞台を踏めるのか〟という感銘が走った。[32]

この直後に「(当時『史学雑誌』への論文掲載は名誉なこととされていたように思う)」と、いわば但し書きが付けられてはいるものの、これは木村の率直な感想であったに違いない。著作集の解説で、右の文章に続けて、木村は「まだ農村」だった「葛飾区鎌倉町」の「トントン葺(屋根瓦がない)」の「小さな家」で「せっせと原稿を書いた」ことをじっくり語る。「字が下手なのでゆっくりと丁寧に」書き、「何返も読み返し、そのつど丹念に修正した」という。[34]こうして「書き上げた六五枚ほどの作品が「萩藩在地家臣団について――「下級武士論」の一問題」である(『史学雑誌』六二―八、一九五三年八月。本巻所収)」であった。[35]

帝国大学以来の史学会で研究発表を行い、その発表が論文として公になったのである。この論文は、木村にとって、まさに自らの歴史学研究の「一里塚」となった。この論文は木村自身にとって、「明治維新論の重要な一支柱としての「下級武士論」に参入する意志を示したもの」にほかならなかったのである。[36]木村は言う。

この作品の公表によって、私は〝歴史研究者としてやっていけるのかもしれない〟との思いを幾分かは持つようになった。東京大学史学会は、若くて無名、われながら心細い存在である私を励ましてくれたことになる。[37]

そして、この論文は、木村の言葉を借りれば「当時における明治維新史の主要な一課題だった主体勢力論(担い手論)に関係していたから、若干の反響があった」。[38]木村は著作集の解説で、これらの反響について「思わざる反響」と題し、「(1)早い時期の反響」「(2)歴研大会での寸景」「(3)二十年後の位置づけ」に分け、きわめて詳細に説明を加えている。[39]このうち「歴研大会での寸景」には、木村が東京大学史学会で研究発表を行ってから四年後の一九五六年に開催された歴史学研究会大会の「封建・近代の部」での木村の発言が紹介されている。自らが「石井孝、遠藤輝明」と共に討論の「議長」を務めた時の「情景を当時の討論記録によって」「簡単にではあるが」と木村は述べているものの、むしろ詳細に「再現」していることが面白い。この発言は、木村自身が言うとおり「最小限のことは言っている」かもしれないが、「ずいぶん遠慮した歯切れの悪い発言」であったと言わなければならないだろう[40]。とはいえ、この「歯切れの悪い発言」をあえて著作集の解説に掲載したこと自体も、木村の飾らない人柄や学問への真摯な向き合い方の表れであると言ってもよいかもしれない。

さて、ここでは、むしろ「(3) 二十年後の位置づけ」に注目したい。この部分で木村は、『史学雑誌』に掲載された自らの論文「萩藩在地家臣団について」が、雑誌掲載からちょうど二〇年後に当たる一九七三年に刊行された『論集日本歴史』の第八巻（大舘右喜・森安彦編『幕藩体制』Ⅱ[41]）に再録されたことを記し、編者の大舘・森による「解説」を自ら傍点を付しながら長文にわたって引用している。この解説について木村は、自分の論文が発表された「直後に書かれた言及や批判との時間差は大きい」として、その後の研究状況の進展をふまえた、この解説の意味を自ら解き明かそうとするのである（傍点は引用者）。

発表直後の諸言及は、木村論文における実証の正当性に《ママ》概ね認めていたように思われるが、そのような実証性によってもたらされた「郷士＝中農層」批判（大きくは服部之總以来の同盟論批判）がどのような帰結をもたらすのかが全く分からない時点において書かれたものである。ところがその後における主体勢力論は、それまでの大まかさや反映論（社会経済状況の反映としてだけ政治動向を見る論。これでは激動期における政治過程を理解できない）の域を脱し、各政治段階ごとの主体勢力のありかたをきめこまかく追究するようになっていた。右の解説における「新しい知見」とはそのような意味と思われる。「在地家臣団」論文は、それまでのいわば〝素朴同盟論〟にピリオドを打つ小さな契機にはなった、といってよいのかもしれない[42]。

「小さな契機」と木村は言っている。研究発表当時、そして論文発表当時の、先に引用・紹介した文章に見られる熱気や興奮は、この文章には、もはやない。右の文章に続けて（正確にいえば、一行の空白を入れて）、木村は突然のように話を転ずる。

「萩藩在地家臣団について――「下級武士論」の一問題」は若い私にとっては〝事件〟だった。しかし、そのことだけがこの作品について長々と書いてきた理由ではない。私はこれを通して、当時の歴史学界を包んでいた一種の〝熱気〟について書きたかったのである。いわゆる「戦後歴史学」はその強大な足跡にもかかわらず、今や〝過去〟としてほぼ凝固されてしまったように思われる。にもかかわらず、その台頭期や盛期において存在していた熱気や活気は貴重なものだった。ああいう張りつめた気分は果たして復活するものなのだろうか、そしてどうすれば復活するのだろうかについても考えざるを得ない。最も大切なのは、そうしたかつての気分を自らが持続してきたのか、それは持続可能なのかといった類の自己への問いかけなのだろうと痛感する。[43]

この文章から、木村が自らの下級武士論を著作集刊行の一九九〇年代後半という時点に立って真正面から再検討しようとする意気込みを感じ取ることは、もはや無理である。右の木村自身の解説が発表されたのは、東京大学史学会大会での研究発表から四五年という長い年月が経過した一九九七年であった。この間の下級武士論の変遷を追うこと自体、近世村落史の大家となった木村にとっては重荷であったろう。では、木村にとって、自己の研究の「一里塚」となったはずの下級武士論とは、いったい何だったのであろうか。木村の解説は「「戦後歴史学」における維新史研究」へと進む。

三　近代日本への視座

木村は、いわゆる「戦後歴史学」は「マルキシズムを後景におく社会構成史的学風」に、その特徴があるとし、「社会構成史的な歴史の考え方そのものは、歴史研究者のみならず、それと直接の関係を持たない多くの若者や社会人をも納得させるにたる力強さを持っていたと私は今でも思っている」と語る。[44] そして「若い私は、この社会構成史的学風の影響下に歴史の勉強をスタートした」と率直に述べる。[45] しかし、やがて木村は、この「社会構成史的学風」から離れていくことになる。

　この学風はやがて煩瑣な議論や教条化の罠に陥り、一九七〇年前後には明かにかつての新鮮な魅力を失うに至った。私もまた、ともすれば硬直しがちなこの学風に束縛感を覚え、やがてそこからの脱却を志すようになった[46]（略）。

では、木村が下級武士論から離れていったのも、はたして右の大きな事情の一環なのか。

木村は著作集の解説で、戦後歴史学と明治維新史研究との関係を「(1)「戦後歴史学」における維新史研究」、「(2)戦前の日本資本主義論争」、「(3) 遠山茂樹『明治維新』における資本主義論争の評価」、「(3)《ママ》 木村礎編『日本封建社会研究史』における維新史研究の位置づけ」と題して考察を加えていく。[47]「明治維新史研究は、右のようなもの〔「マルキシズムを後景におく社会構成史的学風」――引用者〕としての「戦後歴史学」の重要な一支柱だった」[48]という認識を基礎に、戦後の明治維新史研究を跡付けるのである。そして、先に紹介した歴史学研究会大会が開催された一九五六年に自らが編者となって刊行した『日本封建社会研究史』[49]について、つぎのように研究史上の意義を位置づける（傍点は引用者）。

この本は遠山『明治維新』の五年後に刊行されたものだが、そこに扱われている諸テーマには論争（「日本資本主義論争の一環としての明治維新論争」――引用者）の影響がはっきりと見られる。〔略〕『日本封建社会研究史』は、一定の視点を定め、その視点の枠内での研究を戦前から総まくりした今となっては珍しい本である。これはまさしく研究史であって初学者への入門書として書かれたものではない〔略〕。『研究史』のこのような性格からいって「封建制の崩壊」の部分が日本資本主義論争期における維新史研究の諸論点を簡単にではあるが紹介するのは当然なのだが、面白いことには戦後研究もまた論争の枠にスッポリ入ってしまっているのである。[50]

木村礎の歴史学研究は、その初発の時点では、まさに「戦後歴史学」そのものの枠内にあったのである。そして、木村の下級武士論もまた、その枠の中にあった。木村は言う。

本巻所収「萩藩在地家臣団について――「下級武士論」の一問題」に関する史学会での研究発表（一九五二年十一月）およびその『史学雑誌』への掲載（一九五三年八月）は、このような学界状況＝戦前の日本資本主義論争の戦後における継受――の中でなされたものである。[51]

著作集が刊行された一九九〇年代後半、木村が指摘するように「日本における社会、国家、そして資本主義、それらの後進性の分析を主要な目標としていたかつての日本資本主義論争の現代的意義」は、すでに「急速に色あせたもの」になっていた。[52]「しかしながら」と木村は言う。

この論争が昭和戦前期において大きな意味を持っていたこと、これは事実である。また論争が戦後における維新史研究や近代史研究において意味あるものとして継受されたことも事実である。〝現在ではもう用はない〟として、こうした事実を忘却し清算することは、過去の事実の直視を根本とする歴史学にとってはきわめてまずい態度と言わねばならない。必要なのは、最近の過去におけるそのような学問上の大きな事実から何を学びそれを現在や未来にどう生かすかということである。もっとも、その学び方に肯定的と否定的かつ止揚的の差が出ることはやむを得ない。いずれにせよ歴史研究者としては、過去の学問的事実から学ぶ以外に学びようがないではないか。[53]

「硬直しがちな」「戦後歴史学」に「束縛感を覚え、やがてそこからの脱却を志すようになった」[54]はずの木村が、その晩年、日本の近代をどう見ていたのかを知る一つの手がかりになる文章であろう。実は、木村は戦後史学史を自らまとめる準備をしていた。[55]しかし、それがまとめられることは、ついになかった。

おわりに

以上に見てきたように、木村礎の下級武士論は、「戦後歴史学」の潮流の中で木村礎という歴史学者が誕生する「一里塚」となった。しかし、現在の明治維新史研究につながる新たな側面がなかったわけでは決してない。木村は著作集の解説の最後で、塙選書の『下級武士論』の「第四章　明治維新と下級武士」について、つぎのように述べている（傍点は引用者。以下同）。

この「明治維新と下級武士」の部分は、叙述としては心苦しさや難渋さをあまり感じなかったが、書いている過程ではっきりしてきたことがある。その一つは、激動の時期にあっては、社会経済の政治への反映という考え方、そしてその考え方にもとづく手法ではとてもダメだということである（もちろん反映論的な説明が可能かつ説得的だという場合もある）。激動期にあっては政治過程そのものの分析が必要なのであり、したがってその手法が樹立されねばならないのだが、それがないということである。これは一般的には以前から言われていたのだが、それが身に沁みたのは、幕府倒壊に至る激動の数年間について書いている時だった[56]。

右の木村の指摘は、木村がこの文章を書いてから一五年以上が経過した現在の明治維新史研究においても、そのまま妥当する。近年の幕末政治史研究の進展にはめざましいものがあるが、「政治過程そのものの分析」は、きわめて多様性に満ち、未だ混沌としているといってよいからである。

さらに木村は、明治維新史研究における下級武士論をめぐる根本問題をこう語っている。

最も困ったのは、明治維新における担い手の問題を、下級武士を中心に据えてて《ママ》いくら手広く検討しても、これまでの世間常識や下級武士論的問題意識に合致する見解には到達しないだろうという考えを私が持つようになったことである。／幕末、維新期における下級武士の存在形態を全日本的に検討すればするほどそこから出てくる結論は、まず間違いなく、幕府や佐倉藩にみられるような現象、つまり、〝何もせず何もできなかった下級武士

の大集団〟という認識に到達するはずである。(57)

後半の最終部にある「〝何もせず何もできなかった下級武士の大集団〟という認識に到達するはずである」という結論は、現在の明治維新史研究の水準から見れば、きわめて乱暴であり、誤っていると言わなければならない。しかし、前半部分は、なぜ武力討幕の路線が選択され、成功したのかという、維新の根本問題を考える際、今も有効な指摘であろう。さらに、つぎの指摘は、先にも述べたとおり、現在の明治維新史研究の最先端につながる、きわめて重要なものである。

> 維新の担い手としての下級武士という課題を何とか適用できるのは、藩内における政治闘争の過程を通して下級武士の政治的台頭が見られた長州藩等若干のいわゆる〝西南雄藩〟に限られると言ってよいのではないか。これでは尾佐竹猛の西南雄藩論への回帰になってしまうが、諸藩あるいは幕府における権力結集のあり方そのものが、維新の帰趨を決したという大きな事実を否定することはできない。権力結集の過程や結集された権力の方向性についてのキメの細かい政治的分析が必要なのである。下級武士論以降の明治維新史研究は、そうした新しい方向に進んでいると私は感じている。(58)

木村礎の下級武士論は、「戦後歴史学」の産物であったが、尾佐竹猛以来の明治大学の歴史学の学風ともいうべき実証性を重視したという特長を濃厚に有していた。そして、その結果、田中彰の指摘するとおり「維新の主体の図式化にみられる脱皮・転回・転生＝自己否定の論理」(59)を見出すことになった。

「戦後歴史学」からの「脱却を志すようになった」(60)木村自身が下級武士論を追究することは、もはやなかったが、

「維新激動期におけるより精密な政治史的分析を期待するに至った」[61]木村に、現在の明治維新史研究は、大きく応えているといってよいだろう。

注

（1）「「日本近代化論」の検討」（著作集Ⅰ）三三一頁）。木村の論考は、とくに断らないかぎり、いずれも『木村礎著作集』（名著出版、一九九六年～九七年）に拠っている。すなわち、所理喜夫編『「戦後歴史学」の中で』（第Ⅰ巻）、高島緑雄編『少女たちの戦争・年譜』（第一一巻）、そして所理喜夫編『明治維新と下級武士』（第Ⅱ巻）である。各注には、抜粋した各論考が所収されている著作集の巻・頁を付記した。なお、原文の改行は紙幅の都合上、「／」で示している。

（2）長沼秀明編「《資料》木村礎は日本の近代をどう見たか――日本近代をめぐる木村礎の論考」『木村礎研究Ⅰ』（明治大学史資料センター『大学史紀要』第一六号、二〇一二年）。

（3）木村礎「かきゅうぶしろん　下級武士論」（国史大辞典編集委員会編『国史大辞典』第三巻、吉川弘文館、一九八二年）一七三～一七四頁。なお、全文は左のとおりである。長文にわたるが、本稿の基本的な資料であるので、そのまま掲げる。

明治維新を達成した主体勢力（担い手）は下級武士であった、という常識的論議。曖昧な点がきわめて多く、慎重な検討が必要である。江戸時代の武士は家格・家禄・役職の三つが大体は統一されて、身分を構成していた。このうち家禄については藩の規模によって相当な差があり、必ずしも上下の基準にならない。最良の基準は、それぞれの藩における格の構成である（江戸幕府には旗本と御家人という大きな基本格があり、御家人を原則的には下級武士と見なし得る）。どこの藩でも、それぞれ名称は異なるが、一門・家老およびそれに準ずる家を以てする上士群、騎乗資格を持ち御目見以上の中士群、御目見以下で徒歩の下士群という大きな区分があった。萩藩（長州藩）の基本格を整理すると、一門・永代家老・寄組・大組・遠近付・無給通・徒士・足軽以下となるが、明治元年（一八六八）十二月の官制改革により、一門・永代家老および千石以上の寄組士は上士、千石以下の寄組士および大組士は中士上等、遠近付は中士下等、無給通は下士、徒士は準士となった。足軽以下については記載がなく、卒という含みであろう。これによれば、無給通以下（足軽以下を含む）を以て下級武士と見なし得る。大体は、騎乗資格がなく、俸禄は蔵米支給、役職においては責任者（奉行・代官など）にはなれず常に実務担当の下役、というのが一般的な下級武士の像である。このような下級武士はどこでも最も多い存在であって、幕末期萩藩の士卒五千六百七十五人（陪臣を除く）中三千八百九十五人、つまり七〇％弱は下級武士であった。しかし下級とはいえ、彼らは江戸時代知識人の中心であり、行政実務上の能力をも持っていた。したがって、明治政府の官職の中心は、彼ら下級武士出身者に当然占められた。このことが、早くから素朴な意味での下級武士論の底流となった。初期の服部之総は明らかにこのような下級武士論の影響下にあった。彼は『明治維新史』（昭和三年（一九二八））において、「下格武士の藩論支配」とか「諸藩軽格武士の選良からなる維新志士団」などにつき気安く語っていたが、「明治維新の革命及び反革命」（『日本資本主義発達史講座』一所収、昭和八年）において前説を自己批判した。彼は、下級武士で貧乏だということだけでは主体勢力論としては問題にならないとし、代わって「地主＝ブルジョア」範疇をまず示し、その上で「文久元－二年来の「激派」はブルジョア的要素と軽士との同盟であった」として、著名な同盟論を提起した。ノーマン E. Herbert Norman は『日本における近代国家の成立』（一九四〇年、昭和二十二年大窪愿二訳）の「日本版の序にかえて」においても、その「支配的役割」を強調した。しかし、彼は一方において、農民の革命的エネルギーの抑圧に果たした下級武士の役割についても指摘した。第二次世界大戦終結後における明治維新の主体勢力論としての下級武士論の学界での主流は、服部の同盟論の延長線上にあった。服部は『明治維新における指導と同盟』（昭和二十四年）において一層それを強化し、遠山茂樹『明治維新』（昭和二十六年）、井上清『日本現代史』一（同）もそれぞれ差はあったが、つまりは同盟論であった。ことにユニークな見解を提起したのは奈良本辰也である。奈良本は「幕末における郷士＝中農層の積極的意義――長州藩における天保の改革を中心に――」（『歴史評論』二ノ七、昭和二十二年）において「郷士＝中農層」範疇を提起した。そこでは「封建的藩の特権的上層と結びつかない広汎な中農層――それは一～二町の田地を持って自営し、副業として農家々内工業或はそれの原料供給部門を受持つ――」「中農層」の存在がクローズアップされ、それと同様の生活基盤を持つ在郷家臣（これを奈良本は便宜上「郷士」としたが、鹿児島藩・高知藩のごとき身分としての郷士ではない）が中農層の動向を政治的に汲み上げ、萩藩天保の改革を推進し、それが維新の原動力となった、と指摘した。そして「中流農民層を代表するものとしての郷士」の実証として井上馨家の経営をあげた。この見解は服部の同盟論の延長線上にあるものだが、萩藩という権力機構内における改革派の擡頭、藩権力の奪取、そして中央政局への雄藩の擡頭等々の政治的動向を社会経済的基礎から統一的に把握する、つまり「政治をその経済の深みにおいて把握する」という点において大きな注目を集めた。奈良本のかかる見解の実証的根拠は、井上馨家を以て下級武士的な中農層的郷士とすることにあった。これに対して、井上家は百石取りの大組士であり、「郷士」的な存在ではない、とする木村礎の反論があり（「萩藩在地家臣団について――「下級武士論」の一問題――」、『史学雑誌』六二ノ八、昭和二十八年）、その実証的根拠を失った。しかし、奈良本の提起したいわば新しい同盟論はその後も強い影響力を持ち、田中彰は、「「正義」派武士と豪農＝庄屋・大庄屋層とのいわゆる改革派同盟」、その背後にある豪農による庄屋同盟、そして庄屋同盟による全農民的基盤の把握、といった全体的構造を提示した（「長州藩における藩政改革と明治維新」、『社会経済史学』二二ノ五・六、昭和三十一年）。このようにして素朴な意味での下級武士論は研究史的には否定されて自立性を失い、広い意味での同盟論の中に吸収された。ただし、この同盟論そのものも、鹿児島藩のごとき「封建制の極北」においては全く有効性を失うという大きな難点があり、一層の吟味が必要とされている。

〔参考文献〕木村礎『下級武士論』（『塙選書』五九）

（木村礎）

（4）児玉幸多監修、木村礎責任編集『（日本史の舞台⑩）風雲つげる幕末維新』（集英社、一九八二年）。なお、この本の著者紹介欄には木村の著書として「『下級武士論』・『日本村落史』・『大原幽学とその周辺』（編著）ほか」と記されている。
（5）代表的な研究成果として、佐々木克『幕末政治と薩摩藩』（吉川弘文館、二〇〇四年）、毛利敏彦『幕末維新と佐賀藩——日本西洋化原点』（中公新書、二〇〇八年）をあげておく。
（6）田中彰「下級武士論の行方」（前掲『木村礎著作集Ⅱ』）〔注1〕三三九頁。
（7）同右。
（8）同右、三四一頁。
（9）同右、三四一～三四四頁。
（10）同右、三四四～三四五頁。
（11）同右、三四五～三四八頁。
（12）同右、三四八頁。
（13）尾藤正英「明治維新と武士——「公論」の理念による維新像再構成の試み」（『思想』第七三五号、一九八五年九月。のち尾藤『江戸時代とは何か』岩波書店、一九九二年に所収）。
（14）前掲、田中彰〔注6〕三五〇～三五一頁。
（15）同右、三五一～三五三頁。
（16）前掲、長沼秀明〔注2〕。

(17) 前掲『木村礎著作集Ⅱ』〔注1〕三一一～三一二頁。
(18) 同右、三一二頁。
(19) 同右。
(20) 同右、三一七頁。
(21) 同右。
(22) 同右、三一七～三一八頁。
(23) 同右、三一八頁。
(24) 同右、三一八～三一九頁。
(25) 木村礎「尾佐竹猛論」(前掲『木村礎著作集Ⅺ』〔注1〕)二五九頁。
(26) 同右、二六〇頁。
(27) 前掲『木村礎著作集Ⅱ』〔注1〕三一九頁。
(28) 同右、三一九～三二〇頁。
(29) 同右、三二〇頁。
(30) 同右、三二一頁。
(31) 同右。
(32) 同右。
(33) 同右。
(34) 同右、三二一～三二二頁。
(35) 同右。
(36) 同右、三二二頁。なお、明治大学中央図書館には『史学雑誌』に掲載された木村の論文の抜刷が所蔵されている。おそらく、木村自身が大学図書館へ寄贈したものと思われる。
(37) 同右。
(38) 同右。
(39) 同右、三二二～三二七頁。

（40）同右、三一四〜三一五頁。
（41）豊田武・児玉幸多・大久保利謙監修『論集日本歴史』八、（有精堂、一九七三年）。
（42）前掲『木村礎著作集Ⅱ』〔注1〕三一六〜三一七頁。
（43）同右、三一七頁。
（44）同右。
（45）同右、三一八頁。
（46）同右。
（47）同右、三一八〜三二三頁。
（48）同右、三一八頁。
（49）木村礎編『日本封建社会研究史』文雅堂書店、一九五六年。
（50）前掲『木村礎著作集Ⅱ』〔注1〕三三一〜三三二頁。
（51）同右、三三二頁。
（52）同右。
（53）同右、三三三頁。
（54）同右、三一八頁。
（55）木村自身が主宰していた「金曜研究会」での木村自身の発表による。筆者は、この研究会に参加し、戦後史学史に関する木村の発表を直接に聴いている。この発表資料を含む木村礎関係資料は、現在、明治大学史資料センターに所蔵されており、将来へ向けて公開の準備がなされている（詳細は村上一博「あとがき」参照）。
（56）前掲『木村礎著作集Ⅱ』〔注1〕三三七頁。
（57）同右、三三七〜三三八頁。
（58）同右、三三八頁。
（59）前掲、田中〔注6〕三四九〜三五〇頁。
（60）前掲『木村礎著作集Ⅱ』〔注1〕三一八頁。
（61）同右。

第5章　木村の歴史資料保存法制定への運動

森　朋久

はじめに

のちの「公文書館法」の起点になるのが、木村が第七・八期学術会議会員在任中における、一九六九（昭和四四）年一〇月の総会で採択された「歴史資料保存法の制定について」の勧告（以下「歴史資料保存法」勧告と略す）であったと捉えられる。その後、公文書館法の制定に至る道は長く険しい道であり、またこの勧告自体が戦後の歴史資料保存利用運動の大きな流れからみるとその中間点に位置づけられることになろう。しかし「歴史資料保存法」勧告や木村が学術会議会員となる契機となった学術会議「日本史資料センター」構想は地方史研究協議会や歴史学研究会など日本史関係諸学会を中心とした猛烈な反対運動を惹起し、日本歴史学協会（日歴協）も日本史資料センター構想賛成を撤回し、結局は学術会議も同構想を見直し、「歴史資料保存法の制定について」勧告に至ったことは、戦後歴史学の流れのなかで一つの画期になると考えられる。明治大学史資料センター所蔵「木村家資料」のなかに「学術会議[1]」という表題のノート（以下「学術会議ノート」と表記）があり、本章では、木村の関連著作や「学術会議ノート」を利用しつつ、木村の立場から「歴史資料保存法」勧告について論じる。

一　「歴史資料保存法」勧告前史

木村は、「歴史資料保存法」勧告に至る前史として、一九四九（昭和二四）年「史料館設置に関する請願および趣意書」、五八年「国立史料館建設の要望書」、五九年「公文書散逸防止に関する通達」の三段階を挙げる。「史料館設置に関する請願および趣意書」は、日本史および関連諸学問の学者によって紹介議員を介し衆議院議長に対して提出されたもので、(2)木村は趣意書の内容を大いに賞賛した。(3)

この請願をうけて文部省は、①近世庶民史料調査委員会の設置、②現在の国文学研究資料館史料館の前進となる機関である史料館の設立をそれぞれ行った。(4)①の近世庶民史料調査委員会の調査員は全国各地に配置されたが、木村もこれを務めて埼玉県入間郡や東京都多摩郡などで調査活動を行う。(5)当調査会での「近世庶民史料調査分類表」(6)の分類項目は近世史料学に影響を与え、近世文書の整理、目録作成で利用される分類項目表は、この分類項目を整理、統合し再構成されたものが一般的になる。また日本近世史の自立の要因は、本調査で発掘・発見された地方文書を対象とした村落史研究の進展にある。(7)②の史料館の設立は国文学研究資料館史料館の前進であり、近世史料の調査と調査目録の作成作業の積み重ねを経て、文書館学・記録史料学の方法論の開発、同学問分野の研究拠点としての教育普及活動を考慮すると、日本の文書館とその学問の歴史の第一歩となる事業である。(8)

「国立史料館建設の要望書」は日本歴史学協会から学術会議に提出されたもので、これを起点として「公文書散逸防止に関する通達」を経て、国立公文書館設立へ至る。(9)翌一九五九（昭和三四）年地方史研究協議会大会後、町村合併による資料散逸防止の要望書が自治庁（現総務省）に提出され、学術会議は同年一一月第二九回総会において「公文書散逸防止について」の勧告を行う。(10)勧告の趣旨は、国立文書館を設置し保存年限の過ぎた官公庁の公文書の散逸防止とその一般利用のための有効で適切な措置を政府に講ずるよう要望したもので、これを受けて自治庁は「公文書散逸防止に関する通達」を管下に出した[11]。「政府もその必要性を認めていたため、公文書の散逸防止を各省庁に呼びかけるとともに、国内の公文書の保存状況、散逸防止及び一般利用の方策、外国公文書館制度などの調査結果を踏まえ、『公文書等の保存、閲覧・展示などへの利用、公文書の調査研究を行う機関』を目的として、七一年七月に国立公文書館が設置」される[12]。

二　学術会議「日本史資料センター」構想とその反響

「歴史資料保存法」勧告に至る直接の契機となる学術会議における「日本史資料センター」構想とそれへの反対運動（以下「日本史資料センター問題と略す）の経緯について、木村は「日本史資料の保存・利用問題」と位置づけ、「われわれにとっての事の起りは、昭和三十九（一九六四）年秋の地方史研究協議会大会（於横浜）であった。この時の総会席上で誰かが〝学術会議で日本史資料センター構想が練られている。日本歴史学協会もその案に賛成らしい。案の内容は、大体において旧制帝国大学ごとに各地方の文書を集めよう、ということらしい〟と発言したのである。（中略）しかしながら、地方史研究協議会は学術会議に会員を送りこんでいないから、実状が一向にわからなかった。」「もしも、旧制帝国大学がその権威を以て、広域にわたる文書を組織的に収集するようなことになると、これは地方史研究にとって致命的な痛手である。そこで早速、学術会議や日歴協の動向を調査した。その結果、総会席上での情報は事実と判明した」「反対運動が猛然と起った。その中心は「地方史」と「歴研」だったが、「地方史」は全国的な網の目を持っているから、しだいに主導的立場に立たざるを得なくなった。「地方史」はそれまで日本歴史学協会（日歴協）とあまり深い関係になかったと思うが、これではならじと日歴協に委員を送りこみ、論争のあげく、日本史資料センター構想賛成を撤回させることに成功した」[13]と述べている。

一連の流れからこの時期、地方史研究協議会（地方史）と日本歴史学協会（日歴協）との関係が深められ、地方史から日歴協に対して委員が送り込まれ、さらに地方史から学術会議に対して初めて会員が送り込まれたことがわかる興味深い文章である。「日本史資料センター」構想は一九六四年秋の地方史研究協議会の横浜大会で明らかになり、それ以降同会常任委員会でこの問題が取りあげられ、六五年五月に常任委員会は、基本的了解点を確認している。[14]また、日歴協では委員会のなかに日本史研究者をもって小委員会が設立されたのち、さらに地方史研究協議会会長児玉幸多（特別委員会会長）、林英夫（同幹事長）、木村、永原慶二、津田秀夫などが特別委員会の構成員となった。六月一一日に開かれた特別委員会では、まず児玉委員長より提示された「資料センター」に関する原則案を検討し、「原則案」は「共通理解」に修正、承認された。[15]さらに児玉委員長より「具体案の素材」が提示され議論ののち修正採択案が出された。[16]修正採択案の骨子について木村は、「第一項における「保存」の強調、第二項の「現地主義」、第七項の「都道府県中心主義」にある。但し、「地方別機関」の問題が「地域の必要に応じて」という表現で提示されている。」[17]と位置づける。六月一一日の特別委の決定を踏まえ、中間案の起草委員となった児玉、永原、津田各氏と木村は同一八日に集合し、日歴協の委員会及び総会に提出する中間案原案を起草する。原案は、七月一六日の日歴協委員会（於京都大学）に発表され、若干の修正を受けて総会に提出された。[18]

木村は、日歴協総会における審議の要点について、「この具体案は委員会の承認を得て総会に提出されたが総会における重要質問点は①全国的機関の性格如何、②地域別機関の必要性の有無、の二点にあった。この案の中心は都道府県－市町村、ことに現状からして都道府県単位に古文書館を作りたい、ということなのだが、この点については質疑はなく、大方の賛同を得られたように思う」[19]と述べている。

このような地方史および日歴協の「日本史資料センター問題」に対する大きな反発に対して、学術会議人文社会科学振興特別委員会（人特委）は、善処代替案を出すが、学会連合の学術会議に対する対応は厳しかった。[20] 木村は、「①・②（略——引用者）、③日本史資料の現状ならびに各地の機運からして、都道府県－市町村の線でこの問題を考えることが最も適している。その際は保存・整理を基礎とし同時に利用・サービスを考えるべきである。④私見では都道府県を中心にした文書館構想は非常に多くの人々の賛成を得ている。ブロック別センター案の推進者も都道府県文書館案を一概に否定しきれないように思われる。この観察が正しければ、都道府県文書館構想こそ全関係者の一致点である。したがってこの一致点に向って全関係者が力を集中し、その実現に努力すべきである。中央機関（全国的連絡機関）やブロックセンター案のような異論の多いものは、後廻しにして議論した方が生産的である。⑤日本史資料の保存・整理問題は全国民的な問題であり、われわれが残し得る後代への大きな遺産である。（中略）そのためにはまず、都道府県－市町村の線で文書館の設立を計ることが先決である。」と私見を述べている。[21]

地方史の常任委員会の基本的了解案、日歴協特別委員会共通理解、同修正採択案、同総会提案の具体案を貫徹している根本理念は、日本史資料の現地保存主義、古文書館の都道府県中心設置・市町村努力事項、専門職員の配置である。またこの時点では日本史資料の保存・整理・利用・サービスを行う機関を、のちに一般的な用語となる「文書館」ではなく「古文書館」と呼称している一方で、木村の私見では、学術会議会員就任以前から「文書館」と呼称している。[22] 一九五九（昭和三四）年の学術会議勧告「公文書散逸防止」で謳った政府における公文書散逸防止ならびにその一般利用のための機関を「国立文書館」と呼称していることに対応させたのではないだろうか。さらに日歴協具体案では、古文書館の機能の一つとして、都道府県古文書館および市町村機関における「一定の年限を経過した公文書記録類の保存・整理・副本作成」を規定しているが、これは文書館の重要な機能である。この機能は、学術会議「公文書散逸防止」勧告参考意見Bの「中央・地方に公文書館を公共の経営によって設置できるようにせねばならない」という文に対応していると考えられる。

学術会議の動向に対して積極的に対処しようという動きが学会から起き、木村の学術会議への登場に結果し、木村は一九六六（昭和四一）年一月から四二年一月まで学術会議会員を二期六年（第七・八期）にわたり務めた。[23]

三　学術会議での諸活動——日本史資料保存利用運動の周辺

木村の日本史資料保存利用運動に関する学術会議での活動は、『地方史研究』に木村自身が寄稿した「学術会議だより（一～一七）」によってその詳細をみることができる。[24]また、本章のはじめにで紹介した木村礎資料「学術会議ノート」によっても木村の学術会議での活動をみることができる。[25]両記載の違いは、「学術会議だより」は必ずしも学術会議を知っているわけでない一般の読者を対象に、毎回、学術会議の総会で議題となった案件を取りあげながら学術会議の機能や役割を紹介するとともに、木村が日本史関係諸学会から委託された学術会議における日本史資料保存利用運動について紹介したのに対して、「学術会議ノート」は、総会の記載は歴史資料保存法の提案時のみで、木村の所属する第一部会、人文社会科学振興特別委員会（人特委）、長期委員会など木村の所属した委員会での活動内容、学術会議主催のシンポジウムなどに関する速記メモである。おそらく学術会議総会時のメモは、総会当日に配布された資料に直接記載したのではないかと思われるが、総会関係の資料群はみつかっていない。例えば「学術会議だより」（二）（四）に記された国立公文書館敷地問題などの記述はみられず、日本史資料保存利用活動についても、大部分は「学術会議ノート」では学術会議での委員会諸活動の一環と記載され、特別な扱いをしているわけではない。反対に「学術会議ノート」にみられる一九六八（昭和四三）年一月二四日に人特委が行った国会図書館見学の記述や、同五月一一日の一三～一七時（於学術会議）に開催され、木村が司会を務めた「人文・社会科学と自然科学の調和ある発展」についてのシンポジウムの記述などは「学術会議だより」に記載されていない。つまり、両者は木村の学術会議での活動を異なった側面から描いており、両者の文献から木村の学術会議での日本史資料保存利用運動を把握できると考えられる。

当時（第七・八期）の学術会議の組織・機能について略述すると、学術会議は七部に分かれ、第一部（文・哲・史等）、第二部（法学）、第三部（経済学）、第四部（物理・化学）、第五部（工学）、第六部（農学・林学）、第七部（医学）であり、各部は三〇名（内二三名全国区、七名地方区選出）ずつ計二一〇名、木村は第一部に所属した。各部役員として部長、副部長、幹事二名計四名が選出され、各部役員二八名と会長、副会長で運営審議会（運審、総会に次ぐ重要な意志決定機関、学術会議全体の運営方針を決定）を構成する。学術会議には常置委員会と特別委員会があり、長期委員会として研究費、学術体制、長期研究計画、待遇問題、学問思想と自由、学術交流の六つがあり、木村は第八期に長期研究計画（長期委）に所属し幹事を務めた。一方で特別委員会としては木村が第七・八期に幹事を務めた人特委（八期途中辞任）、八期に委員となった水問題特別委員会（途中辞任）などがある。[26]

「学術会議だより」「学術会議ノート」にみられる第七・八期の学術会議の主要な議題を列記すると、「昭和四四年科学研究費補助金配分問題」「大学問題」「私立・公立問題」「日本学術会議が勧告した長期研究計画のアフター・ケアー」「核兵器問題」「沖縄問題」「科学研究基本法と科学技術基本法」「人文社会科学と自然科学との「調和」ある発展について」「国語国文学研究資料センター・綜合地誌研究所・社会科学綜合資料センターなど研究所・センター設立問題」「国立公文書館問題」「日本史資料保存利用問題」であるが、日本史資料センター問題および日本史史料保存運動に関係があるのは、「科学研究基本法と科学技術基本法」以下の諸項目であると考えられる。

四　日本史資料保存利用運動――「学術会議ノート」から

「学術会議だより」[27]および学術会議「歴史資料保存法の制定について」勧告前後の状況、[28]自治省と文部省の当勧告に対する見解[29]を踏まえ、主に「学術会議ノート」を利用して同運動について探っていきたい。

1　人特委と日本史資料センター問題

日本史資料保存利用運動の契機となった日本史資料センター案は学術会議人特委によって立案されたものであり、この人文社会科学振興特別委員会（人特委）の成立の経過について一九六七（昭和四二）年三月二七日京都大学学友会館で開催された人特委会合の準備作業の過程で検討しており、木村の検討に沿って明らかにしたい。木村は、人特委が成立し科学研究基本法の制定および勧告に至る過程として、次の九段階を挙げている。

①　基礎科学の研究体制確立について（要望　昭和三二年一月一二日　会長茅誠司　→　総理大臣石橋湛山）

②　国立大学の人文・社会科学系教官の研究費の増額について（勧告　二八回総会　昭和三十四年頃　会長兼重寛九郎→文部大臣橋本竜伍）

③　公文書散逸防止について（勧告　昭和三十四年一一月二八日　会長兼重寛九郎→総理大臣岸信介）

④　人特委設置（昭和三十五年一〇月　第三十二回総会　シンポジウム　昭和三十六年一月二八日）（成果論集刊行　昭和三十六年三月三十日）

⑤　基礎科学振興に関する声明（第三十三回総会　昭和三十六年四月二十七日）

⑥　人文・社会科学の振興について（勧告　昭和三十六年五月十七日　総理大臣宛）
⑦　⑥にもとづく「基礎科学白書刊行」（昭和三十七年三月二十日）
⑧　人文・社会科学振興のために、人文・社会科学綜合研究機関の設置について（勧告　昭和三十七年五月一五日　会長和達清夫会長代理桑原武夫↓総理大臣池田勇人）
⑨　科学研究基本法の制定について（勧告　昭和三十七年五月十八日　会長和達清夫↓総理大臣池田勇人）

各段階をみてわかることは、人特委は人文・社会科学の振興（④）と人文科学と自然科学の調和ある発展（⑥⑦）を目的に設置された機関であり、特に人文・社会科学振興のために人文・社会総合研究機関設立構想があり、その過程で資料センターと重要部門における共同研究所の設置を目標としていたことである。この資料センターの一つが日本史資料センターではなかったのかと考えられる。これは、木村が初出席した一九六六（昭和四一）年七月二日に開催した人特委第一回会合で、同委員会委員長に就任した林要からの経過報告にも対応する。「学術会議ノート」の該当部分の記載内容を紹介すると、人特委は、六〇年の総会で設置が決定される。趣旨は今後十年を見通しての科学技術会議に対して政府よりの諮問があり、同会議では人文科学のみを取り扱うということではなかったので、学術会議は人文・社会科学振興の意味合いで人特委を設置した。ここで人文・社会科学共同研究機構を設立する計画が持ちあがり、その具体案が研究施設（現存の）充実と人文・社会科学研究に関する史料センター設置（一橋大に明治時代財政研究センターを設置、東大に比較法の……、神戸大に経営学研究のセンターを作る）であり、その一環として日本史資料センター問題も取り扱ったのであった。これは、五七年一月一二日「基礎科学の研究体制確立について」（二二回総会要望）（①）の第二要綱である研究グループの組織推進、研究センターの設置、および六一年四月二七日「基礎科学振興に関する声明」（⑤）（三三回総会）三項（二二回総会で要望された基礎科学研究体制五要綱を更に発展させるという内容）、六一年五月一七日「人文・社会科学の振興について（勧告）」（⑥）の五項（綜合研究施設の設置）に対応したものと考えられる。

現在まで学術会議が行った研究所・センター設置関連の提言勧告等[30]をみると、一九五七（昭和三二）年一月一二日「基礎科学の研究体制確立について」（二二回総会要望）が出される前後の年からセンターや研究所関係の勧告・要望がみられはじめ、六五年五件、六六年三件、六七年六件、六八年四件、七〇年一件、七一年六件、七三年六件と、木村が学術会議会員期間中とその前後である第六期の六五年から第九期の七三年まで各種センター・研修所の設置に関する勧告等が集中して出されたことがわかる。つまり、自然科学を中心に人文社会科学を含めてセンター・研究所の設立の要望が高まっている時期に日本史資料センター問題が発生したのである。

2　日本史資料保存利用運動

「学術会議だより」[31]にみられるように、木村は学術会議会員に就任早々から人特委を中心に日本史資料センター問題の対処、日本史資料保存利用運動を粛々と進めていることは「学術会議ノート」に毎回ではないが日本史資料関係の記述がコンスタントにみられることからわかる。その傍ら第一部会、人特委での活動、シンポジウム司会、社会資料センター、綜合地誌研究所、国語国文学研究資料センターの各設置に関する助力など多様な活動を展開した。

木村は人特委を中心に、日本史資料保存利用運動を行うにあたり、委員の一人から「日本史資料保存・利用機構についでは二部、三部関係と密接に連絡し、その意向を絶対に無理しないこと」《（ママ）》と言われ、「――これは非常に重大だ――」と感想を漏らしている。

木村は先にみた一九六七年（昭和四二）三月以前に人特委の設置経過について検討した際に、日本史資料保存利用運動を展開するにあたり、「人文・社会科学部門の資料問題」について各分野の資料の現状報告とその（共通）認識が必要であり、これを基礎にして対策を立てようとした。こうなると当然のことであるが、木村の日本史資料に関する認識も問題になるわけで、これについては、以下のように整理している。

日本史研究の場合／古代史─公刊、現物は大事に保存。（正倉院文書、奈良、京都の大寺院文書等）／中世史─史料編纂所、京大、大寺社、等。（但し、地方にまだ相当ある──殊に室町戦国期）／近世史─地方文書、藩文書、幕府文書、都市の文書。／近代史─個人、役場、縣庁、中央官庁─但し散逸多し。／（日本史資料の──引用者）總体はバラバラである。／近世近代史関係のものは散逸激し。」中央官庁のものは（国立公文書館に移管されようが、不十分である）／（／は改行）

さて、「歴史資料保存法の制定について」勧告が学術会議で可決されるまでの直近の経過について、「学術会議ノート」の記載内容から次のようにまとめられる。

五月三一日（土）午前一〇時三〇分から長期委主催の「日本学術会議が勧告した長期研究計画のアフター・ケアーに関するシンポジウム　第一回」（於・大坂科学技術センター）が開催され、参加者は約三〇名以上であった。その際に長期委の会合も開催され、木村は、長期委の平場氏から電話があり、日本史資料の法制化に関する問題について了承が得られたと報告を受けた。また、この件を日本歴史学協会（日歴協）特別委にも報告し、在京の史学系学術会議の会員と合同会議を行い、これを更に七月の第一部会に出し、部会案に切り替えたうえで九月の長期委に出し、最終的に一〇月の学術会議総会に出すというスケジュールを長期委に示し、了承を得た。さらに、木村は上記の件を児玉特別委委員長に対して報告し、六月中に日歴協の特別委を招集してもらおうとする一方で、総会以降の日本史問題のアフター・ケアーの方法を採り、情宣活動を一層強めることにした。

六月一四日（土）午後四時から、日歴協特別委（史料保存問題）と学術会議との合同会議が開催される。最初に日本史資料問題に関する概略や経過報告が行われた。木村は、同氏が一九六六（昭和四一）年一月第七期学術会議会員となって以降は、六六年四月の日歴協大会で可決された構想案を同年春の総会に出すことは間に合わなかったこと、同年八月一七日に史料問題に関する基礎的会合（特別委）が開催されたこと、九月日歴協特別委でアンケート調査項目を定めてこれを実施し、一一月から一二月にかけて回答が寄せられたこと、翌六九年四月二二日の学術会議第一部会において今後のスケジュールを話して承認をうけたこと等を報告した。さらに五月三一日の長期委における日本史資料の法制化問題を討議、了承を得たことを踏まえ、七月中旬に日歴協案を学術会議第一部会案に切り替え、秋の長期委の会議で検討し、総会前の第一部会において最終検討するとともに、第二、三各部会、人特委に根回しをしながら、秋の総会で第一部会案を、長期委、人特委、できれば二、三部の合同提案として総会に諮るという今後のスケジュールを提示した。そのために六月一四日の日歴協特別委では、七月の第一部会案の原案の作成の協議を行おうとしたのである。

八月一四日（木）一〇時から一七時まで国学院大学において第一部会が開催された。（城戸幡太郎部長欠　江口朴郎副部長議長代行）木村は、日本史資料保存法制定勧告案について提案し、第一部会として正式に推進することを決議した。実際の審議は午後二時一五分頃より三時頃にかけてであり、決議の際に拍手があったようである。ただし、若干の手直しの要を指摘されたが、一〇月総会における勧告が実現可能な状況となったのである。

九月二〇日（土）午前一〇時から学術会議第二会議室で長期委が開催された。具体的には、「日本史資料保存法の制定について」（勧告案）が審議され修正された。午後「日本史資料……」と修正されるとともに、勧告案本文の五頁四行目の「……の設立の促進と認可」は「……の設立の推進」と修正され、長期委が「歴史資料保存法」勧告の提案者になることに決定した。その後、木村は、江口氏等歴史関係の会員全員へ電話連絡し、さらに第一部会員、人特委の河野氏へ連絡し、また二部、三部へも根廻しを行った。

一〇月二三日（木）に学術会議の総会において「歴史資料保存法の制定について」（勧告）が万場一致にて可決された。その時間は、午後五時頃であった。

以上のように、「学術会議ノート」には、「歴史資料保存法」勧告に至るまでの直近の経過を簡潔に記し、むしろ「学術会議だより」の方がその間の経過を委しく記している。また以上の記事で注目されることは、前述したように人特委の委員の一人から日本史資料保存利用運動を推進するにあたり、二部（法学）、三部（経済学）と密接に連絡し、その意向を尊重するように意見されているが、木村はその言葉にそって関係者に十分な配慮をしたうえで、総会に同勧告案を提案したことがわかる。

総会での同勧告採択以降、「学術会議ノート」にみられる木村の学術会議での活動記録は、以前に較べて少なくなる。この時期の学術会議長期委員会における人文・社会科学系の課題は、社会資料センターおよびに国語・国文学研究資料センター設立推進の各問題である。社会資料センターについては、元来は三部の長期研究計画であったものに二部が加わり、紆余曲折の末にやっと「歴史資料保存法」勧告があった翌年の総会で「社会資料センター（仮称）の設置について」勧告となったのである。一方で国語・国文学研究資料センター設立推進の問題については、一九六六（昭和四一）年総会で「国語・国文学研究資料センター（仮称）の設置について」勧告がなされているにも関わらず、未だ当時実現に至っていないものである。木村は国語・国文学研究資料センター設立推進の問題を積極的に取り扱ったようであるが、すでに学術会議総会において採択された勧告を如何に実現していくのかを同問題で学び、「歴史資料保存法」勧告を文書館設立まで昇華していく際に生かそうとしていたのではないかと思われる。

「歴史資料保存法」勧告後のアフター・ケアーについても進められる。一九七〇（昭和四五）年一〇月一九日（月）午後二時から開催された長期委では、福島委員長から、国語・国文学研究資料センター、歴史資料保存法（文書館)、社会資料センター、国立公文書館の合同シンポジウムの開催を求める意見があり、学術会議内において各機関の設立運動が活発化していることがわかる。

一九七一年一月科学技術庁計画局が公表した『日本学術会議勧告の処理状況』によると、「歴史資料保存法の制定について」の勧告の自治省と文部省の処理は木村の期待を裏切るもの、つまり歴史資料保存法制定が直ちに実現できる状況になく、木村の学術会議の任期は終了することとなる。

このように木村の学術会議会員任期中に「歴史資料保存法」の実現に至らなかったが、この時期学術会議では研究所・研究センター設立問題において活発な動きがみられるようである。木村の在任中前後において研究所・研究センターの設立勧告が多く、「歴史資料保存法」勧告(一九六九年)、「社会資料センター」勧告(七〇年)の年を除けば特に多くなっている。「学術会議ノート」にみる「社会資料センター」勧告や国語・国文学研究資料センターの流れをみると、一概には言えないが、日本史資料センター問題、木村の日本史資料保存利用運動および「歴史資料保存法」勧告が刺激となり、一連の動きが活性化されたと考えられる。

おわりに――「歴史資料保存法の制定について」勧告以降

その後の学術会議における「文書館法の制定について」の勧告(一九八〇〔昭和五五〕年四月二四日)と「公文書館法」の制定(八七年一二月一五日)の経過については、岩上二郎『公文書館への道』[32]に譲る。また、木村が関係した自治体史編さんで最終的に博物館を含む資料保存利用機関の設置に至った自治体として、『小平町誌』と東京都小平市立図書館古文書室、『藤沢市史』と藤沢市立文書館、『市川市史』と市立歴史博物館、『神奈川県史』と神奈川県立文書館などが挙げられるが、このうち藤沢市文書館は木村が積極的な提言をしていたことがわかる。[33]

注

（1）「学術会議ノート」（明治大学大学史資料センター所蔵）。
（2）「『史料の調査と保存』解説」（森安彦編『木村礎著作集Ⅹ　史料の調査と保存』名著出版、一九九七年、四一一〜四一六頁）。
（3）同右。
（4）同右。
（5）「文書保存運動の諸画期」「『史料の調査と保存』解説」（前掲『木村礎著作集Ⅹ』〔注２〕三四二、四一六頁）。
（6）近世庶民史料調査委員会『近世庶民史料所在目録　第二輯』（日本学術振興会、一九五四年）。
（7）拙稿「博物館史資料（文書、古文書、近世文書）に関するレジストレーション試論」（二〇一一年度『明治大学学芸員養成課程紀要』二〇一一年）。同「ＩＣＴ社会を踏まえた日本近世文書の整序と分類」（二〇一三年『博物館学雑誌』39－1）
（8）国文学研究資料館史料館編『アーカイブスの科学　上・下』（柏書房　二〇〇三年）。
（9）「文書保存運動の諸画期」（前掲『木村礎著作集Ⅹ』〔注２〕三四二頁）。
（10）同右。学術会議ウェブページ。
（11）同右。
（12）国立公文書館ウェブページ、国立公文書館概要。
（13）「文書保存運動の諸画期」（前掲『木村礎著作集Ⅹ』〔注２〕三四二、三四三頁）。
（14）「日本史資料保存・利用問題――いわゆる「日本史資料センター」問題――について」（前掲『木村礎著作集Ⅹ』〔注２〕一九一、一九二頁）。以下本論文を参照。
（15）同右、一九三〜一九四頁。
（16）同右、一九四頁。
（17）同右、一九五頁。
（18）同右、一九五〜一九七頁。
（19）同右、一九七頁。

(20) 同右、一九七、一九八頁。
(21) 同右、一九九、二〇〇頁。
(22) 同右、(前掲『木村礎著作集X』〈注2〉一九一〜二〇〇頁)。
(23) 「文書保存運動の諸画期」(前掲『木村礎著作集X』〈注2〉三四三頁)。
(24) 「学術会議だより(一〜一七)」(前掲『木村礎著作集X』〈注2〉二〇一〜二九九頁)。
(25) 前掲「学術会議ノート」〈注1〉。
(26) 前掲「学術会議だより」〈注24〉(『木村礎著作集X』〈注2〉二〇二、二〇三頁)。
(27) 前掲「学術会議だより」〈注24〉。
(28) 「資料保存利用問題の経過と現段階——学術会議勧告全文」(前掲『木村礎著作集X』〈注2〉二六六〜二九三頁)。
(29) 前掲「学術会議だより」〈注24〉(『木村礎著作集X』〈注2〉二九七〜二九九頁)。
(30) 学術会議ウェブページ。
(31) 前掲「学術会議だより」〈注24〉。
(32) 岩上二郎『公文書館への道』(共同編集室、一九八八年四月)。
(33) 「『史料の調査と保存』解説」(前掲『木村礎著作集X』〈注2〉四一〇、四一一頁)。

第6章　木村礎と大学史——編纂からアーカイヴズへ

村松　玄太

はじめに——大学沿革史編纂の陥穽と木村礎

今日まで企業・各種団体など数多の組織から自らの歴史を振り返る、いわゆる組織沿革史が刊行されている。本章で取り扱う大学沿革史もその一部である。創立から一定の期間を経過した大学の多くで沿革史の編纂・刊行事業がなされてきた。西山伸によれば、日本最大の学校沿革史収集機関である野間教育研究所で所蔵する高等教育沿革史は、一九〇七（明治四〇）年から二〇〇五（平成一七）年までの刊行分でのべ一〇二七校、冊数では一一三二冊におよぶという[1]。

だが日本の場合、多年にわたりこれほど多くの大学沿革史が編まれているにも関わらず、これらが十分に社会的・学問的に広く知られ、大きな貢献を果たしているとは言いがたい状況にある。そもそも本稿で主として取り上げる『明治大学百年史』（以下『百年史』と呼称）にしても、残念ながら管見の限り書評等で取り扱われた事例はほとんど見いだせない[2]。

それには組織沿革史特有の陥穽が関係しているように見受けられる。第一の陥穽は、地道な資料博捜が疎かとなり、事実関係の正確さを求めるより、景気の良い組織・人物顕彰の側面が強くなる点である。組織沿革史が陥りがちとなるこの傾向は、組織沿革史がしばしば組織の「お祭り」の配り物として編纂・刊行が企図されることに起因しよう。組織の創立○○周年といった節目を期して一連の周年祝賀事業が立ち上がり、その一事業として沿革史編纂が計画される。そのこと自体は何の問題もないことだが、「お祭り」の配り物としての位置づけのために、場合によってはその記述から事績や典拠資料の検証を取り去り、一面的な顕彰の色合いが強まる要因となる。

関連して第二の陥穽が引き出される。個別組織の記述に注力し、類縁組織や時代状況との参照・比較の視点がおろそかにされがちだという点である。極端な場合、当該組織が歴史状況から遊離して誕生・存続したかのような記述に終始することもある。このことは他の組織や学問的領域からの関心を妨げる要因であるようにみえる。

そして第三の陥穽が、沿革史編纂のために収集した資料や知見が、編纂終了・沿革史刊行とともにしばしば散逸してしまう点である。「お祭り」の配り物を作るために企画された沿革史編纂事業は、あくまで時限の事業である。資料や知見を活用する方策を新たに考え出さない限り、組織沿革史編纂の終結と同時にそれらは不要なものとなって散逸し、資料の存在は組織内でさえも忘れさられることになる。

こうした組織沿革史編纂の三つの陥穽は木村礎も意識せざるを得なかったはずである。木村は『明治大学百年史』（全四巻、一九八六〜九四年）編纂の中心にあった。それに先立つ一九六二年から広報課に歴史編纂資料室が置かれ、木村の門下が中心となって資料収集につとめてきた。その蓄積をベースに『百年史』編纂が企画され、一九七八（昭和五三）年に開始された同書編纂母体の歴史編纂専門委員会の初代委員長に木村は就任した。そして同委員会が一九八五年に明治大学百年史編纂委員会と改組した後、学長就任のために委員長の座を降りるまで編纂の指揮を取るとともに、自らも執筆にあたった。

木村は明治大学専門部文科史学地理学科の卒業者であり、のち明治大学を主たる職場とした。自らが学び、また職場とした機関の歴史を編むということはなかなか容易ではない。ややもすれば対象への適切な距離感が取れず、さきに示した三つの陥穽にはまりこんでしまう可能性もある。しかし木村は歴史学者であり、そのことに多分に自覚的であった。自らが学び職場とした明治大学の沿革史編纂にあたって、木村は陥穽を克服する仕掛けを構築したのである。おそらく木村が作り上げたその仕掛けを検討することは、木村の歴史学者としての姿勢の一端を明らかにすることにつながるはずである。

本章では木村が大学史編纂にあたってどのような構想のもとに、『百年史』編纂にあたったか、そして時限の編纂終了後の大学史のあり方についていかなるイメージを持っていたかを、日本の大学史編纂全体の潮流のなかに位置づけることに留意しながら明示する。そのことを通して木村の歴史学者としての基本的な考え方を照射したいと考える(3)。

一　日本における大学史編纂の潮流

木村の『百年史』への取り組みを検討する前に、他大学における大学沿革史編纂の状況や水準はどのようなものであったのか、以下若干見ておくことにする。

1　日本における大学沿革史の最始――『明治法律学校二十年史』（一九〇一年）

筆者の知見のおよぶ範囲では最も古い日本の高等教育機関沿革史は『明治法律学校二十年史』である。同書は明治大学前身の明治法律学校が創立二〇周年を迎えた一九〇一（明治三四）年に刊行された、本文一九四頁のものである。しかし同書は現在見られる、合議による編纂会議体が置かれて編纂方針を定め、分担執筆によって組織的に編まれたものではなく、個人執筆（田能邨梅士）になるものであった。内容も毎年の出来事の簡単な記述に過ぎなかった。ちなみに同書は幾度か改定が加えられ、訂正第六版にあたる『明治大学史』（一九一一年）に至るまで、節目の時期に刊行された。

同種のものは他の高等教育機関でも刊行されている。『法政大学参拾年史』（石原三郎編著、一九〇九年）、『中央大学三十年史』（天野徳也編著、一九一五年）、『東京物理学校五十年小史』（太田千頴編著、一九三〇年）等多数刊行されている。これらはいずれも個人による大学沿革史であり、今日の大学沿革史の嚆矢ということができよう。

2 『東京帝国大学五十年史』——最初の本格的な沿革史

質量ともに本格的な沿革史が印行されたのは一九三二（昭和七）年の『東京帝国大学五十年史』に至ってである。それ以前にもいくつかの大学において組織による大学沿革史編纂はなされていたが、内容面においては聞き取りを中心としていたり、創立者や大学関係者の人物記事が中心であったり、まだその体裁が十分に整っているものとは言いがたかった。それに対して同書は上下二巻三〇〇〇頁に迫る大冊である。量的な面もさることながら、昌平黌を起点とした東京帝国大学の沿革を記しながら、制度資料を本文中に豊富に掲出した資料集としての性格も備えたものであった。また現在の国立大学沿革史によく見られる部局史を後半に掲載する。部局史においても制度関係資料を豊富に掲出している。

同書の編纂責任者であった東洋哲学者の服部宇之吉によれば「所依の記録文書等は別に其の目を掲ぐべし記録類は言ふまでもなく事の結果又は決論を示さざるもの多きの憾あり本書は努めて事実をして事実を語らしむる方針を採り編纂者の主観を加ふること無からんことを期し」[4]た。服部の述べるように同書は、「事実をして事実を語らしむる方針を採」った。その結果、制度に関する資料集としての性格が強く、制度そのものに対する分析が十分なされなかった側面があった。もっとも同書の実質的な編纂にあたった歴史学者の大久保利謙によれば、分析が欠落したのは純然たる「予算措置の問題」[5]であり、当初執筆の原稿が削られたために生じた問題だという。編纂の組織体制も大久保が若干の補助者の助けを借りながらほぼ一人でまとめたもので、不十分なものであった。なお東京帝国大学では一九四二年に『東京帝国大学学術大観』を刊行し、制度史が中心だった『東京帝国大学五十年史』に対して、学術史・学問史の側面から補った。現在の本格的な沿革史に比べれば種々不備があり手探りの側面はあったにせよ、『東京帝国大学五十年史』は歴史学の訓練を受けた者によるはじめての本格的な大学沿革史であった。

ただこうした動きは他大学の沿革史には引き継がれず、編纂事業が本格的な動きになっていくには第二次大戦後まで俟たねばならなかった。また東京帝国大学自体も、同史編纂・刊行をきっかけに大学史資料を保存・管理するセクションを設けたわけではなく、戦後『東京大学百年史』の編纂にあたっては、総合図書館に一部を残して散逸してしまった資料を再度渉猟せざるを得なかったのである。[6]

3　戦後大学沿革史編纂の潮流

戦後は私立大学を中心に散発的に沿革史が編纂刊行されていたが、一九五〇年代後半から六〇年代にかけて『東京帝国大学五十年史』を凌ぐ規模で編纂・刊行された沿革史が登場した。それが『慶應義塾百年史』（全六巻、一九五八〜六九年）および『東北大学五十年史』（全二巻、一九六〇年）である。両書とも学内・学外にわたって資料収集を積極的に行った上でそれを資料として掲載し、通史編執筆の材料にあてた。また部局史を詳しく取り扱っている。

以降、沿革史の編纂・刊行はより拡大を辿るが、とくにその流れが増大したのは一九八〇年代にいたってからである。前出の西山による野間教育研究所所蔵大学沿革史の分析調査によれば、八〇年刊行の国立大学沿革史は九校、私立は三六校におよび、前年に比べておよそ倍増となっている。[7] これ以降二〇〇〇年代まで約二〇年間にわたって大学沿革史の刊行が多数に上った背景として西山は、日本の良好な経済状況や、大学進学率が一九七〇年代後半から三〇％半ばで一段落し、大学が過去を振り返る余裕を持てたことを理由として挙げているが、[8] より直接的な要因としては、一八八〇年代に創立した有力私立大学が軒並み創立一〇〇周年を迎える節目の時期にあたっていたことが関係していよう。

この時期の代表的な沿革史が『早稲田大学百年史』（全八巻、一九七九～九七年）、『東京大学百年史』（全一〇巻、一九八四～八七年）である。前者は資料選択や記述に偏りがあったり、いささかの創立者顕彰の側面が散見され、組織沿革史の典型的な陥穽がところどころ残されているように見受けられるものの、読みやすさを目指し、学生生活史、戦没者等の記述に興味を引く面が多い。長期にわたって学内外資料を収集・採録しているのも特徴である。後者は多数の執筆者が関わったこともあってか、とくに部局史においては文体等の不統一が見られるが、通史・資料各三冊、部局編四冊に収録された資料は抜きん出て詳細を極めている。

また沿革史編纂にあたった大学の多くでは、編纂にあたって専従の部署をつくって専任事務職員を配置し、資料調査・収集・整理・保管にあたっていたことも注目される。一九八〇年代付近に至り、大学沿革史編纂は相変わらず個人顕彰や記述の精粗などの課題を抱えてはいたが、個人から組織的編纂へと移行するとともに、裏付けとなる資料を内外から悉皆調査収集の上で取捨選別し、大規模沿革史の執筆にあたる段階に至ったのである。

二　木村と『明治大学百年史』編纂

1 「尾佐竹猛論」

木村が『百年史』の編纂に取り組んだのは、この一九八〇年を境にした時期であり、各大学で課題を抱えつつも組織的な沿革史編纂をめぐっての試みが開始された時期であった。しかしまだこの段階においては、大学沿革史編纂全般のなかで組織的編纂と悉皆調査の方向性が定まってきたのみであって、編纂方針そのものについては、優れた先例があまり見出せない状況であった。『百年史』も他大学の沿革史と並走する形で、範例のない編纂方針と仕掛けを自ら鋳造していく必要があった。

また執筆にあたる研究者の問題もあった。当時、日本の大学史研究がディシプリンとして大学に存在せず、当然の帰結として日本の大学史を専門領域とする研究者もほぼ皆無であった。木村も大学史研究の専門家ではなく、『百年史』に携わる以前に大学史に関して専門的な論稿を発表したことはなかった。木村の門下である宮川康が一九六二年以来明治大学広報課の中に置かれた歴史編纂資料室専従の職員として勤務し、着々と将来の沿革史編纂に備えて学内外の資料収集を進めていたものの、その段階で木村はまだ、明治大学史編纂に関して主導的な立場にはなかった。その当時の木村のなかにあったのは、かつて学び、勤務する明治大学や輩出した人物に対する漠然とした印象であろう。『百年史』編纂前の木村の明治大学観を知る上でいささかの手がかりになるのは、「尾佐竹猛論」(『明治大学、人とその思想』明治大学新聞学会、一九六七年に収録)である。タイトルになっている尾佐竹猛(一八八〇～一九四六年)は、大審院判事の傍ら実証主義に基づく維新史、法制史家として多大な業績を残したことで知られる。しかし尾佐竹が明治法律学校の卒業生であることはあまり知られていない。尾佐竹は判事として勤務しながら明治大学法学部にも出講し、のち明治大学に専門部文科を置く際には初代科長を務めた。尾佐竹は学外で活躍するばかりではなく、学内においても大きな役割を果たした人物であった。

木村は尾佐竹の人物について紹介しながら、維新史研究と主著の一つである『明治維新』が、これまで不在であった維新史における政治史的側面からの解明に寄与する「殆ど唯一の個人的業績[9]」であると高く評価した。ただこの小論のなかで木村は明治大学に対して一種微妙な感慨を吐露している。木村は稿末で次のように述べる。「私は最近まで、尾佐竹が明治法律学校の卒業生とは知らなかった。尾佐竹の学問は明大の土壌から育ったものではなさそうである。このような轍を今後踏みたくない[10]」と。ここでいう「轍」とは直接的には、尾佐竹が明治大学に対して提出した学位論文が受理を拒否され、やむなく東京大学に論文を提出して学位を受けたことを指している。木村はこの論稿の別の箇所でそのエピソードを紹介し、「〔論文受理の――引用者注〕拒否によって損をしたのは明治大学である」と記した。「尾佐竹の学問が明大の土壌から育ったものではなさそうである」と木村が書きつけるとき、当時の木村が抱懐していた明治大学の像が顕れているように見える。端的にいえば、実際問題としてそうかは別として、木村には尾佐竹のように優れた人材を自ら育成できず、また尾佐竹が高い評価を世間で受けるに至ってからも、それをやすやすと見逃す無頓着さが明治大学の一面にあると見ている。これまでの明治大学に対する厳し目の見解と、明治大学に勤務する者としての悔恨が「轍」には込められているように見える。

2　歴史編纂専門委員会設置前後の明治大学観

そうした木村の明治大学観は、『百年史』編纂に臨むにあたっても続いたのであろうか。一九七八（昭和五三）年九月、「明治大学創立百周年記念事業」の一貫として明治大学に歴史編纂専門委員会が設置され、木村はその委員長に就任した。ここにおいて明治大学では、初めての組織的な組織沿革史である『百年史』編纂がスタートした。同月の編纂委員会設置直前に木村は学内紙「明治大学広報」（九月一日号）の「論壇」欄に「明治大学の多様性――その歴史に想う」という文章を寄せた。その冒頭に木村は次のように述べている。

「(明治大学について——引用者)〝誇るに足るべきもの何もなし〟という気持ちの時期も少なくなかった。しかし今では〝まんざら捨てたものでもない〟という心境である。私の明治大学観の微妙な変化が、どこからきたのかはうまく説明できない。三十年という歳月は一人の人間にとってはやはり長く、それは事柄を客観視するための適当な長さなのかもしれない」。木村は明治大学に関する考え方に変化が兆してきた理由ははっきりしないとしている。しかしその変化には迫ってきた『百年史』編纂に向け、木村が明治大学の歩みについて検討を進めてきたことも関係しているようにも見える。

木村はこの稿のなかで、後にも持続させていく明治大学への見方をいくつか提示している。まず木村は自由民権左派の政治学校としての出自を持ち、民法典論争をはじめ様々な画期において学校を挙げて熱狂的に活動した明治大学を「血の気の多い大学」と規定する。その「血の気の多」さというのは「明治大学が、それぞれの時代の空気を存分に吸いながら生きてきたということであり、〝時代同調性〟の高さというべきものである。この性格は良い場合には、先見性の高さとして発揮され、悪い場合には付和雷同となる」。

次に木村は、明治大学が慶應義塾や早稲田大学のようなシンボルを持たない大学である点を指摘する。明治大学創立者の岸本辰雄・宮城浩蔵・矢代操のいずれもが、明治大学創立期には三〇歳前後であり、宮城と矢代は早くに没している。明治大学前身の設立趣意書に「同心協力」「公衆共同」がうたわれているのは、「彼等が、当時の日本社会における自らの位置をよくわきまえていたからだ、と思われる」とも述べる。

木村はこの「血の気が多く」、「シンボルを欠いた」点に由来する明治大学の性格は、悪く言えば雑然とした大学であり、よく言えば多様性を持つ大学であると結論づける。そして次のようにこの稿を結んだ。「私の心中に兆しはじめた明治大学再評価論の根拠には、その多様性への再認識ということがあり、その多様性は歴史的に形成されたものなのだ、という思いが強い」。

木村が提示してみせた、血の気の多さ（時代同調性）とシンボルの不在から生じる、歴史的な多様性という明治大学の性格規定は、木村が『百年史』編纂にあたる上での基本的な考えとなった。

3 『明治大学史紀要』の刊行（一九八一年）

一九七八年に正式決定した『百年史』編纂は本格化してきたが、実際に式典を中心とした一連の「明治大学創立百周年記念事業」の実施は八〇年に予定されていた。木村が委員長をつとめる歴史編纂専門委員会では、当初から『百年史』刊行は八〇年には間に合わないと考えており、同年にいわゆるお祝いの配り物として、大学としては初の写真集『図録　明治大学百年』（一九二頁）を刊行した。同書は、『百年史』編纂のため収集した資料や写真のうち約三〇〇点を収録したものであり、歴史編纂資料室の宮川康が中心となりまとめたものである。

そして一九八一年三月、歴史編纂専門委員会の明治大学の歴史に関する議論を公表し、より『百年史』編纂を深化させることを目的として、機関誌『明治大学史紀要』が刊行されることになった。これまでも事務局から『歴史編纂資料室報告』と題して資料室で収集した資料の翻刻資料集が六七年以来刊行されていたが、『明治大学史紀要』は、収集した資料を分析した成果発表の場となった。『紀要』創刊号の「発刊の辞」で木村は次のように述べた。

明治大学百年の風雪と辛酸を書きたい。それがわれわれの望みである。日本における大学史研究は、歴史研究の分野としては未だ不安定である。問題の立て方、史料の読み方、分析の仕方等を包括しての大学史の方法は未だ確立しておらず、恰好の範例もない、というのが実情である。大学史研究は、漸く、分野だけが拓けてきた、という段階である。われわれは、この分野に、学問としての鍬を打ち込みたいと思う。

木村は大学史に関する研究がまだ未開拓であり、学ぶべき先例がないことを述べ、この分野に「学問としての鍬を打ち込みたい」とする。

木村は続けて明治大学史を検討する際のいわば悩みを述べる。

　明治大学――この混沌とした、活力に溢れる大学――が日本の近・現代の最も率直な反映体として、百年の歳月を閲し、現在ここにある、ということは疑うべからざる事実であるが、そのような明治大学をどう分析し、どう叙述するか、これはきわめて難問である。
　この百年、多くの人がここに集まり、そして散って行った。このことは教職員も学生も同じである。明治大学は人々が集まり参ずる〝場〟なのである。このような、いわばとりとめのない場を、どのような方法を以て把握するのか。大学史研究の成否は、恐らく、このような、〝場としての大学〟の捉え方にかかっているのであろう。具体的には、人間・社会・思想等々、もろもろの事態を、明治大学という場の個別性において捉える、ということである。そのための方法を磨きたいと思う。

木村が真摯に大学史を「研究」としてどのように確立させるか、またそのなかで明治大学をどうやってトータルに把持し、叙述するかに思い悩みながら筆を進めている様子がわかる。「研究」というよりはお祭り気分で景気の良い記述が多くなりがちな大学史紀要の劈頭の言葉としては、かなり異例のものである。思い悩んでいる一方で、木村のなかでは模範となるべき先例のない大学史をこの『百年史』編纂を通して一つの「研究」として確立させること、そしてとりとめのない存在たる大学を〝場〟として捉える方法を確立させることに対する強い意気込みも伺える。『百年史』の成果次第では、個別明治大学史にとどまらず、今後の大学史編纂に裨益する方法を定立できる、との目算も木村にはあったであろう。

その後、紀要は毎年刊行され、明治大学百年史編纂委員および関係執筆者の研究発表の場として、一九九四年の『百年史』完結まで刊行され続けることになる。

4 『明治大学百年史』史料編Ⅰの刊行（一九八六年）

一九八一年、『百年史』はその目次構成が決定し、当初は史料編二・通史編二・別巻二の全六巻が計画されていた。しかし予算の関係もあり、結果的には全四巻に削減されることになった。(11) だが史料編を先行して刊行する方針は維持され、検討が進められていった。一九八五年に百周年記念事業はほぼ終結したため、歴史編纂専門委員会の上部組織である「明治大学創立百周年記念事業委員会」が廃止となり、歴史編纂専門委員会も同様に廃止となった。しかし『百年史』編纂は継続であったため、同年九月一日、「明治大学百年史編纂委員会」が設置された。メンバーは歴史編纂専門委員会の委員が横滑りする形となり、木村は同委員会でも委員長に就き、新設の副委員長には中村雄二郎（当時法学部教授）が就任し、さらに討議が続けられた。

そして翌一九八六年、『百年史』第一巻となる史料編Ⅰが刊行された。史料編Ⅰは予定された通史編の目次立てに原則沿うように資料五九一点が配列され、本文頁数九一六頁におよぶ。『百年史』の目次立てを予め詰めてほぼ決定し、資料をその順に配列する工夫により、後に刊行された通史編と史料編を対照させながら、読み進むことを可能にしてあった。またそれぞれのテーマの冒頭に、委員による詳細な史料解題を付し、資料から歴史を語らせる仕掛けを施していた。木村は「編纂経過の概要」と題した文章を巻末に寄せた。木村はここで、『明治法律学校二十年史』にはじまる明治大学史編纂物を紹介するとともに、『百年史』編纂に至るまでの経緯と、編纂決定後の体制、委員会、委員名、事務局体制を紹介した。そして同稿の最後に編纂の基本精神ならびに方針の大要について次のように記した。

明治大学は、その多様性の故に、日本近代社会の反映体としての性格を色濃く持っている。別の言いかたをすれば、明治大学の歴史には、日本の近代が凝縮されている。したがって、明治大学の歴史は、日本近代史研究の一分野としての大学史研究の中軸に座する資格を、十分に有するものと考えられる。

このような、日本近代史の一部としての明治大学史、という認識はわれわれの共有するところであって、これはまた、『明治大学百年史』を編纂するに当ってのわれわれの基本精神でもある。

右の基本精神は、当然のことながら、以下のような編纂方針の大綱を導き出すことになった。

一、近代日本社会との結びつきを重視し、それによって明治大学を社会的広がりの中に位置づけること。（略）
一、近代日本社会の知的諸潮流、諸問題との関係を重視し、それを最も敏感な学生の動向に留意すること。（略）
一、一般的な教育制度事項についての史料収載や記述を努めて限定すること。（略）
一、明治大学の歴史を大学史一般の中に埋没させることなく、明治大学の独自性を重視すること。（略）
一、『明治大学百年史』を顕彰や論断の場にしないこと。(12)（略）

これまでの委員会で議論を尽くした上で、大学史に対する木村の考えを集大成したことが窺える明快な文章である。さきにみた「明治大学の多様性――その歴史に想う」における明治大学の歴史的な背景のある「多様性」という性格規定を、「編纂経過の概要」ではより明確に、「日本近代社会の反映体としての〔明治大学の――引用者〕多様性」

とし、「明治大学の歴史は、日本近代史研究の一分野としての大学史研究の中軸に座する資格を、十分に有する」として、日本近代史研究のなかに明治大学史を位置づけようとすることを明示したのである。ここには個別明治大学を日本近代史研究に位置づけるのみならず、すべての日本の大学史を日本近代史のなかで見通すという木村の心算も窺うことができる。

また五つの編纂方針大綱を掲げていることが目を引く点である。

編纂方針の第一に関して木村は「史料を明治大学内のみに求めず、広く学内機関に求めるという史料調査の方向性にも表現された」[13]と補足している。実際は学内における資料の残存状況が良好でないという理由も含まれていたようだが[14]、学外新聞雑誌など二次的資料を精査した上で比較的使用したこと、学外に調査に出て校友資料を積極的に使用したことが『百年史』の特質の一つとなった。

第二に関しては「知的機関としての大学を考えた場合の判断」とする。学生を学内に孤立したものと捉えず、社会との関連のなかで積極的に見出していこうとしたのである。

第三に関しては「近代日本の大学はすべて制度内的存在であって、国家の制度から受ける影響はきわめて大きかった」とする一方、「制度を追い、その中に明治大学を位置づけるだけでは、明治大学の実態を具体的には把握できない。制度史中心では明治大学史の生命は多分失われるであろう」と述べる。私立大学沿革史として、国家による制度史を中心とした記述をなるべく避けていこうとする狙いはよく理解のできるところである。

それが方針の第四につながってくる。この項目について木村は簡単に「いうまでもなく、明治大学は独自性を主張するにふさわしい大学である」と述べる。第一・二の項目において個別大学史研究から大学史全般、そして日本近代史へと還流させていくことを意識しながらも、他方で明治大学固有のあり方を史料紹介のなかに打ち出していくことも木村たちの志向するところであった。

そして第五に関しては次のように付け加える。「明治大学の歴史は、日本の近代史と同様に、屈折の多いものであって、軽々な論断は許されない。〔略〕その歴史の細部の一々については、それぞれ事実の語るにまかせる、というのがわれわれの態度である」。歴史的な存在それぞれを軽々に顕彰もしなければ論断もしないということは、歴史学者にとっては基本的な心構えであろう。しかし第五の点に関しては後年木村も判断をし残した点であった。この点については後述する。

この編纂方針大綱は木村が委員のメンバーと討議の上でまとめた。あくまで日本近代史との関わりのなかで広く資料を渉猟し、大学の沿革を捉えながらも、他方で大学の独自性に着目し、かつ冷静な目で編纂にあたるというこの方針は、近代史研究としての位置づけのなかでは格別斬新なものではないが、冒頭に述べたような組織沿革史の陥穽をよく踏まえて考えられたことが窺える。

むしろ日本における大学沿革史編纂上きわめて斬新だったのは、方針そのものを大学沿革史のなかで明示したことである。これまでも、そしてこの後に続いた大部の他大学沿革史においても、沿革史本体において編纂方針が明記されているものはほぼ見当たらない。巻頭の大学役員・監修者の挨拶に続いて、せいぜい「凡例」に、仮名遣いであるとか、資料の配列の方針とか、表の見方であるとか、テクニカルな注意書が簡単に掲出されるケースがほとんどである。先に一九八〇年代を前にして大学沿革史が種々の問題を抱えながらも、事実を担保する資料を厚くすることで陥穽を抜けだそうとしていたことを指摘した。しかし多数の資料採録者、原稿執筆者がかかわることが多い大学沿革史では、こうした編纂方針を打ち出すまでに至らず、資料採録の段で質の高くない雑多な資料が混入したり、担当者によってある事柄の見方や軽重に相違が生じたりなど様々な不統一が生じていた。

これまでの沿革史の問題点を検討した上で如上の方針を導き出し、それをわかりやすく明記した編纂方針大綱は、単なる大義名分以上の役割を果たしているようにみえる。大学史編纂を「研究」へと昇華させるとともに、焦点のぼやけがちな編纂に筋を通らせ、『百年史』の目指すべき相貌を屹立させることに寄与した一つの画期ともいえる大綱であった。

推測であるが、木村が大綱をまとめた背景には自治体史編纂の経験や、毎年学生多数を引率して行った共同研究の経験が関係しているようにも思われる。自治体史は、当該大学所属の教員が中心に執筆する大学史よりも広範な分野の外部執筆者が多数参加するケースが多い。異分野の執筆者が多数参加する自治体史では、編纂代表者による編纂方針を冒頭に明示するケースもよく見られる。自治体史で培った経験に加え、様々な資質を持った学生たちを束ねて共同研究を行ってきた木村にとっては、大方針を明示することではじめて、総員がひとつの目標に向かって歩みを続けることができることを非常に強く認識していたようにも思える。

この編纂方針大綱は一九八八年に出された『百年史』第二巻史料編Ⅱにおいても再掲され、『百年史』を貫く方針となっていった。なお史料編Ⅱは史料編Ⅰを大幅に上回る本文一四九八頁の大冊であり、収録資料も七〇〇点を越える。

木村は、史料編Ⅰ・Ⅱの完結後の一九八九年、「明治大学広報」の誌上座談会に出席し、史料編を作った際の工夫点等について次のように述べた。

> 史料編を編む最初の基礎は、要するに何でもかんでも、出来るだけ史料を集めることです。ところが、明治大学の内部では、それがなかなか大変なんです。明治の末と、それから間もない大正大震災の時に大きな火災に二度見舞われていますから。
>
> そこで、大学の中だけではできないので、外部に史料を求める。〔略〕この史料編の一つの特質は、学外の史料を集めたところにポイントがあるわけです。

それともう一つは、そういう史料を雑然と集積したわけではなくて、史料を整理したということなんです。〔略〕

史料集の良しあしというのは、史料の取捨選択をどの程度厳しくやったかで勝負が決まるんです。こういうところに史料編編纂の一番難しいところがあり、随分委員のみなさんは討論をなさっています。〔略〕

史料編は、自然科学と違いますから、どんなよい史料編でも百点満点ということはないのです。それと必ず出来てからあと、あと追いで史料が出てきます。

この本は、自己採点をしますと、八十二点はいきますね。(15)

何事にも厳し目に評価をする木村にあっては、「八十二点」という評価は高い方であろう。『百年史』編纂においては資料が数多く見いだせない分、資料を外に求めるとともに、先の五つの編纂方針大綱にもあったように資料の取捨選択にはきわめて心を配る。そして通史の目次構成に合わせて資料を配列することにより、資料そのものに歴史を語らせることが一定程度成功を収めたことに、木村自身満足がいったのであろう。

しかし史料編完結前の一九八八年、木村は明治大学学長に選出され、百年史編纂委員長を退任し、後任の委員長を中村雄二郎がつとめることとなった。木村は一委員として、続く通史編の執筆にあたった。

先立つ一九八六年には事務組織の拡充もあった。広報課の一係であった歴史編纂資料室を改組独立し、総務部のもとに歴史編纂事務室が置かれることとなった。

木村は、史料編の刊行と、編纂事務体制の強化という、大きな峠を越えたことを見届けて委員長を退任したのであった。

5 「私立大学における年史編纂の現状と問題点」(一九八七年)

史料編の編纂が大詰めを迎えつつあった一九八七年一月二四日、木村は明治大学よりわずかに遅れて百年史編纂を開始した東洋大学主催の「大学史研究会」第二回例会において「私立大学における年史編纂の現状と問題点」と題した講演会を行っている。木村が『百年史』編纂を通じて得た知見を他大学の沿革史編纂のスタッフに資するよう語ったものであり、興味深い点が多い。この講演の中で木村の指摘した点は九つである。

第一に大学史の意味について指摘する。大学史とは個別大学の記念や顕彰のためだけにあるものではなく、「元来近現代史研究の一部としてあるべきもの」であるとする。(16)

第二に、編纂組織の自律性である。大学沿革史の編纂には大学と関係の深い人物が干渉をしてくることもある。それを退け、話やデータの取捨は編纂にあたる委員会の主体性により行うという「決意」の必要性を述べる。

そして第三に「大学史における史料問題」として、これまで大学史において資料が重視されてこなかった点を指摘する。学内資料については「現状の精査」と「今後の保存措置」の必要性を訴えるとともに、学外資料については、新聞・雑誌を利用する場合や聞き取りの際の留意点、古い卒業生資料の活用について紹介している。

第四は「制度の問題」である。今日の私立大学においては、いずれも「国家によって定められた制度の枠の中に当てはまらなければ、今日まで存在することはできなかった」。制度について深入りはしないが、伝統を誇る私学といえども、国家制度の枠については念頭においておかねばならないという点を指摘する。

第五に「それぞれの私立大学の独自性」である。民権系の法律学校をルーツとする明治大学でいえば野暮で男っぽい気風、ミッション系の大学はまた様子が異なる。そういった点への目配りである。

第六が「教師とその講義」である。ただし木村はそれぞれの大学に大学を代表するような教員がいるが、その教員が大学全体の知的状況を代表しているかどうかは疑問だとして、どのようにこれを取り扱うかは留保をつけている。

　第七が「学生の問題」である。学生を社会集団として位置づける必要があり、たとえば、学生生活、サークル活動、自治活動などを学生運動とは別に重視したいと木村は述べる。

　第八が財政問題となる。とくに財政問題は私立大学にとっては死活問題であり、これを大学史として取り扱うことが課題だとする。

　最後の第九は騒動・紛争である。木村自身六〇年代、七〇年代の学生運動に直面し相当の労力を費やしたが、木村はそれ以前も含めて「騒動・紛争に〔大学が――引用者〕が耐えてきたということは、大学の体質の強さを示しており、かえって誇るべきことなのであ」り、個人攻撃は載せないにしても、これらについて何も隠すことはないとする。いずれにしても編纂組織が独自性を持ち、他の介入をゆるさずにその組織の判断で編纂をすすめることが重要だとして木村はこの講演を締めくくった。

　この講演の中には、学内資料の保存に関する問題、紛争の取り扱いに関する問題、学生の問題、財政の問題、そして何より編纂組織の自律性の問題など、木村が新たに触れた点があった。とくに紛争については近年、どのように沿革史や大学アーカイヴズのなかで取り扱うかをめぐっての議論がある[17]。また財政問題についても明治大学では二〇一一年に創立期から旧制大学変更時までの財務資料に関する分析を行った。一九八〇年代から九〇年代にかけて、主要大学の沿革史編纂が一段落し、その蓄積のなかで大学アーカイヴズをどう発展させていくか、という議論が進展するなかでも、これらの木村の問題提起は現代性を有する課題となっている。木村が講演で指摘した点は現在でも意義を持つものといえよう。

6 『明治大学百年史』の完結（一九九四年）

一九八八年、木村が明治大学学長に就任することに伴って、百年史編纂委員長を退任したことは先に触れた。木村のあとを引き継ぎ『百年史』編纂委員長に就任した中村雄二郎は、木村が立てた五つの編纂方針大綱を引き継ぐとともに、通史編をまとめるにあたり、もう一つ別の要素を付加した。それが「通読できる（リーダブルである）[18]」ことであった。通史である以上、「〈歴史〉つまりはヒストリー（物語）として〈通読できる〉ことへの要請」があるということである。しかし多数の執筆者が参加する場合「歴史の流れや問題の展開が断ち切れやすく、また、ある特定の関心からのこまかい叙述になりがちである」。その問題を解消するため中村は一七名の執筆者の三〇本以上におよぶ原稿に何度も目を通し、調整整理の上、加筆した[19]。『百年史』は、木村が中心として提示した優れた編纂方針によって資料を厳しく取捨選択し、まとめられた史料編と、中村の適切なリライトによる「リーダブル」な通史編が絶妙な結合を果たした産物といってよい。

木村は学長就任後も百年史編纂委員は退任せず、一委員として委員会に参加し、通史編の執筆にあたった。木村が担当したのは、『百年史』第三巻通史編Ⅰ（一九九二年刊行）の第三編第二章「明治大学と大正デモクラシー」の第一節「二〇世紀初頭の社会状況と明治大学」、第二節「植原・笹川事件」、同第四巻通史編Ⅱの第八編第三章「大学改革をめぐる学内の激動」の第一節「一九六九年――「大学解体」と「大学改革」との対峙」、第二節「大学改革準備委員会」、第三節「大学改革特別委員会と経営改革委員会」である[20]。通史編Ⅰの「植原・笹川事件」は大正期の教員罷免をめぐって生じた学生と大学当局との紛擾を記述した項目であり、通史編Ⅱは一九六〇年代後半の学園紛争の時代に、木村がまさに当事者として学生たちと向き合った出来事を歴史として叙述したものであった。木村は学生の問題とその紛争の問題を、大学史編纂のなかで取り上げるべき新しい課題として、自ら執筆にあたったのであった。

一九九四年三月、木村礎が定年退職により明治大学を去るのと時を同じくして『明治大学百年史』第四巻通史編Ⅱを刊行し、ここに『百年史』編纂事業は終結した[21]。通史編Ⅰが本文八六〇頁、通史編Ⅱは、年表、人名索引を含む本文九九四頁であった。四巻総頁数は四二〇〇頁であった。単純な頁規模比較においては、日本の大学沿革史のなかでは中位であるものの、木村の資料選択と中村のリライトにより、中身の引き締まった沿革史となった。

三　編纂資料の活用——「大学史料館」構想

木村は、先にみた東洋大学における一九八七年の講演で、「学内史料については、現状の精査のみならず、今後の保存措置が必要である[22]」と指摘している。長年歴史学者として「史料保存運動」に携わってきた木村としては、編纂終了後の資料、そして資料収集にあたって担当者が獲得した様々な知見の行方は当然気にかかる問題だった。冒頭掲げた陥穽のように沿革史編纂終了後に資料や知見が散逸することがしばしば見られる。明治大学では、一九九四年の『百年史』編纂終了後に、百年史編纂委員会は廃止となったが、組織替えにより委員がほぼ横滑りで「大学史料委員会」が発足し、歴史編纂事務室も非専任スタッフを減らしたものの存置となった。九七年には、九四年に廃止された『明治大学史紀要』にかわり『大学史紀要』が創刊し、沿革史編纂の蓄積を資源として活用するとともに、引き続き大学史に関する調査・研究を続けていこうとしていた。

この動きを永続的な形に高め、さらに充実させるべく、木村は提言を行う。木村は明治大学退職後の一九九七年、『大学史紀要』の創刊号に「大学史料館をつくろう」という提言を寄せた。

そこで木村が述べたことは、編纂で得た資源をベースに、それを内外に活用・発信するセンターとして「大学史料館」を位置づけようというものであった。それまでも、明治大学に「大学史料館」を設置しようとする動きがなかったわけではない。編纂事業開始直後から木村をはじめとする百年史編纂委員会では大学史料館設置について提言し、一九八一年、一九八五年、一九九四年とその提案を行ってきたものの、実を結んでいなかった。木村はこの提言で再度、沿革史編纂で蓄積した資料と情報の受け皿となる「史料館」の設置を提案した。木村は「当面の現実の処理はもちろん重要だが、他方では、精神的財産の蓄積も大切である。明治大学史料館は大学にとって精神的財産として不可欠な存在なのだ、と私は確信している」[23]と述べた。

その後明治大学でも、大学史資料をトータルに活用する組織づくりが進められていく。二〇〇四年に新築される予定のアカデミーコモンには常設の大学史展示室が設置される運びとなっていた。

そのことが決定した二〇〇一年、木村は再び『大学史紀要』に「明治大学の歴史と未来は、大学史料館の設置を切に求めている」と題する長文を寄せた。「大学史料館」にとって展示はその一つの活動であるが、すべてではない。「大学史料館」の根本にあるのは資料の収集と保存である。木村は自らが先導的に関わった史料保存運動の流れを紹介しながら、学内資料はもとより学外資料の発掘・収集を含めた大学史料館の設置を改めて提案し、その設置理念として木村を中心にまとめた『百年史』の大学史編纂大綱が参考になることを指摘した。そして「大学史料館」の仕事を「史料の収集」「整理、目録の作成」「保存措置」「研究」「出版活動」「レファレンス業務」「展示業務」とし、「明治大学の歴史と未来」が本質的には「大学史料館」の設置を求めており、大学関係者の英断を望むと結んだ[24]。

木村の年来の主張が必ずしも反映されたわけではないが、二〇〇三年、歴史編纂事務室は明治大学史資料センターに改組された。いわゆる編纂を主目的とする組織から、資料の調査・収集・整理・公開を目的とした史料館、より現代風な表現を取るとすれば、アーカイヴズに近似する組織となったのである。

もっとも「時限の編纂から永続のアーカイヴズへ」という組織変更は、明治大学に限ったことではない。一九九〇年代から二〇〇〇年代に沿革史編纂を終えた主要大学では同様の動きが生じていた。国立大学では、京都大学大学文書館（二〇〇〇年設置）、東北大学史料館（二〇〇〇年）、広島大学文書館（二〇〇四年）、名古屋大学大学文書資料室（二〇〇四年）、九州大学・大学文書館（二〇〇五年）、北海道大学文書館（同）などが、私立大学では、慶應義塾福澤研究センター（一九八三年設置）、早稲田大学大学史資料センター（一九九八年）、立教学院史資料センター（二〇〇〇年）、同志社社史資料センター（二〇〇四年）などが陸続として設置されている。明治大学史資料センターの創設もその潮流に連動して生じたものといえる。

歴史編纂事務室から明治大学史資料センターへの改組にあたって、木村自身の現職中の働きかけや、退職後のこうした提言が直接的に影響したとは言えない。しかし木村は、資料の有効な保存と活用の意義をよく理解していたし、それに向けての後押しを積極的に行ったのである。こうした木村の提言が間接的な形で、編纂後の機関設置をサポートしていたといえる。

むすび――一つの課題と現代的意義

一九八六年、『百年史』史料編Ⅰが刊行された際に、明治大学出身の実業家芦澤新二（当時三和テッキ社長）が書評を寄せた(25)。芦澤は文人財界人として知られ、『伊勢物語』の写本をはじめとする関係資料の収集家・研究家としても名高い人物であった。芦澤は書評を請われ多忙のなか大冊の史料編Ⅰを、時間をかけ読んだ。「読み進むにしたがい、珍しい資料、貴重な史料文献に満ちていて巻を置くことが惜しい。数日をかけて一読を了した」。芦澤は創立者の岸本辰雄の演説、同じく岸本の借金依頼状、擬国会の記録の資料など、興味深く感じた資料を紹介し感想を記した。そして芦澤は文章の末尾に「続編編纂につき希望」と見出しを掲げ、次のように述べた。

歴史編纂という大事業には、根幹になる大方針が必要だ。これについては、木村礎編纂委員長の「編纂経過の概要」に大綱五項目が示されていて意を尽くしているから付加することはない。ただ第五項の「顕彰や論断」の場にしないことというのは気になる。歴史に顕彰や論断がなくて歴史になるのか。それは、遠く司馬遷の『史記』を例に取るまでもあるまい。

『史記』が学問的に史書でありうるとすれば、それが単なる記録にすぎぬものではなく、司馬遷の命をかけた論断に支えられて今日なお存在するのではないかという幼稚な疑いとなる。[26]

芦澤は、木村たちが史料編Iで提示した「編纂方針大綱」の五番目にある「『明治大学百年史』を顕彰や論断の場にしないこと」に対して『史記　列伝』を引きながら、『百年史』で掲げた顕彰・論断しないという方針に対して疑問を投げかけたのであった。

木村たちが沿革史を顕彰や論断の場にしない、と掲げた背景には、過度な顕彰・論断に走らず大学史を冷徹な「研究」として確立させたいという狙いもあったろう。だがむしろ、この方針は組織沿革史のはまりがちな落とし穴である野放図な顕彰や、それを組織上層部や外部有力者が強いることを避け、編纂組織の自律性を保つための、いわば組織防衛策としての側面も強かった。

しかし木村は芦澤の指摘が非常に気にかかったようである。講演や文章などでいくたびか芦澤への回答を述べている。ある文章では芦澤に「私には歴史への畏怖がある。それはわかりやすく言えば私のような者が、歴史を裁断してよいのか、それが出来るのか、という類の想念があるということである」[27]と答えている。また別の講演では率直に次のように述べる。

（略）司馬遷みたいな人だから、できたんです。ふつうの歴史家にはできないんです。私みたいなぼんくらがやると、ろくでもない毀誉褒貶をやるわけです。だからそれがわかっているからやらない。やらないんです。顕彰や論断の場にしない。それは私ができないと言うことと同時に、なぜあの人をもっと褒めないのかとか、もっとあいつをやっつけないのかと、そういう声が出るに決まってるんです。これ。こんな事やりだせば、収拾がつかなくなる。だからあらかじめぴしゃっとおさえる。(28)

『史記』が司馬遷ならではの歴史であり、それを他の歴史家が模倣してもうまくバランスが取れないと述べた上で、かなり明確に、編纂組織外からの声を抑えるためにこの方針を立てたと窺える発言をしている。だが、木村が芦澤の指摘を気にかけたのは、木村が沿革史編纂のなかで顕彰・論断を否定しさることに躊躇する思いがあったからのようにもみえる。

同志社創立者である新島襄研究者で同志社の大学史編纂にも携わった本井康弘は、良い人物研究を行うにあたっては「顕彰」と「検証」双方の均衡を保つことが重要だと指摘している。(29)論者のうちいわゆる「ベッタリ派」の人は「検証」面を意識し、他方「突き放し派」の人は「顕彰」要素に自覚的に目を向けるべきだというのである。

明治大学創立者には新島のような強烈な個性がある人物がいるわけではない。しかし創立者や創立期がその後の大学の姿を無視できない程度には規定している、という程度のことはいえよう。明治法律学校の創立当初の性格が、大学の現在をある程度性格づけていることは、木村自身も認めているところである。大学の礎を築いた人物や事柄については、「検証」を十分に踏んだ上であれば「顕彰」そして「論断」も成立しうるのではないか、それらを否定することは他方で、歴史叙述の厚みを失わせるにつながるのではないか。木村は危惧に近いものを感じていたのかもしれない。しかし十分な「検証」を経た上での「顕彰」「論断」とはいうものの、それを実現させるのはなかなか容易ではない。木村自身も解消できなかった大学史編纂における課題の一つであろう。

いずれにせよ、大学史研究を近現代史研究の一角に定着させようと、沿革史編纂にありがちな陥穽を避けて編纂方針を定め、編纂終了後は専従の機関が資料保存と活用を図る、という木村の提示した一連の流れは、先に示した二〇〇〇年代以降の日本の大学アーカイヴズ設置の潮流と合致している。

全国の大学史資料取り扱い機関の連合体である全国大学史資料協議会は一一二機関（二〇一三年一〇月現在）が加盟している。明治大学で『百年史』編纂中の一九八八年に、同協議会の前身が創立された。その際の加盟機関はわずか三〇機関あまりであった。一九八〇年代から二〇〇〇年代にかけて、沿革史編纂が多くの大学でなされ、編纂後も、その資料と知見の受け皿となる組織が継続して設置されていったことが、加盟機関の急激な拡大の背景にある。明治大学の大学史編纂とその後も日本の大学史総体の潮流のなかから生み出されてきたものであった。その意味では、さきにも述べたように、明治大学はまったく孤立して大学史編纂からアーカイヴズへの道をたどっていたものではない。

しかし木村による編纂方針の明示はまことに斬新なものであったし、いち早く史料館設置に向け声を上げていた。またなにより大学史における編纂から史料保存へ、という一連の動きに対して木村は理解を示し、熱心に後押しを行った。木村の研究と提言からは、今日における日本の大学史の水準向上と、大学アーカイヴズの発展に資する積極的な意義を見出すことができよう。

注

（1）西山伸「大学沿革史」学校沿革史研究会編『学校沿革史の研究　総説』野間教育研究所、二〇〇八年、六九頁。
（2）筆者が見出し得た限りでは、書評として中野実「法政大学大学史資料委員会編『法律学の夜明けと法政大学』、明治大学百年史

（3）編纂委員会編『明治大学百年史』第三巻通史編Ⅰ」（広島大学大学教育センター編『大学論集』第二三集、一九九三年度）所収があるのみであったが、前掲、西山論文〔注1〕において、明治大学百年史の内容についての紹介を行っている。『百年史』編纂初期の体制、状況については木村「編纂経過の概要」（『明治大学百年史』第一巻、史料編Ⅰ、一九八六年）を参照のこと。

（4）『東京帝国大学五十年史』上冊、一九三二年、五〜六頁。

（5）大久保利謙『日本近代史学事始め』（岩波新書、一九九六年）七八頁。

（6）「東京大学史史料室」（全国大学史資料協議会編『日本の大学アーカイヴズ』京都大学学術出版会、二〇〇五年）二三五頁。

（7）前掲、西山論文〔注1〕七七頁。

（8）同右、七八頁。

（9）木村礎「尾佐竹猛論」（『明治大学、人とその思想』明治大学新聞学会、一九六七年）一二〇頁。

（10）同右。

（11）島田正郎・木村・中村雄二郎・古屋野素材・（司会）大澤清重（座談会）「大学史の難しさと面白さ　明治大学百年史　史料編Ⅰ・Ⅱ巻の編纂をおえて」（「明治大学広報」一九八九年一月一日号）。

（12）木村「編纂経過の概要」（『明治大学百年史』第一巻史料編Ⅰ、一九八六年）九一二〜九一三頁。

（13）同右、九一二頁。編纂方針大綱に関する木村の補足は九一二〜九一三頁より引用。

（14）前掲座談会〔注11〕の木村発言より。

（15）同右。

（16）この講演は、『東洋大学史紀要』第五号、一九八七年に、同タイトルの講演要旨が収められている。同誌二頁。

（17）西山伸は大学沿革史における大学紛争の取り扱いについて、一九八〇年代の沿革史では「沿革史執筆時から非常に近い過去であり、歴史的評価が困難であること」、そして学内の学生教職員・学生にもたらされた対立が「しこり」として色濃く大学に残されたことを要因として、その記述に必ずしも踏み込んだ形を取っていなかったことを指摘している。だが近年ある程度の分量と個性的な内容を備えた記述がみられるようになっていることも指摘し、その例として『九州大学七十五年史』『日本大学百年史』『東北大学百年史』『武蔵野美術大学六〇年史』『立命館百年史』『京都大学百年史』等を挙げている（西山「大学紛争」学校沿革史研究部会編『学校沿革史の研究　大学編Ⅰ　テーマ別比較分析』（野間教育研究所紀要、第五三集、二〇一三年所収）。また二〇〇八年には広島大学文書館編『証言　大学紛争　危機的状況に対する広島大学教職員の記録』（現代史料出版）などの新しい試みもではじめている。
(18) 中村雄二郎「編纂にあたって」（『明治大学百年史』第三巻通史編Ⅰ、一九九二年）五頁。
(19) 同右。
(20) この点については藤田昭造「大学改革委員会中間報告」（『大学史紀要第一七号　木村礎研究Ⅱ』二〇一三年）を参照。
(21) 通史編Ⅱの奥付は一九九四年一〇月発行となっているが、実際は同年三月の刊行である。
(22) 木村「私立大学における年史編纂の現状と問題点」前掲誌〔注11〕所収、三頁。
(23) 同「大学史料館をつくろう」（『大学史紀要　紫紺の歴程』創刊号、一九九七年）二六頁。
(24) 同「明治大学の歴史と未来は、大学史料館の設置を切に求めている」前掲誌〔注11〕第五号、二〇〇一年所収、五三～五四頁。
(25) 芦澤新二「『史料編Ⅰ』を読んで」（「明治大学百年史　編纂の窓」1、一九八六年）。
(26) 同右、六頁。
(27) 前掲、木村論文〔注24〕、五二頁。
(28) 同「大学史および大学史料を考える」（二〇〇一年一〇月に全国大学史資料協議会全国研究会にてなされた記念講演）（『大学アーカイヴズ』No29、二〇〇二年）一〇頁。
(29) 本井康弘「新島襄伝あれこれ――「顕彰」と「検証」のはざまで」（『新島研究』第一〇〇号、二〇〇九年）六七頁。

補論　明治大学という大きな〈村〉を歩いた一教員の軌跡

山泉　進

はじめに

大学行政の責任者としての木村礎を評価することはなかなか困難な作業である。その理由は、評価の対象としてはまだ完全な過去にはなっていないということである。しかし、そのことに言及しないで「木村礎研究」を提示するとしたら、私は違和感をいだいてしまう。私は、一九八八年四月、木村礎が学長となった年から二年間だけではあったが、後藤総一郎学生部長のもとで副学生部長として、木村学長を間近に見る機会があった。その時の経験を含めて、今から振り返ってみれば、木村礎が役職を務めた時期は、終戦直後に作られた新制大学というシステムと大学の大衆化との摩擦、また「学問の自由」の名のもとに大学に内在化されていた「大学自治」の問題など、いくつかの要因の複合的な作用によって惹起された出来事が継続的に起こった特別な期間であった。ここでは木村礎の大学行政者としての仕事振りについて紹介しておくとともに、大学行政と学問研究との関係について触れておきたいと思う。

一　役職者としての出発

さて、大学教員にとって、教育と研究のキャリアとしての目標は昇格であり、最終的に教授のステイタスを得ることである。通常は、助手からはじまり、専任講師、助（准）教授、教授という具合に昇格していく。昇格は、基本的には教育年限と論文審査（本数と内容評価）によって行われる。木村礎の場合、一九四九年、新制大学の発足とともに二五歳で文学部助手になっている。以後、二九歳で専任講師、三三歳で助教授、六三年、三九歳で教授へと昇格している。戦後の新制大学の発足当時の多少の混乱があったことを考慮しても、まずまず順調な昇格であったといえるが、必ずしも最短距離を走ったとはいえないのかもしれない。教授に昇格すると、定年（七〇歳）までのほぼ三〇年間、かぎりなく研究に没頭できる環境を求めるか、やむを得ず行政職を引き受けるのか、の選択が待っている。この二つは限られた時間の配分からいっても、その思考回路の違いからいっても両立させることはほぼ不可能なことである。多くの教員は、その才能と能力への他者からの評価、あるいは本人の意欲にしたがって、この両端のなかで大学教員としての自己の位置を定めることになる。しかし、これは、後で触れるように、必ずしも自分の意思で選択できるというわけにはいかない。また、しばしば、選出する制度のひずみと評価の誤算から、間違った選択がなされることもある。教授に昇格した木村礎は、この年から二年間、教職員組合執行委員長に就任する。ここからが彼の行政者としての出発点になるので、まずこのことに言及する。

通常は、教職員組合の役職は、教職員の自治的組織であるので大学の役職としては数えない。しかし、この組織は、教員と職員を包摂するクローズド・ショップ制をとり、教職員の意見を集約して、直接的に理事会に要求することができるという点において、大学経営のうえではそれなりに力をもっていた。とりわけ、明治大学の歴史のなかでは大きな事件であった、一九五〇年代半ばの「専教連改革」の後でもあり、現在以上に力をもっていた。「専教連改革」というのは、専任教員が団結して校友のイニシャティヴのもとにあった大学経営に教学の意向を反映させることに成功した事件である。先に述べたように、教職員組合は、労働組合として、経営の役職者（理事、評議会員など）と事務管理職を除いた、付属校と学部の教員、それに事務職員を横断する全学的組織であって、組合員の要望をまとめ、大学理事会との直接的交渉によって労働条件の改善をはかっていくという任務をもっている。したがって、この代表者となることは、教育や研究に関する教学の意思のあり方、また予算編成と執行を含む経営全体にかかわる仕組みなどを知る機会を得ることになる。委員長就任にあたっての挨拶のなかで、木村は当面の課題として賃金問題と就業規則の改革をあげているが、同時に評議員改選の問題に言及し、組合はこの問題に大きな関心をもっていると言及している。この問題は「学内政治」の問題であり、「学内政治」に頭を突っ込みたくないという思いはだれにでもある。しかし、と木村はいう、「この問題は好き嫌いの問題ではなく、将来における明治大学の教育と学問を規定しうる大きな現実的問題です」と。さらに「明治大学は教育と学問の府であって、利権と名誉欲の場ではない」と言い切っている。[1]長谷川太一郎理事長・佐々木吉三郎総長・小出廉二学長・岡山俊雄文学部長の時代である。おそらく木村礎は、この時期に組合執行委員長として、教学と法人にまたがる明治大学の組織運営の全体的な見取り図を、ラフなものであれ掴むことができたのだと考えられる。

二　役職経歴（1）

まず、木村礎の明治大学での役職歴を年譜的に紹介する。[2]なお、本書巻末には、より詳しい「年譜」が掲載されているので参照していただきたい。また、大学の場合、通常は年度初めが四月一日から始まるので、「年」で表記した場合も、その年の四月から翌年三月までということになる。

一九六四年（長野国助理事長・武田孟総長・小出廉二学長・淀野隆三文学部長）
・文学部二部主任（一〇月）
一九六七年（渡辺政人理事長・武田孟総長・中川冨弥学長・渡辺保文学部長）
・文学部学生部委員代行（一月）
・文学部一部教務主任（四月～一九六九年三月）
一九六九年（理事長・総長・学長は同右、斎藤正直文学部長）
・明大改革準備委員会委員長（七月）
一九七一年（水野東太郎理事長・春日井薫総長・中川学長・斎藤文学部長）
・一部教務部長（四月～一九七三年三月）
一九七二年（加藤五六理事長・小牧正道総長・同学長・斎藤文学部長）
・評議員（以後、五期～一九九二年三月）
・学術交流委員会委員長
一九七四年（加藤五六理事長・中川冨弥総長・斎藤正直学長・平野仁啓文学部長）
・文学部50年史編纂準備委員会委員長（～一九八二年一〇月）
一九七七年（後藤信夫理事長・麻生平八郎総長・斎藤学長）
・文学部長（四月～一九七八年九月）
一九七九年（理事長・総長・学長は同右、石井素介文学部長）

・歴史編纂専門委員会委員長（二月〜一九八五年七月）

一九八〇年（松本留義理事長・小島憲総長・山本進一学長、石井・神田信夫文学部長）

・大学院長（四月〜一九八四年三月）

・文学部50年史編纂委員会委員長（一九八二年一〇月〜一九八四年三月）

一九八五年（後藤信夫理事長・島田正郎総長・山本学長・菅井幸雄文学部長）

・明治大学百年史編纂委員会委員長（九月〜一九八八年三月）

一九八八年（理事長・総長は同右

・学長（四月〜一九九二年三月）

もちろん、これらの役職は教学行政の中枢にかかわる役職であって、当然にもこれらに付随する各種委員会の委員あるいは委員長は数えきれないほどの数になる。さて、この役職歴をみると、木村礎は、明治大学という教学組織のなかで、文学部の二部主任→学生部員代行→教務主任という教学現場の最前線を経験し、そこでの能力を認められて、選挙を通して一部教務部長→文学部長→大学院長という全学的な教学の中心線を歩み、しかも学長に選ばれた稀な例であることを知ることができる。一般の企業に例えれば、平社員が社長に上りつめていくサクセス・ストーリーそのものである。しかし、教育と研究を中心におく大学組織においては、一般の企業のようにはいかない。とりわけ明治大学においてはそうである。その具体的事件に対する対応と苦労については、注に付した飯澤文夫の文章で紹介されているのでここでは省略するが、そのことを理解するうえで、背景となる重要な事項について説明をしておきたい。一つは、明治大学という組織についてであり、もう一つは「長」に選ばれるということについてである。

まず、当時の明治大学の組織について簡単に紹介しておきたい。大学組織のトップマネジメント機構は、理事長、総長、学長の三長制をとっていた。理事長は学校法人・明治大学の代表者、総長は法人の設置する学校（付属校を含む）の教育の総括者、学長は大学の教学の最高責任者、という役割になっていた。そして、理事長は業務執行の最高機関としての理事会を主宰し、最終的には理事長が招集する評議員会において経営方針が決定されるという仕組みであった。他方、学長は大学教学の責任者として教育・研究を中心とする教学の現場の実質的な責任者である。しかし、明治大学においては予算編成や予算執行、あるいは教学人事（職員）の権限は、理事長のもとにある常勤理事会（学長はメンバーではない）が実質的に握っていて、学長の教学方針が必ずしも大学全体の方針としては保障されていないという構造になっていた。また、明治大学においては、評議員の半数は卒業生である校友がにぎり、理事長や財務理事には校友が就任するというのが慣例で、現場を預かる学長の意向が直接的には大学経営に反映されにくいという仕組みであった。さらに、学長とともに教学運営にあたるのは、正課教育や研究を担当する教務部長と課外教育や学生生活に関する事項を掌る学生部長であって、学長と同様に、連合教授会において別々に選出される仕組みになっていた。つまり教務部長や学生部長は必ずしも学長の意向によって縛られるわけではなく、あくまでも協力体制のなかで学長の意向に従うことになるわけである。さらには、各学部には学部教授会から選出された学部長がいて、学部長は、各学部の利害を代表し、学長が主宰する学部長会において教学の意見を集約するのであるが、必ずしも学長の意向に従うわけでもなかった。したがって、教学全般の事項を学長が統一的に掌握できる体制にはなっていなかった。しかも、当時は学部長会、教務部委員会、学生部委員会には正規の規定が存在しなかった。つまり、議決方法がきわめて曖昧で、意思決定が明確に行われない仕組みになっていた。このような法人と教学の権限の不明確さ、あるいは教学のなかでの権力分割と意思決定の曖昧さは、明治大学においては過去の様々な経緯から得た知恵ではあったが、変革を必要とする時代には、きわめて非効率な組織であり、仕組みであった。学長に就任した木村礎は、このような明治大学の組織構造をさして、慣習法のうえにある「幕藩体制」であり、とても法の支配のもとにある「近代国家」の体をなしていない、とよく嘆いていた。要するに明治大学の法人と教学の運営においては、過去の「慣行」により決定されていくことが多く、「長」たる人の要件は、いち早く問題の所在を認識し、咄嗟のうちに解決策を見出すための「勘」が重要な役割を果たすことになる。そして、この「勘」は、多くの部署を経験することによって、はじめて得られるのである。

それからもう一つ、行政組織の「長」に選ばれる方法と「長」になることのストレスについて言及する。大学教員の意識も、この何年間の大学改革のなかで随分と変化してきたが、それ以前、明治大学の教員の多くは、自分を研究者として規定し、せいぜい教育（授業）と教授会までは、時間を割かれることを許容しても、大学行政にかかわることは〈雑用〉として拒否することが賢い知恵であった。その結果、多くの場合、学部内の役職人事は〈順番〉、つまりは誰もが引き受けざるをえない公平な負担として割り当てられた。これは仕方のないところである。もちろん、会社などの組織と同様に、役職者になることを学内での権力を握ることと勘違いして、困らされる場合もしばしば起こる。しかし、学部長、あるいは教務部長、学生部長、学長というような、大学組織を代表し責任を負うポジションになると、〈順番〉というわけにはいかないので、適任者を選出する〈選挙〉が導入される。〈選挙〉は、もちろん、〈やりたい人〉が立候補して争われることが望ましいが、立候補しない、つまり〈やりたくない人〉を適任者として選ぶ装置でもある。〈やりたくない人〉も〈選挙〉をとおして役職者にならざるをえないことが起こるのである。こういう形で選ばれた場合、多くの教員は選んだあとは無関心になる。あるいは〈選ばれなかった人〉のなかには、〈選ばれた人〉に対する嫉妬や軽蔑を抱く人もでてくる。〈選ばれた人〉は、このような一般教員の無関心と無理解、あるいは嫉妬心とも、自分のなかで闘わなければならない。一般の企業などの組織の場合には、序列、あるいは命令系統がはっきりしているため、「長」になることは明確な成果を求められる一方で、権限と待遇とが付与される。しかし、大学という組織においては、教育・研究をその主たる目的とするために、その成果を短期間のうちに計ることは困難であり、また権限と待遇も不十分で、多くの場合において自己犠牲が強いられることになる。このように、選ばれて「長」になる人は孤独であり、とりわけ研究に生きがいを見出している人にとっては、ほんとうにストレスがたまる仕事である。木村礎の「長」としての仕事は、まさしくこのような環境のもとにあった。

このようなことを前提にして、木村礎の「長」としての経歴をみれば、彼が明治大学の「慣行」を知り、しかもその経験から得る「勘」を養うポジションを経験してきたということがわかる。つまり、その優れた行政能力が多くの教員たちによって認められていったということを意味している。全学的なその出発点は、おそらく、一九六九年七月、四五歳で就任した「大学改革準備委員会」の委員長であった。この委員会は、「学長の諮問にこたえて本学(短大を含む)における大学教育・研究体制およびこれにともなう大学の管理運営に関する基本事項を討議し、問題点を摘出して改革の基本的な方向ならびにその具体化の方策を明らかにすること」を目的として、各学部教授会、短期大学教授会および大学院委員会から選出された九名、職員会選出の二名、臨時学長室専門委員の二名、合計一三名からなるものであった。この委員会の設置は、一九六六年の「学費値上げ問題」に端を発している。翌年の二月、理事会は、紛争を終結させるために学生会と「覚書」を取り交わした。その第一項目が、学内の諸問題に関する根本的な改善方針を示すことという内容で、具体化のために「経営事項根本方針検討委員会」と「研究・教育方針検討委員会」が設置された。後者は、麻生平八郎大学院長を委員長とする委員会で、学部長等一二名によって構成されたが、木村礎は委員に入っていない。学長(小牧正道)に提出された委員会答申案では、学長をはじめとする教学組織における職務権限の明確化と責任体制の確立をはかることが、本学の研究・教育体制の強化につながるとした。この基本答申をうけて、「全共闘」運動が荒れ狂うなか、教学改革の基本方針と具体化のための方針を示すために「改革準備委員会」が設置されたのである。ともかく、大学がバリケードで封鎖されるなか、明治大学が抱える全般的な問題をわずか三か月で「中間報告」としてまとめた手腕は人並みはずれたものであった。「中間報告」の骨組は、1.現代社会における大学、2．私立大学の役割、3．教育研究体制の改革、4．大学の管理・運営の問題点と改革の方向、5．学生の地位と役割、としてまとめられた。この委員会のメンバーをここで紹介することは差し控えるが、その後の明治大学の教学と法人を支える中心となった人たちが何人かいる。そして、それぞれの立場が統一されていたとも思えない。ということは、これらの人たちの異なる考え方と意見とを集約することは並大抵のことではなかったはずである。「日本村落史私観」に収録されている木村作成の「合宿調査表整理図」によれば[3]、この時期までに、一九五二年に開始した神奈川県津久井地方の調査を『封建村落』（一九五八年）として刊行し、その後も、東京都多摩郡の小平・砂川・村山の合同調査を『新田村落』（一九六〇年刊）、千葉県佐倉・成田の調査を『譜代藩政の展開と明治維新』（一九六三年刊）、千葉県香取の調査を『耕地と集落の歴史』（一九六九年刊）と継続的に出版している。対象に対する共同調査から共同執筆・刊行に至るまでの組織的な取りまとめについては、十分なノウハウを木村礎は蓄積させていた。おそらく「中間報告」にも、この経験は十分に反映されたと考えられる[4]。

三　役職経歴（2）

ところで、大学は高等教育機関として学生の教育を目的としている。学生は大学の構成員として重要な役割をもっている。しかも、とりわけ私立大学においては、財政的には学生の納付金（授業料）に大きく依存している。したがって、学生の意識と動向は、大学の運営に大きな影響を及ぼしてくる。教学の「長」となることは、学生たちの「自治活動」、場合によっては「政治運動」に真正面から向き合い、「対策」において責任を問われる立場にたつということである。明治大学では、一九六六年に学費値上げに対する反対運動がおこり、一一月から翌年一月まで六〇日あまりの間、全学バリケード・ストライキが行われ授業ができない状態が続いた。この時、木村礎は学生部委員として最前線にいた。一九六九年は「全共闘」運動のピークの時期、一月には東京大学「安田砦」の落城と入学試験の中止、また明大通りには一時的に「カルチェ・ラタン」と呼ばれる解放区が出現した。学生たちは「大学立法粉砕」を叫び、和泉キャンパスの第一校舎、生田キャンパスの全校舎をバリケード封鎖した。六月には明治大学全学共闘会議（全共闘）が結成され、駿河台校舎の本館をはじめいくつかの校舎が封鎖され、全学がバリケード・ストライキの状況になった。このような最中に「中間報告」はまとめられたのである。もちろん、すべてが順調に運んだわけではない。木村礎は、先の「日本村落史私観」のなかで、六九年三月に刊行した『耕地と集落の歴史』について、「どうにも仕様がなくて、刊行してしまった」という気持ちであったと告白している。さらに次のように回想している、「大学紛争（あるいは大学闘争）の波は既に高くなっていた。その担い手たちは当初〝既成の学問の質を問う〟ということをしきりに言い、告発した。そのこと自体には、もっともなところがある、と私は思っていた。但し、問うたり告発することは割合容易だが、その問いや告発に答え得る学問の実体的な質ということになると皆目見当がつかなかった。……私は、香取における失敗と大学紛争のはざまにあって、暗く沈み、その状態はしばらく続いた。〝日本の歴史についての自分なりの全体的把握を、村を通して、思い切ってやってみよう〟という想念は、そうした鬱屈状態の中にあって徐々に芽生えてきたものである」(5)と。このような苦悩のなかから「日本村落史」の構想が生まれたのである。

「日本村落史私観」は、ずっと後の一九八〇年七月に執筆されたもので、ある程度は思考が整理されたものであろうが、木村礎は次のようにいう、「私の日本村落史は、歴史における連続性を重視する。中世の中に古代を見、近世の中に中世や古代を見るといったことである。村落民の日常性や生活を重んずれば、歴史における連続性重視という立場が当然の帰結になる。現代の日本および日本人は、日本近代を直接に継受しているだけではなく、日本近代を含めての過去の総体を継受している。つまり、現代日本は、日本の歴史総体の所産として、現在ここにある」(6)と。このような視座から「飛躍」や「変革」を主軸として展開されてきた戦後歴史学を批判し、日常性や連続性という座標軸から「飛躍」や「変革」を見るべきではないのかと。木村礎は、このことを「座標軸ないし視座の転換」といっている、私は、木村礎における「視座の転換」は、間接的であったのかもしれないが、学生運動家たちの叫ぶ「変革」や「革命」への対抗軸として、悩み考え抜かれたすえの〈自己確信〉ではなかったかと推測する。つまり、学生運動という波のなかでは、研究者にとって学内行政という〈雑用〉は全く余分な障害物でしかないが、他方では、大学教員として教育正常化への努力は重要な義務である。この狭間で苦しむとき、しかも、学生たちと相対する、異常な時間の消費と肉体的疲労をともなうとき、大学教員は、どこかに思想的な原理をもたないと精神的に耐え切れなくなる。その立脚点は研究者としての自己のなかに見つけ出すしかない。自分の研究にとって眼前の出来事はどのように意味づけられるのかと。木村礎にとって、大学教員として研究や教育の充実を求めることは「連続性」であり「日常性」でもある。そして眼前の出来事は、その「非連続」であり「非日常」の姿であると。もちろん、木村礎は歴史学における「飛躍」や「変革」を見下したわけではなく、同様に「非連続」や「非日常」を軽蔑したわけでもなかった。そのことが、「日本村落史」の構想を後押ししたと私は考える。

一九七二年四月、一部教務部長に就任する。木村礎は、選出された時の気持ちを、「激務を思ってゾッとしたが、腹を決めないわけにもいかなかった(7)」と書き残している。案の定、痛ましい事件が起こる。これについては、先の『木村礎年譜』より引用する。

一一月一九日、明大中野学園事件起り、これに深く関係する。この日授業料値上げについての全学説明集会が、明大付属中野学園講堂で開かれた。学長は説明のために講堂に入り、私は学長代行として本部に残った。午後一時四五分頃授業料値上げに反対する学生が門を乗り越えて講堂に乱入した。連絡員からの報告が、本部にいる私のところへひきもきらずもたらされた。それらの報告はすべて、学生が当局者に乱暴を働いている、というものであった。私は、大いにためらいはしたものの、結局、自らの学長代行としての判断と責任において、機動隊に「やむを得ない、お願いします」とその出動を要請した。この要請が学生逮捕へと直ちに結果したことはもとよりである。つまり、この時、私が機動隊要請のベルを押したのである。この事件をめぐってはいろいろなことがあったようだが、すべて省略し、この事件と私との直接のかかわりについてのみ以下簡単に記す。

逮捕者のうち十数名が裁判にかけられた。これは、誰にとっても気持ちのいいことではない。ましてベル押しの私は鬱々とせざるを得なかった。私はこれまでずい分嫌な思いをしたことがある（ことに青年時代）。しかし、それは、私がひどい目にあわされたのであって、私が他人をそういう目にあわせたわけではない（と思う）。この中野学園事件の時は全く逆であって、たとえ然るべき理由はあろうとも、学生を裁判にかける当事者に私はなったのであり、この方がずっとつらかった。私は一一月二七日付で、文学部長に辞表を出した。教務部長だけをやめるならそれを学長に出すことになるが、私は明治大学教授そのものをやめようとその時思っていたから、正当な手順として辞表を学部長（斎藤正直氏――フランス文学、のち学長）に提出したのである。斎藤氏は、それを胸のポケットにしまい「しばらく休め、これは俺が預る」と私に短く言った（私は翌年に入ると任期間近の一部教務部長の仕事を放擲した。二部教務部長が職務を代行した(8)）。

翌年の項には、「私は気力を失った。慢性の病気みたいになり心も体も重かった。十二指腸潰瘍も一段と悪化したようであり」云々とある。「長」とは、このようにストレスの多い仕事である。しかし、他方では、この年、「日本の共同体」において文学博士の学位を得、二〇年かけた共同研究を『続日本封建社会研究史』、内藤家文書についての『譜代藩の研究』を出版している。

以下、先の飯澤文夫の「役職者・行政職としての木村礎（資料）」に掲載されている木村礎の文章から抜粋して紹介する。一九七四年、評議員として書いた「大学改革の行方」と題された文章[9]は、大学改革に触れて、重要なのは何一つ改革されていない現状であることを指摘し、その理由として、「大学教師の非常な保守性」と「改革の進め方についての錯誤」をあげる。そのうえで、「最初の問題は改革の方法だったのだ、と今にして思う。改革のルールを定め、それを周知させ、みんながそのルールを守ることが必要」であると主張している。もちろん、「中間報告」が実現されないことへの怒りである。一九七七年、文学部長に就任時の抱負[10]、「私はこの十年間ほどの間、大学の若干のポストについてきた。その感想は一言でいえば、何一つうまく行かなかった、ということである。私の胸中には、百戦ことごとく敗れた兵士の心境の如きものがある。心身共に疲れた敗残の兵士に「抱負」などありようがない。しかし、文学部長というポストが必要なものであることはわかっているから、私なりに真面目につとめたいと思う」と述べている。そして、明治大学を覆っている「士気の沈滞」について言及する。それは学部長以下の学部役職につくことを忌み嫌う傾向として顕著になっていると述べる。理由としては、「教員にとって役職とは付随物だから、誰だってそれを好みはしない」という意識がある。そして、それを増長させてきたのは、「大学トップの無責任の累積」である。そのうえで、明治大学のような大きな組織には役職は必要、不可欠なものであり、教員が抱いている「静寂な場所で読書や思索にふける」というような研究観を見直し、「時には現実を直視し、その中に身を置くことによって自分の学問を見直す」ことも必要ではないか、と訴えかけている。

四　明治大学学長

一九八八年四月、木村礎は学長に就任する。文字通り教学の「長」に上りつめたのである。名誉心や権力を求める教員にとっては、もちろん学長になることは最高の栄誉である。しかし、木村礎という人にとっては、そのような感慨とは無縁であった。その時の事情について、増補された『木村礎年譜』に次のように記している、「この年に入ると次期学長問題が具体化してきた。四年前にもその話があったが、気が乗らず断った。それがまた出てきたのである。気が乗ったわけではないが、二度目ともなればそう無下には断れない。私の明大生活は長く、しかもいろいろな役職についてきたから、学内政治の機微には何となく通じている。明治大学は古くて大きくしかも割合自由な大学である。したがって、どのような問題についてもさまざまな意見が出るのは当然であり、学長人事も例外ではない。さまざまな考え方が、結局は二つか三つのグループ（多くは二つ）にまとめられ具体的な投票行動に収斂される。そうしたそれぞれのグループが期せずして私を押すことになれば、私としても考えざるを得ず、結局は首を縦に振った(11)」と。就任時に、『明治大学広報』に掲載した挨拶文には、「学長職の重さについては、よく心得ているつもりです。私にとっての問題は、自分のように非力なしかも野放図にやってきた男に、それが果してつとまるのかということなのですが、そうも言っていられないわけで、つらいところです(12)」と、心境を告白している。他方、学生向けの新聞である『明治大学学園だより』に掲載した「学生諸君へ」と題された文章では、「私は、二本の脚で村々を歩いてきただけの平凡な男」として自己紹介をし、「私に学長がつとまるのかという思いはあるのですが、〝そんなこと言ったって仕方ない、自分なりのやりかたで力を尽くすのだ〟と自分に言い聞かせています(13)」と書いている。学長は全教員が参加する連合教授会において選出されるのであるが、選出された以上は断るわけにはいかない。この組織のなかで「長」になることの重責と辛さを熟知している木村礎にとって、「汗とほこりと歩くこと」という日本村落史の研究者としての変わらぬ姿勢を原点として、学長の職務に就く覚悟を決めたのである。先の『明治大学広報』には、「明治大学の歴史は、日本近・現代史の激動の縮図です。本学は、実にさまざまな苦難を克服して今日にいたっている」と述べて、その歴史家としての視野をのぞかせたうえで、「明治大学は、今一歩頭角をあらわす必要がある」と主張する。そして、そのためには「教学の充実」が必要であり、大学という組織においては「教学と経営は一体」であることが本質的なことであると現状への批判を行っている。

ところで、木村礎が学長に就任した時期は国内外において様々な事件が起きた特異な時期であった。一九八八年九月には昭和天皇が吐血、病状は日に日に悪化していき、翌年一月に死去、「平成」がはじまる。学内でも天皇制に反対する運動がおこり機動隊が学内に乱入、逮捕者がでた。この責任をとり学長は辞表を提出する場面もあった。またリクルート事件が発覚、宮沢蔵相をはじめ何人かの政治家、ＮＴＴ会長、読売新聞副会長などが辞任に追い込まれたのも八八年秋であった。翌年には、六月に天安門事件、秋にはベルリンの壁の崩壊、翌年にはゴルバチョフが大統領となりペレストイカを推進、九一年八月ゴルバチョフ拉致事件とその失敗、共産党の解体はソ連邦の崩壊へと繫がった。その前、九〇年八月にはサダム・フセインの率いるイラク軍が隣国であるクウェートに侵攻、併合を宣言する事件が起きた。これに対して翌年一月に国連軍がイラクへの攻撃を開始、クウェートを解放した（第一次湾岸戦争）。まさに多難な時期であった。

大学をとりまく情勢をみれば、政府では大学審議会を中心にして、戦後に作られた大学制度への見直しが進められていた。それは、一九九一年に大学設置基準の「大綱化」として法制度化されるのであるが、専門と教養の間にあった課程区分の廃止、あるいは科目区分の廃止、あるいはカリキュラムの自由化など、教育・研究にたいして各大学・学部に大幅な裁量を与えるものであった。そのかわり、各大学・学部は、自己責任の原則のもとに自己点検、あるいは第三者評価に耐える実績が求められることになった。木村学長は、「大綱化」の動きに対して、『明治大学広報』で、「内発的な改革の努力を」[14]（九〇年一月）、「自己点検で質への転換を」[15]（九一年一月）と呼びかけ、その間の九〇年一〇月には学長室専門委員を中心に『明治大学の教育と研究』（通称『白書』）をまとめた。明治大学において全学的なカリキュラム改革の手が付けられるのは一九九五年であったことからもわかるように、明治大学は、依然として古い新制大学の枠組みのなかで、二部問題と学生自治問題を抱えて動きがとれる状態ではなかった。さらには、九一年四月には二部への替玉受験・不正入学問題が発覚した。木村礎学長は、告訴状を裁判所に提出、マスコミの注目を受け記者会見に臨んだ。また、学内に調査委員会を設置し、学長自らが調査にあたった。このあたりの事情と心境を「木村礎年譜」では次のように書いている。

さまざまなことがあったが、その一々を書く気はとてもしない。当時の新聞を注意深く読めば、事態は明白である。私は辞表を出した。今度は本気であった。私はもちろん事件そのものには全く関係していないのだが、何といってもそれが表面化した時の学長なのであり、過去及び現在についての責任を誰かがとらねばならない。その責任をとるべき者は、まさしく私である。それ以外には考えられなかった。／辞表が評議員会によって承認されたのは十二月十六日だった。他の理事たちの辞表も一括して承認された。公式にはこの日を以て私は学長職を去ったわけだが、評議員会の総意は次の内閣ができるまで仕事を続けよということであり、結局翌年三月三十一日まで学長としての仕事を続けた。したがって九三年十二月十六日〜九四年三月三十一日の間の私は正式には学長事務取扱ということになるのだろうが、そうした辞令は出されなかった。／この時期の私は実に陰鬱な気分で生きていた。組織の中に潜む悪の存在に、恐ろしさと憤りを感じることもしばしばだった。そうした私を救ったのは長年やってきたフィールドワークだった。現在の広いフィールド（茨城県・県西地域）はかつては親鸞が活動していた故地なのである。私は一人で彼やその弟子たちの故地をしきりに訪ねた。(16)

木村礎学長の任期は、一九八八年三月三〇日で、四年間在職して九二年三月二九日まで、というのが大学での記録であるが、本文中ではだいぶんずれている。他方では生協・学生会問題をめぐり、教学と理事会とが対立するような状況もあった。私は、明治大学の教学の「長」である「学長」が、辞表を提出したままで、大学内において宙吊りにされた姿をみて、何とも腹立たしかった。九二年三月、退任を前にして『学長室だより』に掲載した文章[17]は、「何もできなかったことはもとより承知しているが、引退を間際に控えた心境はきわめて爽快である。しかし、さすがにやや疲れているようでもある」と始まる。そして、直接、責任をとった「代人不正入試」に言及し、全くの犯罪であり、組織というものが、「ここまで腐敗するものなのか、ここまで腐蝕されるものなのか、の思いが強かった。私は悲しかったのである。この事件にあたって学長という職位が必要な理由が身にしみてわかった。学長は具合が悪い時には正面に出なければならない。姿をかくしたり、病気になってはいけないのである。病気にならなくてまことによかった」と記した。この文章には遠回しながら、木村礎の責任感の強さを読み取ることができる。そして、「長」としてのこれまでの様々な経験を踏まえて、明治大学が前進していくための「絶対的な基本」として、当たり前のように「教育と研究」をあげた。次のようにいう、「明治大学は学校なのであり、教師は教えることによって生活している。学生を馬鹿にしたり軽蔑しながら授業をしてはいけない。それは自分の生活をいやしめることである。大学教師はその上に研究しなければいけないから大変だ。大学では〝教育と研究〟という言葉が紋切型にすらなっているが、この言葉を他人事のように発してはいけない。あくまでも自分事なのである」と。

おわりに

明治大学は、都心型大学として現在、受験生からは男女ともにもっとも人気の高い大学として評価されている。そして受験者総数も日本一を続けてきた。現在、一〇の学部をもち、中野に新しいキャンパスを開設した。木村学長時代とは様相を一変させているといっても過言ではない。そのためには、多くの時間が費やされた。ただそこには、私にかぎらず少なからぬ教職員が、あんなに素晴らしい学長であった木村礎の寂しげな後ろ姿をみて、何とかしなければという熱い思いがあったことは確かである。七三歳になった木村礎は、回顧していう、「私はごく平凡な人間である」「生活における日常性の維持。これは非常に大切なことである。私は長年にわたり明治大学という大組織の中にいた。特定のポストについているとしばしば嫌なことに直面し、それを処理する必要が生ずる。当然気持ちも乱れる。そうした時には生活におけるおだやかな日常性というものがどんなに大切かがわかる」[18]と。木村礎という人は、一人の研究者としては村々を歩き、日本の村落民の生活の日常性と連続性を探りあてようとした。そして、一人の大学教員としては明治大学という大きな〈村〉を歩いて、教育・研究の本質的なあり方にこだわった。そこに共通するものは、眼の前にある現場に真摯に向き合うことであり、自己をみつめ、修行僧のように謙虚に耐える心をもつことであった。

注

（1）『明大組合ニュース』（第八五号、一九六三年五月一三日）第一面。
（2）飯澤文夫「役職者・行政職としての木村礎（資料）」（『大学史紀要』第一七号、二〇一三年三月）を参照する。
（3）『地方史を生きる』（日本経済評論社、一九八四年一月）一二頁。
（4）藤田昭造「大学改革準備委員会中間報告書」（『大学史紀要』第一七号、二〇一三年三月、所載）を参照。また、前後の時期の資料は、木村礎自らがまとめた『明治大学史』（第二巻、資料編Ⅱ、一九八八年三月）の第七編「知識社会の変質と明治大学」の第二章「大学紛争と明治大学」・第三章「大学改革と財政問題」に収録されている。
（5）『地方史を生きる』（前掲）四一～四二頁。
（6）同右、五一頁。
（7）『木村礎年譜』（私家版、一九八四年一月）一〇七頁。
（8）同右、一〇九～一一〇頁。

（9）『明治大学広報』（第一七号、一九七四年四月一五日）第五面。
（10）同右（第五六号、一九七七年四月一五日）第二面。
（11）「木村礎年譜」（『木村礎著作集XI　少女たちの戦争・年譜』名著出版、一九九七年一一月、所収）四一一頁。
（12）『明治大学広報』（第二五三号、一九八八年四月一五日）第二面。
（13）『明治大学学園だより』（第一六九号、一九八八年四月一五日）第二面。
（14）『明治大学広報』（第二八五号、一九九〇年一月一日）第二面。
（15）同右（第三〇三号、一月一日）第二面。
（16）「木村礎年譜」（前掲）四二〇～四二一頁。
（17）「この四年間」（『学長室だより』第一〇号、一九九二年三月二五日）第七頁。
（18）「木村礎年譜」（前掲）四五〇頁。

木村礎略年譜

飯澤　文夫

注　明治大学はすべて「明大」と略表記した。西暦年の後の（　）は年齢。

年	履　歴	著　書（◎は単著）
1924	1・26 父木村林平、母ムメの三男として東京府南葛飾郡小松川町（現東京都江戸川区小松川）に生まれる。父は茨城県結城郡石下村の中農の出で東京ガスに勤務、母は栃木県下都賀郡壬生町の士族の娘であった。	
36（12）	4 本所横網町（現墨田区）の安田商業学校（5年制。現安田学園中学高等学校）に入学。 この頃、ドストエフスキー、トルストイ、バルザック、スタンダール、太宰治、島木健作などを濫読。	
41（17）	3 武田化学薬品（現和光純薬工業）に事務員として勤務。 8 千葉県国民学校助教（代用教員）となり、印旛郡草深《そうふけ》（現印西市）国民学校に勤務。	
43（19）	4 東京市淀橋区（現新宿区）の私立明徳家政女学校に転職。窓口業務と体育を担当。 4 明大専門部（二部）地理歴史科に入学。 12 葛飾区の共栄女子商業学校（現共栄学園中学高等学校）に転職。体育、地理、歴史、国語、戦後は作文、商業、簿記を担当。	
44（20）	5頃 徴兵検査を受け、第一乙種に合格。同じ頃、陸軍特別操縦見習士官や海軍などを受験するが不合格になる。	

年	履歴	著書（◎は単著）
45（21）	7 共栄女子商業の勤労動員引率教師として葛飾区新小岩の那須アルミ工場（後の日本軽金属）に赴く。同校での日々を後に『少女たちの戦争』（87・7）として刊行。 2 群馬県利根郡沼田町（現沼田市）の東部四一部隊に入営。その後、幹部候補生試験を拒否したことから、部隊内で非国民と指弾される。 3 東京下町大空襲により小松川町の自宅焼失。 5 父林平が避難先の母の郷里栃木県下都賀郡壬生町で死去（60歳） 6 肺浸潤で約二か月入院、静養。この間に終戦となり、共栄女子商業学校に復職（〜47・3） 秋 明大に復学を申し出ると、九月で卒業扱いになっていた。	
47（23）	4 東京文理科大学国史学科に入学。 4 羽仁五郎の参院選のアルバイトをする。	
49（25）	4 東京文理科大学生の身分のまま明大文学部専任助手となり、宗京奨三、渡辺世祐の下で働く。	
50（26）	3 東京文理科大卒業、卒業論文「明治官僚の政治倫理」 5 近世地方文書調査を自らの仕事として行うようになる。	
51（27）	2 東京文理科大同級生の島田次郎、田中充、鶴岡静夫、横山十四男と研究会を始め、ほぼ月例で生涯続ける。 3 「駿台史学」1に最初の論文「幕末・明治期における一富農の研究」を発表。 春 伊藤好一（明治高校）、宗京奨三と東京都北多摩郡小平町（現小平市）小川家文書の調査を始める。	
52（28）	6 明大文学部事務職員の福井富貴子と結婚。	

	8 神奈川県津久井郡与瀬町（現相模原市）で合同調査（以後合同調査は93・7～8茨城県真壁郡明野町まで一一三回）	
	11 地方史研究協議会常任委員。	
53（29）	4 明大文学部専任講師。三年生の演習などを担当。	10 宗京奨三、伊藤好一と共編『武蔵国多摩郡小川村小川家文書1 書冊之部』（明大図書館）
54（30）	3 娘真理子生まれる。	8 宗京奨三、伊藤好一と共編『武蔵国多摩郡小川村小川家文書2 書状之部』（明大図書館）
	4 小平町誌編纂委員（歴史。～59・3）	
	7 学生を伴って東京都小平町の調査（「史料実習並調査」）を始める。	9 宗京奨三、伊藤好一と共編『武蔵国多摩郡小川村小川家文書』（明大文学研究所）
55（31）	7 砂川町（現立川市）の文書調査（「史料実習並調査」）を始める。	
	この年から、東京都文化財関係の調査に参加。	
56（32）	11 地方史研究協議会書記局長（幹事長。～60）	1 編『日本封建社会研究史』（文雅堂書店）
57（33）	4 明大文学部助教授。	
58（34）	7 千葉県佐倉藩領、成田方面の調査を始める。	7 編『封建村落 その成立から解体へ――神奈川県津久井郡』（文雅堂書店）
59（35）	8 千葉県香取郡旧香取社領地域の調査を始める。	
60（36）	この年、安保反対デモに時々参加する。	11 伊藤好一と共編『新田村落――武蔵野とその周辺』（文雅堂書店）
61（37）	4 東京教育大学非常勤講師（～63・3）	9 ◎『幕藩体制史序説』（文雅堂書店）
63（39）	4 明大文学部教授。	4 編集委員代表『砂川の歴史』（砂川町）
	4 明大教職員組合執行委員長（～65・5）	10 杉本敏夫と共編『譜代藩政の展開と明治維新――下総佐倉藩』（文雅堂銀行研究社）
	春 内藤家文書が明大に入り調査を始める。	
64（40）	7 明大の同僚大塚初重氏に依頼し千葉県佐原市（現香取市）下小野荒久遺跡発掘調査。	9 ◎『近世の新田村』（吉川弘文館、日本歴史叢書 9）

年	履歴	著書（◎は単著）
65（41）	10 明大文学部二部主任（～66・9） 7 荒久遺跡第二次発掘調査。 5 相模原市史編さんに参加（第3巻明治時代通史、第6巻近代資料集。～69・2）	6 森末義彰、宝月圭吾と共著『生活史 Ⅱ』（山川出版社、体系日本史叢書16）
66（42）	11 市川市史編さん委員会委員（近世。～75・3） 1 日本学術会議会員（～72・1。2期）	12 高柳光寿、竹内理三ほかと共編『角川日本史辞典』（角川書店） 12 児玉幸多と共編『大名列伝』全8巻（人物往来社、～67・11）
67（43）	1 明大学生部委員代行。授業料値上げ闘争の学生会メンバーと交渉に当たる。 1 藤沢市史編さん準備委員（近世。～69・4） 4 明大文学部一部教務主任（～69・3） 5 神奈川県史調査員兼執筆委員（近世。～83・3） 8 静岡県掛川市の調査（報徳社関係研究）を始める。	6 ◎『下級武士論』（塙書房）
68（44）	春 十二指腸潰瘍発症、以後長く続く。	4 林英夫と共編『地方史研究の方法』（新生社）
69（45）	4 立教大学大学院講師（～70・3） 4 藤沢市史編さん委員（～80・10頃） 7 明大改革準備委員会委員長、10月に中間報告を学長に提出して委員会を解散。 10 日本学術会議55回総会に「歴史資料保存法」制定についての勧告を提案し、全会一致で可決される。	3 高島緑雄と共編『耕地と集落の歴史――香取社領村落の中世と近世』（文雅堂銀行研究社） 9 校訂『旧高旧領取調帳 関東編』（近藤出版社、日本史料選書）
70（46）	4 明大体育会山岳部長（～81・9） 8 初めての海外旅行。主な目的地はドイツ。ライン地方の村、	6 古島敏雄、和歌森太郎と共編『郷土史研究講座』全7巻（朝倉書店、～70・10）

	及び阿部謹也氏の世話でゲッティンゲン周辺の村を見る。	9 林英夫と共編『地方史研究の方法』増訂新版（八木書店）
71（47）	4 明大一部教務部長（～73・3） 8 千葉県香取郡干潟町（現旭市）の調査（大原幽学研究）を始める。	
72（48）	2 明大評議員（～92。5期） 11 明大付属中野学園講堂で開催された学費改訂の全学教職員集会に、授業料値上げに反対する学生が乱入、学長代行として機動隊の出動を要請。その後裁判になる（中野学園事件） 11「日本の共同体」で明大から文学博士号を授与される。 11 明大学術国際交流委員会委員長。	5 児玉幸多ほかと共編『近世史ハンドブック』（近藤出版社） 8 明大内藤家文書研究会編『譜代藩の研究――譜代内藤藩の藩政と藩領』（八木書店） 9 島田次郎、田中充、鶴岡静夫、横山十四男と共著『続日本封建社会研究史』（文雅堂銀行研究社）
73（49）	11 中野学園事件の責任を被告学生に糾弾される。以後77年4月まで50回近く被告学生たちと話し合いを重ねる。	
74（50）	4 市川市史年表編集委員会委員（古代・中世・近世。～77・4） 10 明大文学部50年史編纂準備委員会委員長（～82・10頃）	12 編『文献資料調査の実務』（柏書房、地方史マニュアル2）
75（51）		3 校訂『旧高旧領取調帳　近畿編』（近藤出版社、日本史料選書11）
76（52）	2 中野学園事件の証人として東京地裁法廷に立つ。 3 十二指腸潰瘍で吐血、自宅静養。 8 明大100周年記念事業準備委員会専門委員会総務委員会委員 11 中野学園事件の被告団上告せず結審。	7 中村雄二郎と共編『村落・報徳・地主制――日本近代の基底』（東洋経済新報社、明大社会科学研究所叢書）
77（53）	3 母ムメ死去（88歳） 4 明大文学部長（～79・9） 4 歴史学会和歌森太郎会長死去により同会会長代行。 9 明大100周年記念事業委員会委員。 11 歴史学会会長（～82・11）	4 校訂『旧高旧領取調帳　中部編』（近藤出版社、日本史料選書13）

年	履歴	著書（◎は単著）
78（54）	4 明大100周年記念事業委員会小委員会歴史編纂委員会委員。 7 明大100周年記念事業募金委員会運営委員。 8 茨城県猿島郡境町の調査（村落景観研究）を始める。 10 タイで開催された国連主催の伝統的農業技術に関する会議に出席、大原幽学について話す。	4 編『江戸と地方文化 2』（文一総合出版、地方文化の日本史 7） 6 校訂『旧高旧領取調帳 中国・四国編』（近藤出版社、日本史料選書 16） 10 ◎『日本村落史』（弘文堂）
79（55）	12 明大100周年記念事業委員会歴史編纂委員会専門委員会委員長。	8 校訂『旧高旧領取調帳 九州編』（近藤出版社、日本史料選書 18） 8 校訂『旧高旧領取調帳 東北編』（近藤出版社、日本史料選書 19）
80（56）	4 明大大学院長（～84・3。2期）	7 ◎『近世の村』（教育社、教育社歴史新書 日本史 105）
81（57）	4 明大100周年記念エベレスト登頂計画の一環でネパールに出かけ、エベレスト街道を歩く。	10 編『大原幽学とその周辺』（八木書店、日本史研究叢書）
82（58）	4 明大山岳部ＯＢ会「炉端会」会長。 8 茨城県真壁郡明野町（現筑西市）の調査（村落景観と村落生活史研究）を始める。	
83（59）	10頃 明大文学部50年史編纂委員会委員長（～84・3）	11 ◎『村の語る日本の歴史 古代・中世編』（そしえて、そしえて文庫 8） 12 ◎『村の語る日本の歴史 近世編 1』（同、そしえて文庫 9） 12 ◎『村の語る日本の歴史 近世編 2』（同、そしえて文庫 10）
84（60）	1 還暦の会（台東区、上野精養軒）	1 ◎『木村礎年譜』（私家版）

	2 明大山岳会OB植村直己がマッキンリーに世界初の冬期単独登頂後行方不明となり、募金活動など捜索支援に奔走。 8 茨城県結城郡千代川村（現下妻郡）の調査を始める。	1 ◎『地方史を生きる――木村礎地方史論集』（日本経済評論社）
85（61）	9 明大百年史編纂委員会委員長（～88・3）	
86（62）	8 初めての韓国旅行。李進熙氏（考古学）が講師として同行するバスツアーに参加。	10 明大文学部木村礎研究室編『明野町の村絵図』（明野町）
87（63）		7 ◎『少女たちの戦争』（日本経済評論社）
88（64）	3 明大学長（～92・3） 10 地方史研究協議会会長（～92・10）	7 藤野保、村上直と共編『藩史大事典』全8巻（雄山閣、～90・6） 12 共同研究『村落景観の史的研究』（八木書店）
89（65）	1 理工学部長事務取扱（～89・3）	9 島田次郎、田中充、横山十四男と共著『戦後歴史学を生きる』（三省堂）
90（66）	10 学長の下に明大・公開大学発足。第一回は長野県諏訪市での「日本文化の古層――諏訪の風土と歴史（諏訪講座）」で、序講「戦後地方史研究における地域の意味」を講義。	5 編集委員代表『日本村落史講座』全9巻（雄山閣、～93・2）
91（67）	4 明大替玉受験不正入学問題が発覚し対応に追われる。	
93（69）	9 千代川村史の編さん（監修）に参加（～2003・6）	
94（70）	1 明大最終講義「共同研究40年」 3 明大定年退職。 4 明大大学院兼任講師（～98・3） 4 古希の会（台東区、上野精養軒）	1 編著『村落生活の史的研究』（八木書店、日本史研究叢書） 4 ◎『戦前・戦後を歩く――歴史家の語るわが人生』（日本経済評論社） 4 ◎『木村礎略譜』（私家版）
95（71）	2 明大より名誉教授称号を授与される。	9 校訂『旧高旧領取調帳　関東編、九州編、近畿編、中国・四国編、中部編、東北編』（東京堂出版。近藤出版社刊の複製） 11 ◎『近世の新田村』新装版（吉川弘文館、日本歴史叢書）

年	履歴	著書（◎は単著）
96（72）		3 所理喜夫編『木村礎著作集Ⅰ 「戦後歴史学」の中で』（名著出版） 5 所理喜夫編『木村礎著作集Ⅵ 村の世界 視座と方法』（同） 7 高島緑雄編『木村礎著作集Ⅶ 村の世界 村の景観』（同） 9 森安彦編『木村礎著作集Ⅷ 村の世界 村の生活』（同） 11 村上直編『木村礎著作集Ⅸ 大原幽学と門人たち』（同）
97（73）		1 所理喜夫編『木村礎著作集Ⅱ 明治維新と下級武士』（名著出版） 3 村上直編『木村礎著作集Ⅲ 藩領と大名』（同） 5 古川貞雄編『木村礎著作集Ⅳ 地方史を考える』（同） 7 古川貞雄編『木村礎著作集Ⅴ 地方史を書く』（同） 9 森安彦編『木村礎著作集Ⅹ 史料の調査と保存』（同） 11 高島緑雄編『木村礎著作集Ⅺ 少女たちの戦争・年譜』（同）
98（74）		8 ◎『村を歩く――日本史フィールド・ノート』（雄山閣出版） 8 監修『村史 千代川村生活史』1（千代川村）
99（75）		3 監修『村史 千代川村生活史 1、3-6』（千代川村、～2003・3）
2000（76）		6 ◎『村の生活史――史料が語るふつうの人びと』（雄山閣出版） 12 林英夫と共編『地方史研究の新方法』（八木書店）

01（77）　9 ◎『村のこころ――史料が語る村びとの精神生活』（雄山閣出版）

04（80）　11・27 死去。

05　1・30 お別れ会（港区、東京プリンスホテル）
　　6 編集委員代表『郷土史大辞典　上、下』（朝倉書店）

典拠

木村礎著『木村礎年譜』（私家版、一九八四）。

木村礎、島田次郎、田中充、横山十四男と共著『戦後歴史学を生きる』（三省堂、一九八九）。

木村礎著『戦前・戦後を歩く――歴史家の語るわが人生』（日本経済評論社、一九九四）。

木村礎著『木村礎略譜』（私家版、一九九四）。

［木村礎］著作目録（高島緑雄編『木村礎著作集Ⅺ　少女たちの戦争・年譜』名著出版、一九九七）。

明治大学文学部編『明治大学文学部50年史資料叢書Ⅻ　資料文学部の軌跡と大学紛争』（一九八二）。

明治大学文学部編『明治大学文学部五十年史』（一九八四）。

明治大学文学部編『明治大学文学部　一九八〇－二〇〇五』（二〇〇九）。

明治大学教職員組合編『明治大学教職員組合史　年表編　一九四七－一九九七』（一九九七）。

明治大学教職員組合編『明治大学教職員組合の半世紀』（一九九七）。

「大学史紀要」（明治大学史資料センター）16　木村礎研究Ⅰ（二〇一二）、17　木村礎研究Ⅱ（二〇一三）。

鈴木秀幸氏からご教示、並びに村松玄太氏から資料調査協力をいただいた。

木村礎関係文献目録

飯澤　文夫

1　本目録は、木村礎の研究評価および人物評を採録したものである。研究評価については、木村の研究成果を基盤にした論考や批判的見解を細大漏らさず採録することを目論んだが、遺漏も多くあるのではないかと思われる。タイトルのみでは内容が判然としないものは、木村に言及したポイントを、「備考」に簡略にコメントした。「　」は木村の論考、『　』は編著書・論考掲載図書を表す。

なお、木村の著作を参考文献として掲示しただけのものは割愛した。そうしたものの中で、『旧高旧領取調帳』全6巻と『藩史大辞典』全8巻は、近世及び地方史研究の論考で、非常に多く取り上げられていることを特記しておきたい。

2　「発表年月日 兼 文献番号」末尾の「・〇〇」は掲載誌等に日付データの表示がないものである。「備考」の「↑」は初出・前出への参照、「↓」は再録への参照を示す。

3　次の方々のご協力をいただいた（五十音順、敬称略）。伊能秀明（明大中央図書館事務長）、栗原哲也（日本経済評論社社長）、佐野宏（明大教職員組合書記局）、下妻市役所市長公室広報広聴係、白鳥聡（白鳥舍）、鈴木秀幸（明大学兼任講師）、根津寿夫（徳島市立徳島城博物館）、村松玄太（明大大学史資料センター）、斉藤友李（帝京大学メディアライブラリーセンター）

発表年月日 兼 文献番号	執筆者	タイトル	出典、巻号、頁	備考
一九五五〇八二〇	津田 秀夫	堀江英一「明治維新の社会構造」、古島敏雄・永原慶二「商品生産と寄生地主制」（書評）	社会経済史学（社会経済史学会）21(1)、72～79頁	「萩藩在地家臣団について」（「史学雑誌」62(8)に言及
一九五六〇二一五	入交 好脩	幕末における農民一揆	社会経済史学、21(4)、287～293頁	「萩藩在地家臣団について」（「史学雑誌」62(8)に言及
一九五九〇三〇一	北島 正元	木村礎編『封建村落』その成立から解体へ——神奈川県津久井郡（書評）	歴史評論（歴史科学協議会）103、68～74頁	

一九五九〇九三〇	正田 健一郎	木村礎編「封建村落」（書評）	社会経済史学、25(4)、104～109頁	
一九六二〇六一五	北島 正元	木村礎『幕藩体制史序説』（書評）	歴史学研究（歴史学研究会）265、59～61頁	
一九六三〇五一三	[無署名]	木村礎（プロフィール　組合人）	明大組合ニュース、85、3頁	
一九六五〇三一五	安孫子 麟	木村礎・杉本敏夫編『譜代藩政の展開と明治維新――下総佐倉藩』	歴史学研究、298、41～45頁	
一九六七〇七二五	[無署名]	啓発的内容の研究 木村礎著 下級武士論	朝日新聞、67・7・25（29301）朝刊、8頁	
一九六九〇四二〇	入交 好脩	小林茂著『長州藩明治維新史研究』（書評）	社会経済史学、35(1)、93～95頁	在地家臣団研究に言及
一九七〇〇六三〇	佐々城 開	木村礎、高島緑雄編著『耕地と集落の歴史――香取社領村落の中世と近世』（書評）	農村研究（東京農業大学農業経済学会）、31、88～91頁	
一九七一〇四〇一	竹内 誠	古島敏雄・和歌森太郎・木村礎編 郷土史研究講座　第四巻『近世郷土史研究法』、第五巻『幕末郷土史研究法』、第七巻『明治大正郷土史研究法』	日本歴史、275、126～128頁	
一九七一一一〇一	考古学部会、栗田 尚、田中勇、福山昭、酒井一、堀田 暁生、森 一貫	古島敏雄、和歌森太郎、木村礎編集『郷土史研究講座』全七巻（紹介と書評）	ヒストリア（大阪歴史学会）58、70～75頁	

発表年月日 兼 文献番号	執筆者	タイトル	出典、巻号、頁	備考
一九七六〇一二〇	藤本 篤	木村礎校訂『旧高旧領取調帳 近畿編』（新刊紹介）	史学雑誌（史学会）85(1)、98~99頁	
一九七六〇五二〇	水本 邦彦	一九七五年の歴史学界——回顧と展望 日本 近世3	史学雑誌、85(5)、628~634頁	村の基礎構造研究として、「江戸時代の村と小名——相模国を例として」（『和歌森論集』所収）を挙げる
一九七六〇九二〇	千田 稔	維新政権の地方財行政政策（研究ノート）	史学雑誌、85(9)、1290~1319頁	「飢饉をめぐる諸問題」（『封建村落』4所収）に言及
一九七六一一二〇	加藤 瑛子	中村雄二郎・木村礎編『村落・報徳・地主制——日本近代の基底』（書評）	史学雑誌、85(11)、1565~1572頁	
一九七七〇七二六	西垣 晴次	勧農共同体と機能的共同体論——木村礎「日本の共同体」への所感（大会批判）（共同体の歴史的意義〈特集〉）	史潮（歴史学会）、新2、95~98頁	
一九七八〇二二〇	大口勇次郎	木村礎校訂『旧高旧領取調帳 中部編』	史学雑誌、87(2)、233~234頁	
一九七八〇二二八	中井 信彦	中村雄二郎・木村礎編『村落・報徳・地主制——日本近代の基底』（書評）	社会経済史学、43(5)、527~529頁	
一九七八〇七二〇	岩本 由輝	芳賀登・木村礎・平山和彦・天沼香・和歌森太郎の所論	『柳田国男の共同体論——共同体論をめぐる思想的状況』御茶の水書房、227~289頁	

一九七八〇九〇一	［無署名］	木村礎	佃実夫ほか編『現代日本執筆者大事典2（人名：か～し）』日外アソシエーツ、278頁	
一九七九〇三三〇	大濱徹也	中村雄二郎・木村礎編『村落・報徳・地主制――日本近代の基底』（書評）	駿台史學（駿台史学会）46、124～128頁	
一九七九〇五二〇	渡辺信夫	一九七八年の歴史学界――回顧と展望　近世1	史学雑誌、88(5)、657～658頁	「寛永期の地方文書」（北島正元編『幕藩制国家成立過程の研究』所収）を挙げる
一九七九〇八〇一	千葉徳爾	木村礎　日本村落史（書評・紹介）	地理学評論（日本地理学会）、52(8)、455～457頁	
一九七九〇八三一	安澤秀一	木村礎著『日本村落史』（書評）	社会経済史学、45(2)、202～204頁	
一九七九一〇一五	進士慶幹	木村礎校訂「旧高旧領取調帳」全6巻の完結　十年の歳月をかけて　無限の可能性を提供している　各地方、各所で思わぬ新発見が	週刊読書人、一三〇二、4頁	
一九七九一二〇〇	堤正信、佐々木卓也、岩崎公弥	「集落地理学」の再評価――木村礎著『日本村落史』をめぐって	地理科学（地理科学学会）32、44～46頁	
一九八〇〇五二〇a	堤正信	一九七九年の歴史学界――回顧と展望　近世3	史学雑誌、89(5)、646～647頁	「村の生活史」（「地方史研究」159）を挙げる
一九八〇〇五二〇b	頼祺一	一九七九年の歴史学界――回顧と展望　近世7	史学雑誌、89(5)、712～717頁	「性学思想の受容と変質――大原幽学と門人たち」（明大人文科学研究「紀要」17）に言及

発表年月日 兼 文献番号	執筆者	タイトル	出典、巻号、頁	備考
一九八〇一〇〇一	荻原 龍夫	「近世の村」木村礎著（本棚）	明治大学広報、119、4頁	
一九八一〇三一五	生瀬 克己	史料・岡本家文書（抄）	総合研究所報（桃山学院大学）6(2)、後1〜38頁	検地に関する所説（児玉幸多他編『近世史ハンドブック』所収）を引用
一九八一一二二一	[無署名]	大原幽学とその周辺 木村礎編（研究室）	毎日新聞、81・12・21（37968）朝刊、8頁	
一九八二〇一〇〇	佐々木 卓也	藤田佳久 日本の山村（書評）	地理科学、37(1)（通号37）60〜62頁	一九七九一二〇〇（「地理科学」32）に関連して
一九八二〇二二七	[無署名]	日本近代史を開拓 木村礎（駿台アカデミズムを形成――教育・研究に業績を残す）	『紫紺の旗燦たり――近代日本の鐘打ち鳴らす明治大学500人』駿台資料編纂会、79頁	
一九八二〇三二五	田中 充	木村礎著『近世の村』（書評）	駿台史學、55、139〜146頁	
一九八二〇五二〇a	藤野 保	一九八一年の歴史学界――回顧と展望 日本 近世1	史学雑誌、91(5)、665〜667頁	思想・文化分野の代表として『大原幽学とその周辺』を挙げる
一九八二〇五二〇b	山口 宗之	一九八一年の歴史学界――回顧と展望 日本 近世10	史学雑誌、91(5)、693〜699頁	思想・文化部門の成果として『大原幽学とその周辺』を挙げる
一九八二一〇〇一	林 英夫	木村礎編『大原幽学とその周辺』（書評）	駿台史學、56、232〜238頁	

一九八三〇五二〇	玉井　力	一九八二年の歴史学界——回顧と展望　日本　古代5	史学雑誌、92(5)、626~631頁	平将門研究として「将門記にみる集落と耕地」(「駿台史学」56)を挙げる
一九八三一一三〇	川俣　英一	木村礎編著『大原幽学とその周辺』(書評)	史潮、新14、89~94頁	
一九八四〇一二二	木村　礎	『木村礎年譜』	私家版(日本経済評論社制作)	自筆年譜
一九八四〇三〇一	西垣　晴次	「地方史を生きる」——木村礎地方史論集——木村礎著(本棚)	明治大学広報、179、6頁	
一九八四〇三二〇	嶋田　隆	日本の村落共同体史について——木村礎氏の所説を中心として	國學院大學紀要、22、264~299頁	
一九八四〇三三一	山田　武麿	酒井忠世の藩政書状について	群馬県立女子大学紀要、4、後77~85頁	「内藤忠興書状一斑」(明治大学博物館年報」11)を参照
一九八四〇四二三	黒田日出男	村落景観重視し、共同体を問う　多くの課題を提示する問題提起の書　木村礎著　村の語る日本の歴史　古代・中世編、近世編・ⅠⅡ	日本読書新聞(日本出版協会)二二五四、6頁	
一九八四〇五〇〇	柴田　武雄	大原幽学への視覚	千葉敬愛短期大学紀要、6、1~16頁	『大原幽学とその周辺』など研究全般に言及
一九八四〇五二五	[無署名]	木村礎	紀田順一郎ほか編『現代日本執筆者大事典77/82』2(か~し)、日外アソシエーツ、234頁	
一九八五〇三二〇	久留島　浩	木村礎著『村の語る日本の歴史　近世編　①、②』(新刊紹介)	史学雑誌、94(3)、382~383頁	

発表年月日 兼 文献番号	執筆者	タイトル	出典、巻号、頁	備考
一九八五〇四〇一	MY	木村礎著 村の語る日本の歴史 全三巻（書架）	地理（古今書院）30(4)、122~124頁	
一九八六〇五二〇	塚本 学	一九八五年の歴史学界——回顧と展望 日本 近世1	史学雑誌、95(5)、703~709頁	生活史の観点から「地方史の研究」（地方史研究協議会編『地方史研究必携』新版所収）を挙げる
一九八六一一二〇	岩田 浩太郎	村上直・神崎彰利編『近世神奈川の地域的展開』（新刊紹介）	史学雑誌、95(11)、一七九〇~一七九一頁	同書所収「近世神奈川の地域的特質についての覚書」に言及
一九八七〇五二〇	青木 歳幸	一九八六年の歴史学界——回顧と展望 日本 近世9 思想・文化	史学雑誌、96(5)、739~743頁	「大原幽学門人椎名琁蔵と性学飯倉組」（「史潮」新20）を挙げる
一九八七〇八一二	（重）	少女たちの戦争——木村礎著——教え子の戦時の日々淡々と	聖教新聞、87・8・12（8973）7頁	↓一九八七一一二五
一九八七〇八二五	[無署名]	木村礎	『現代人名情報事典 WHO'S WHO IN WORLD TODAY』平凡社、324頁	
一九八七一〇一五	後藤 総一郎	「少女たちの戦争」木村礎著（本棚）	明治大学広報、245、4頁	
一九八七一一二五	[（重）]	木村礎著 少女たちの戦争（聖教新聞）（書評から）	評論（日本経済評論社）63、11頁	↑一九八七〇八一二
一九八八〇三三〇	芦沢 新二	『史料編I』を読んで	明治大学百年史編纂の窓、1、4~5頁	『明治大学百年史』を「顕彰や論断」の場にしないとの木村編纂委員長の考えを批判

一九八八〇四一〇	山岸 駿介	下町育ち、苦労人の明治大学新学長 木村礎さん（ひと）	朝日新聞、88・4・10（36727）朝刊、3頁	
一九八八〇五三一	神立 春樹	戦後農業集落の変貌――村落景観論的考察の前提としての総計的粗描	岡山大学経済学会雑誌、20(1)、89〜113頁	『地方史を生きる』、『日本村落史』に言及 ↓一九九一一〇一〇
一九八八〇九〇九	多田 文夫	近世初期農民の保有耕地の分布に関する一考察――三河国設楽郡上平井村を事例として（駒沢史学会昭和62年度大会発表要旨）	駒沢史学（駒沢史学会）39／40、331〜332頁	農民保有耕地成立に関する研究に言及
一九八八一一〇一	大野 芳	明治大学学長 木村礎さん 白雲なびく駿河台の「ドン」（現代の肖像）	AERA（朝日新聞出版）24、45〜49頁	
一九八八一一三〇	神立 春樹	岡山県にみる戦後農業集落の変貌――「農業集落調査」にもとづく統計的概観	岡山大学経済学会雑誌、20(3)、49〜77頁	『地方史を生きる』、『日本村落史』に言及 ↓一九九一一〇一〇
一九八九〇四〇一	高島 緑雄	「村落景観の史的研究」木村礎著（本棚）	明治大学広報、270、4頁	
一九八九〇六一〇	古田 悦造	木村礎編著『村落景観の史的研究』（書評）	歴史地理学（歴史地理学会）145、40〜42頁	
一九八九一〇〇一	佐藤 孝之	木村礎編著『村落景観の史的研究』（書評と紹介）	日本歴史、497、117〜119頁	
一九八九一〇三一	高島 緑雄	木村礎編著『村落景観の史的研究』（書評）	駿台史學、77、100〜119頁	
一九八九一一一五	福田 栄次郎	「戦後歴史学を生きる」木村礎他著（本棚）	明治大学広報、283、4頁	
一九九〇〇二二〇	石井 進	木村礎編著『村落景観の史的研究』（書評）	史学雑誌、99(2)、225〜233頁	

発表年月日 兼 文献番号	執筆者	タイトル	出典、巻号、頁	備考
一九九〇〇五〇一	太田 素子、水野 恵子	近世農村社会におけるマビキ・堕胎の心性史的研究（Ⅲ）——下総国香取郡松沢村　宮負定雄関係文書を手がかりに（その1）	日本保育学会大会研究論文集、43、368〜369頁	『大原幽学とその周辺』を参照
一九九〇〇五二〇	神崎 彰利	一九八九年の歴史学界——回顧と展望　日本　近世1	史学雑誌、99(5)、723〜725頁	『戦後歴史学を生きる』を挙げる
一九九〇〇七三〇	[無署名]	木村礎、藤野保、村上直編「藩史大辞典」（小窓）	読売新聞、90・7・30（41006）朝刊、11頁	
一九九〇一二三〇	赤坂 信	木村礎編著『村落景観の史的研究』（書評）	農村計画学会誌、9(3)、50〜51頁	
一九九一〇二二六	神立 春樹	変貌過程にある村落景観——近代史研究者の視点　2　歴史研究者としての村落景観研究の視角　(1)歴史研究の方法としての村落景観研究——木村礎氏の村落景観論、(2)歴史研究者にとっての現下の村落景観の変貌　a　木村景観研究にとっての戦後村落景観の変貌	岡山大学経済学会雑誌、22（3・4）72〜78頁	↓一九九一一〇一〇
一九九一〇二二八	原田 信男	中世における村落景観・補考	札幌大学女子短期大学部紀要、17、47〜56頁	香取社領研究に関し木村・高島録雄編『耕地と集落の歴史』に言及
一九九一一〇一〇	神立 春樹	戦後村落景観の変貌	御茶の水書房、219頁	↑一九八八〇五三一 ↑一九八八一一三〇

一九九二〇五二〇	冨善 一敏	一九九一年の歴史学界――回顧と展望 日本 近世3	史学雑誌、101(5)、769～772頁	↑一九九一〇二二六 村落景観研究として「大景観の変貌」(『日本村落史講座3』所収)を挙げる
一九九二〇六三〇	山森 芳郎	武蔵野台地における列状集落について――農耕空間の史的形成過程に関する研究(その2)	日本建築学会計画系論文報告集、436、97～106頁	「近世における村落景観の展開」(『郷土史講座4』所収)、『村の語る日本の歴史 近世編1』(そしえて)より引用
一九九二一二二一	[無署名]	木村礎	紀田順一郎ほか編『新現代日本執筆者大事典2(か～し)』日外アソシエーツ、255頁	
一九九二一二三〇	星野 敏	神立春樹著『戦後村落景観の変貌』(書評)	農村計画学会誌、11(3)、82頁	木村の村落景観論を引用していると指摘
一九九三〇一二〇	小田切 徳美	神立春樹著『戦後村落景観の変貌』(書評)	土地制度史学(土地制度史学会)35(2)138、70～72頁	木村の方法論を援用していると指摘
一九九三〇三二五	島田 正郎	刑事博物館の歩み(巻頭言)	明治大学刑事博物館年報、24、1～5頁	刑事博物館における近世村方文書収集・整理に果した役割
一九九四〇二〇七	[無署名]	「村落生活の史的研究」	読売新聞、94・2・7(42290)朝刊、13頁	
一九九四〇三一一	[無署名]	村落史たずね歩いて45年 景観・生活の視点を貫く 定年で明治大を去る木村礎教授(文化)	朝日新聞、94・3・11(38828)夕刊、7頁	

発表年月日 兼 文献番号	執筆者	タイトル	出典、巻号、頁	備考
一九九四〇三二三	前田 恭二	編著「村落生活の史的研究」を置き土産に定年退職する明大前学長木村礎さん 生活・景観を視座に「村落」考察 〝木村史学〟45年の集大成（インタビュー）	読売新聞、94・3・23（42334）夕刊、11頁	
一九九四〇四〇二	［木村 礎］	『木村礎略譜』	私家版（日本経済評論社製作）	木村礎の70年、著書・編著書・論文等目録（平野満）、合宿調査記録（神崎彰利）
一九九四〇五一六	溝上 瑛	京都大学名誉教授小葉田淳 琉球王国の古文書にかけた人生（現代の肖像）	AERA、19、53～57頁	戦争体験を経て新しい歴史学研究の道を歩む共通の立場からの小葉田観を紹介
一九九四〇五二一	［無署名］	戦前・戦後を歩く 一歴史家の語るわが人生 木村礎著（ブックガイド）	出版ニュース（出版ニュース社）、94・5中・下旬合併号（通巻一六五五）、34頁	↓一九九四〇六一〇
一九九四〇六一〇	［無署名］	戦前・戦後を歩く 木村礎著（出版ニュース94・5中旬号）（書評抄録）	評論、86、12頁	↑一九九四〇五二一
一九九四〇七一五	村上直	木村礎著 戦前・戦後を歩く 一歴史家の語る我が人生	週刊読書人（読書人）、二〇四二、2頁	
一九九四〇七二六	井出 孫六	『戦前・戦後を歩く』歴史家の語るわが人生 木村礎著	エコノミスト（毎日新聞社）、72(32)通巻三一三〇、101頁	
一九九五〇二〇一	田中 圭一	木村礎編著『村落生活の史的研究』（書評と紹介）	日本歴史（日本歴史学会）、561、112～114頁	

一九九五〇二二五	林 英夫	木村礎『戦前・戦後を歩く――歴史家の語るわが人生』（書評）	歴史学研究、668、52〜53頁	
一九九五〇三二五	深谷 克己	木村礎編著『村落生活の史的研究』	社会経済史学、60(6)、834〜837頁	
一九九五〇四二〇	牧原 成征	近世村落の村運営と村内小集落――信州佐久郡下海瀬村を事例として（研究ノート）	史学雑誌、104(4)、623〜624頁	先行研究として「江戸時代の村と小名」（『日本村落史』所収）に言及
一九九五〇五二〇b	加藤 貴	一九九四年の歴史学界――回顧と展望 日本 近世5 農山漁村と都市	史学雑誌、104(5)、756〜760頁	農山漁村研究で『村落生活の史的研究』（八木書店）、村落景観研究で「集落移動の話」（『駿台史学』90）を挙げる
一九九六〇三〇〇a	青木 美智男	研究を志す者の指針だった『日本封建社会研究史』	木村礎著作集月報（名著出版）1［著作集Ⅰ］1〜3頁	
一九九六〇三〇〇b	大石 学	『木村礎著作集』第一巻によせて――「封建村落」と「封建的危機」	木村礎著作集月報1、3〜4頁	
一九九六〇三〇〇c	神崎 彰利	木村礎助手調査（実習）事始	木村礎著作集月報1、4〜5頁	
一九九六〇三〇〇d	永原 慶二	木村礎さんのこと	木村礎著作集月報1、5〜6頁	
一九九六〇三二五	所 理喜夫	木村礎氏と地方史研究（解説）	所理喜夫編『木村礎著作集Ⅰ 「戦後歴史学」の中で』（名著出版）、399〜408頁	
一九九六〇四二〇	石井 進	木村礎監修／葛飾区郷土と天文の博物館編「東京低地の中世を考える」（新刊紹介）	史学雑誌、105(4)、560〜563頁	

発表年月日 兼 文献番号	執筆者	タイトル	出典、巻号、頁	備考
一九九六〇五〇〇a	色川 大吉	わが先達・わが同志	木村礎著作集月報2［著作集Ⅵ］1〜2頁	
一九九六〇五〇〇b	原田 信男	『村の歩き方』	木村礎著作集月報2、2〜3頁	
一九九六〇五〇〇c	福田 アジオ	支配の村・生活のムラ	木村礎著作集月報2、3〜4頁	
一九九六〇五〇〇d	峰岸 純夫	『日本村落史講座』編さんの頃	木村礎著作集月報2、4頁	
一九九六〇五二〇	木村 忠夫	一九九五年の歴史学界——回顧と展望 中世1	史学雑誌、105(5)、688〜690頁	木村監修、葛飾区郷土と天文の博物館編『東京低地の中世を考える』を挙げる
一九九六〇五二四	網野 善彦	木村礎著作集の刊行に期待する 木村礎・著作集Ⅰ「戦後歴史学」の中で	週刊読書人、二一三六、4頁	
一九九六〇五二六	牧原 憲夫	思想としての日本村落史（解説）	所理喜夫編『木村礎著作集Ⅵ 村の世界 視座と方法』397〜408頁	
一九九六〇五二七	（葉）	学究50年 村歩きが始点 著作集の仕上げも奮闘 木村礎さん 歴史家（テーブルトーク）	朝日新聞、96・5・27（39609）夕刊、5頁	
一九九六〇七〇〇a	小穴 芳実	信濃史学会と木村先生	木村礎著作集月報3［著作集Ⅶ］1〜2頁	
一九九六〇七〇〇b	籠瀬 良明	広く正しい木村史学	木村礎著作集月報3、2〜3頁	
一九九六〇七〇〇c	橋本 直子	村絵図料理法顛末記	木村礎著作集月報3、4頁	
一九九六〇七二六	高島 緑雄	景観史学への道程（解説）	高島緑雄編『木村礎著作集Ⅶ 村の世界 村の景観』451〜460頁	

一九九六〇九〇〇a	齋藤　弘美	「そうだ！」と突然モトイ先生は机を叩く	木村礎著作集月報4［著作集Ⅷ］2〜3頁	
一九九六〇九〇〇b	田中　圭一	村人の見た江戸時代	木村礎著作集月報4、3〜4頁	
一九九六〇九〇〇c	宮本　袈裟雄	民俗誌学研究の必要性	木村礎著作集月報4、4頁	『村落生活の史的研究』のことなど
一九九六〇九二五	西垣　晴次	「生活史」と「村落生活史」（解説）	森安彦編『木村礎著作集Ⅷ　村の世界　村の生活』459〜470頁	
一九九六一一〇〇	鈴木　秀幸	研究と教育の原点・木村塾	木村礎著作集月報5［著作集Ⅸ］3〜4頁	
一九九六一一二五	川名　登	大原幽学研究に学ぶ（解説）	村上直編『木村礎著作集Ⅸ　大原幽学と門人たち』449〜460頁	
一九九七〇一〇〇	佐久間　好雄	史料保存運動と木村礎先生	木村礎著作集月報3［著作集Ⅱ］1〜2頁	
一九九七〇一二四	田中　彰	下級武士論の行方（解説）	所理喜夫編『木村礎著作集Ⅱ　明治維新と下級武士』339〜353頁	
一九九七〇三〇〇a	煎本増夫	草創期の木村ゼミ	木村礎著作集月報7［著作集Ⅲ］1〜2頁	
一九九七〇三〇〇b	金井　圓	『藩政』刊行のころ	木村礎著作集月報7、2〜3頁	著書を評価してくれたことなど
一九九七〇三二五	村上　直	木村史学と譜代藩の研究（解説）	村上直編『木村礎著作集Ⅲ　藩領と大名』495〜505頁	
一九九七〇四二七	［無署名］	地方史の重要項目を解説（情報）	毎日新聞、97・4・27（43518）朝刊、10頁	『地方史事典』紹介
一九九七〇五〇〇a	尾崎　行也	地域で歴史を学ぶ	木村礎著作集月報8［著作集Ⅳ］1〜2頁	『近世の村』から学んだこと

発表年月日 兼 文献番号	執筆者	タイトル	出典、巻号、頁	備考
一九九七〇五〇〇b	塚本 学	地方史と天下国家の歴史——木村さんの所説によせて	木村礎著作集月報8、2〜3頁	
一九九七〇五〇〇c	藤本 篤	論稿「地方史について」を	木村礎著作集月報8、3頁	
一九九七〇五〇〇d	渡辺 則文	懐しい人・木村礎さん	木村礎著作集月報8、4頁	
一九九七〇五〇一	田中 圭一	木村礎著『木村礎著作集六 村の世界 視座と方法』（書評と紹介）	日本歴史、588、131〜133頁	
一九九七〇五〇四	［無署名］	地方史研究の集成、全時代に及ぶ事典	朝日新聞、97・5・4（39940）朝刊、12頁	『地方史事典』紹介
一九九七〇五一五	照井 武彦	歴史データベース——日本史を中心に（解説 人文・芸術系データベース——今そしてこれから）	情報処理（情報処理学会）38(5)、383〜387頁	『旧高旧領取調帳』を一事例にする
一九九七〇五二六	古川貞雄	木村地方史学の地平（解説）	古川雄編『木村礎著作集Ⅳ 地方史を考える』435〜445頁	
一九九七〇七〇〇a	青山 孝慈	神奈川県史編集のころ	木村礎著作集月報7［著作集Ⅴ］1〜2頁	
一九九七〇七〇〇b	三浦 俊明	とにかく実践躬行される木村先生	木村礎著作集月報7、2〜3頁	
一九九七〇七〇〇c	吉田 優	「地方史〝山脈〟をめざす」	木村礎著作集月報7、3〜4頁	
一九九七〇七二五a	井上 定幸	地方史を生きる——木村氏の講演記録から（解説）	古川雄編『木村礎著作集Ⅴ 地方史を書く』437〜445頁	
一九九七〇七二五b	竹内 誠	木村史学の原点（解説）	古川雄編『木村礎著作集Ⅴ』447〜452頁	
一九九七〇九〇〇a	伊藤 好一	小川家文書のこと	木村礎著作集月報10［著作集Ⅹ］1〜2頁	

一九九七〇九〇〇b	高野 修	史料保存運動の先駆者としての木村先生	木村礎著作集月報10、3～4頁	
一九九七一一〇〇a	海野 福寿	明治大学長木村礎先生――粗にして野だが卑ではない	木村礎著作集月報11［著作集XI］1～2頁	
一九九七一一〇〇b	鹿倉 美代子	少女たちと木村先生	木村礎著作集月報11、2頁	
一九九七一一〇〇c	永原 和子	ふたたび『少女たちの戦争』を読む	木村礎著作集月報11、3頁	
一九九七一一〇〇d	横山 十四男	居酒屋「葵」にて	木村礎著作集月報11、4頁	
一九九七一一二五a	島田 次郎	「少女たちの戦争」にみる歴史叙述の原点（解説）	高島緑雄編『木村礎著作集XI 少女たちの戦争・年譜』485～496頁	
一九九七一一二五b	神立 春樹	「木村礎」の世界（解説）	『木村礎著作集XI』497～503頁	
一九九七一一二五c	［無署名］	［木村礎］著作目録	『木村礎著作集XI』後1～18頁	
一九九七一二一〇	神立 春樹	明治文学における明治の時代性――序章 2．近代文学作品による歴史研究 (1)木村礎「国生村――長塚節『土』の世界――」	岡山大学経済学会雑誌、29(3)、61～67頁	
一九九八〇一〇一	藤野 保	木村礎著『木村礎著作集 藩領と大名』（書評と紹介）	日本歴史、596、125～127頁	
一九九八〇二〇一	（吟）	神保町の窓から	評論、105、15頁	→二〇一一〇〇一a『少女たちの戦争』のこと
一九九八〇七二一	栗原 哲也	力が湧いた紙片（かみきれ）のこと（著者の書斎73）	出版ダイジェスト（出版梓会 出版ダイジェスト社）、一六九五、5頁	→二〇一一〇〇一b 木村からの火事見舞い
一九九八一〇二四	（佐）	村落の姿から歴史を訪ねる面白さ『村を歩く』――日本史フィールド・ノート 木村礎著	週刊東洋経済（東洋経済新報社）五五二一、109頁	

発表年月日 兼 文献番号	執筆者	タイトル	出典、巻号、頁	備考
一九九九〇三三一	千葉 真由美	木村礎著『村を歩く——日本史フィールドノート』（書評）	神奈川地域史研究（神奈川地域史研究会）17、154～157頁	『村を歩く』を挙げる
一九九九〇五二〇	佐藤 大介	一九九八年の歴史学界——回顧と展望 近世6 後期	史学雑誌、108(5)、750～752頁	
二〇〇〇〇一一〇	木村 千恵子	『ある家族の近代』	日本経済評論社、259頁	著者は木村礎の姪。木村家近代史
二〇〇〇〇九二四	金沢 衛	河岸町の歴史を網羅 境町が「生活史」を出版	毎日新聞、00・9・24（茨城版）	監修者としての見解を紹介
二〇〇一〇一一四	［無署名］	地方史研究の新方法（情報）	毎日新聞、01・1・14（44872）朝刊、10頁	『地方史研究の新方法』紹介
二〇〇一〇三三一a	大石 学	本書刊行の意図・経緯と構成——戦後日本史学のパラダイム転換と地方史・地域史	地方史研究協議会編『地方史・地域史研究の展望』名著出版、3～10頁	「地域生活史」の提唱に言及
二〇〇一〇三三一b	林 英夫	初期地方史研究協議会の回想	『地方史・地域史研究の展望』27～34頁	学術会議会員選出の経緯
二〇〇一〇三三一c	橋本 直子	地方史研究と景観	『地方史・地域史研究の展望』119～125頁	村落景観復原作業の必要性を説いたことなど
二〇〇一〇三三一d	岩田 重則	地方史研究と民俗学——景観資料論ノート	『地方史・地域史研究の展望』127～135頁	村落史研究の特徴を整理
二〇〇一〇三三一e	湯浅 治久	地方史研究と博物館をめぐって——二つの「場」のゆくえから考える	『地方史・地域史研究の展望』193～202頁	村落の「景観」というタームに刺激を受けたこと
二〇〇一〇四一〇a	村瀬 隆彦	資料紹介	静岡県近代史研究会会報、271、2頁	『地方史研究の新方法』

二〇〇一〇四一〇b	川上 努	『地方史研究の新方法』（木村礎・林英夫編、八木書店）（紹介）	静岡県近代史研究会会報、271、3頁	
二〇〇二〇一二八	[無署名]	木村礎	日外アソシエーツ編・刊『新訂 現代日本人名録 2002 2.かな～せ』462頁	
二〇〇二〇三三一	神立 春樹	日本の近代景観の形成と変化――近代景観史学への展望	二松學舍大學東洋學研究所集刊、32、39～53頁	「景観研究の意義と方法」（木村・林英夫編『地方史研究の新方法』所収）他に言及
二〇〇二〇四〇一	村上 直	木村礎著『村のこころ――史料が語る村びとの精神生活』（書評）	地方史研究、52(2)通号296、95～97頁	
二〇〇二〇五一五	斉藤 司	木村礎著『村のこころ――史料が語る村びとの精神生活』（本の紹介）	多摩のあゆみ（たましん地域文化財団）106、94～95頁	
二〇〇二〇六〇一	加瀬 大	記念講演：木村礎氏「大学史および大学史料を考える」を聞いて	『大学アーカイヴズの設立と運営――2001年度総会および全国研究会の記録 於・神奈川大学』（研究叢書3）、全国大学史資料協議会、79～81頁	
二〇〇二一一二〇	戸森 麻衣子	地方史研究協議会編『地方史・地域史研究の展望』（新刊紹介）	史学雑誌、111(11)、112～113頁	戦後の地方史研究の成果を史料運動にあったと評価したことに言及
二〇〇四〇三〇〇	重岡 徹	現代農村地域社会における生活空間の再編――故郷再生の論理と現実	哲学（三田哲学会）112、65～105頁	『村落景観の史的研究』から村落の歴史的呼称の変遷に言及
二〇〇四〇七二六	[無署名]	木村礎	日外アソシエーツ編・刊『20世紀日本人名事典 あ～せ』883頁	

発表年月日 兼 文献番号	執筆者	タイトル	出典、巻号、頁	備考
二〇〇四一二一七	[無署名]	「村歩き」で地方史研究 木村礎さん（明治大元学長）（追想録）	日本経済新聞、04・12・17（42726）夕刊、5頁	
二〇〇四一二二七	渡辺 延志	元明治大学長・木村礎さん 追い続けた庶民の歴史（惜別）	朝日新聞、04・12・27（42648）夕刊、8頁	
二〇〇五〇一三〇	宮下 裕二	一途に農村史研究 元明治大学学長 木村礎さん（追悼抄 11月）	読売新聞、05・1・30（46289）朝刊、33頁	
二〇〇五〇二〇一a	（吟）	神保町の窓から	評論、147、14〜15頁	↓二〇一二一〇〇一c 歴史から学ぶということについて
二〇〇五〇二〇一b	鈴木 秀幸	木村礎先生と干潟町	広報ひかた（千葉県香取郡干潟町）396、4頁	
二〇〇五〇三〇〇	中村 顕一郎	大学アーカイブズにおける学生の位置付け――創価大学の学生出版物をてがかりにして	創価教育研究（創価大学創価教育研究センター）4、94〜107頁	大学史に収まり切れない大学アーカイヴズ構想を紹介
二〇〇五〇三三一	井上 隆男	恩師木村礎先生と私	房総の郷土史（千葉県郷土史研究連絡協議会）、33、99〜100頁	
二〇〇五〇四〇一a	林 英夫	木村さんのこと（追想 木村礎氏を偲んで）	地方史研究、55(2)（通号314）106〜107頁	
二〇〇五〇四〇一b	島田 次郎	木村礎氏とその歴史学を偲ぶ（追想 木村礎氏を偲んで）	地方史研究、55(2)（通号314）107〜109頁	
二〇〇五〇四〇一c	井上 定幸	お世話になった木村礎先生を偲んで（追想 木村礎氏を偲んで）	地方史研究、55(2)（通号314）109〜110頁	

二〇〇五〇四〇一d	村上直	木村礎さんの思い出（追想 木村礎氏を偲んで）	地方史研究、55(2)（通号314）110～112頁	
二〇〇五〇四〇一e	竹内誠	木村史学の原点（追想 木村礎氏を偲んで）	地方史研究、55(2)（通号314）112～113頁	
二〇〇五〇五〇一	森山俊英	木村礎 元明大学長との出会	豆州歴史通信（豆州研究社歴史通信部）340、[3～4]頁	
二〇〇五〇五二三	伊能秀明	「内藤家文書」研究を主導された木村礎博士を悼む	亀井―内藤家顕彰会会誌、平成17年度、5頁	
二〇〇五〇五三一a	横山十四男	木村礎氏を偲ぶ（追悼 第二代会長木村礎氏を悼む）	史潮、新57、123～124頁	
二〇〇五〇五三一b	阿部猛	追想木村礎さん（追悼 第二代会長木村礎氏を悼む）	史潮、新57、124～125頁	
二〇〇五〇五三一c	白井哲哉	最後の日々に――追悼・木村礎先生（追悼 第二代会長 木村礎氏を悼む）	史潮、新57、126～127頁	
二〇〇五〇七三〇	伊藤康晴	「村を歩く」 鳥取市歴史博物館学芸員・伊藤康晴さん（私の1冊）	読売新聞（鳥取版）、05・7・30、24頁	
二〇〇五〇八〇七	開沼正	郷士の定義についての一試案 1．郷士制度の研究史――小野武夫と木村礎、2．木村定義の問題点	通信教育部論集（創価大学通信教育部学会）8、186～190頁	
二〇〇五〇八三〇a	関東近世史研究会	会告	関東近世史研究（関東近世史研究会）、58、104頁	哀悼と通知
二〇〇五〇八三〇b	橋本直子	木村礎先生を悼む――冬のおわりに	関東近世史研究、58、104～106頁	
二〇〇五〇九〇七	根津寿夫	調査合宿で裸の教育 元明治大学長・歴史学者木村礎さん（出会いの風景69）	徳島新聞、05・9・7、19頁	

発表年月日兼文献番号	執筆者	タイトル	出典、巻号、頁	備考
二〇〇五一〇一五a	外山 徹	内藤家文書が世に出るまで—内藤家文書の史料整理と研究の進展過程	『江戸時代の大名——日向国延岡藩内藤家文書の世界——明治大学博物館2005年度特別展』（明治大学博物館事務室）56～59頁	『明治大学所蔵内藤家文書目録』（一九六五）より、整理作業・目録作成方法、進展状況を引用し、指導振りを紹介
二〇〇五一〇一五b	門前 博之	内藤家文書調査と木村礎先生の思い出	『江戸時代の大名』66～67頁	
二〇〇五一一三〇a	利根川文化研究会	会告	利根川文化研究（利根川文化研究会）27、58頁	
二〇〇五一一三〇b	川名 登	紙碑　木村礎先生の御逝去を悼む	利根川文化研究、27、58～59頁	
二〇〇五一二〇一	（吟）	神保町の窓から	評論、152、15頁	→二〇一一一〇〇一d
二〇〇六〇〇〇〇	[無署名]	木村礎先生を偲んで——「村」を基底に日本の歴史を捉える	RICE PAPER 88（株ワッカ）06、http://www.ricepaper88.com/backnumber/vol06/kimura/	
二〇〇六〇三一〇	大賀 郁夫	内藤延岡藩領の特質とその支配—木村礎「延岡藩領とその支配」の再検討	宮崎公立大学人文学部紀要、13(1)、後1～22頁	
二〇〇六〇三三一a	小松 郁夫	古文書の調査・保存と木村礎先生—神奈川県史の編さんから公文書館への過程で（アーキビストの眼）	記録と史料（全国歴史資料保存利用機関連絡協議会）16、32～36頁	
二〇〇六〇三三一b	落合 弘樹、日比 佳代子、鈴木 挙	「内藤家文書近代史料」の調査にあたって	明治大学博物館研究報告、11、後1～13頁	一九六三年以降の内藤家文書調査に言及

二〇〇六一〇〇一	須田　努	戦後の歴史学における地方史研究―木村礎氏の研究から（企画例会「地方史研究を見直す」報告要旨・参加記）	地方史研究、56(5)通号323、78～82頁	
二〇〇七一二二五	[無署名]	木村礎	日外アソシエーツ編・刊『郷土史家人名事典――地方史を掘りおこした人々』161～163頁	
二〇〇八〇七〇〇	松永　友和	新地開発とめぐる幕府政策と訴願運動――難波新地の開発を中心に	史泉（関西大学史学・地理学会）108、1～16頁	新地の性格付けは『近世の新田村』の新田分類方法に示唆を受けたとする
二〇〇九〇六〇〇	姚　奇志	二宮尊徳の思想――大原幽学との比較を中心に	論集（神戸女学院大学研究所）56(1)、69～79頁	『近世の村』で二宮と大原の比較研究の重要性を指摘したことに言及
二〇〇九一一〇一	川口　洋	「Historical GISの地平」シンポジウムから（特集　歴史地理情報システムの活用）	情報の科学と技術（情報科学技術協会）59(11)、545～550頁	『旧高旧領取調帳』を「デジタル地名辞書」に追加登録すると記述
二〇一〇〇三一八	鈴木　秀幸	木村礎先生と私	明治大学職員会ニュース、493、5頁	
二〇一〇〇三二〇	鈴木　淳	布施賢治著『下級武士と幕末明治――川越・前橋藩の武術流派と士族授産』（書評）	史学雑誌、119(3)、352～358頁	下級武士論研究の到達点と叙述
二〇一一〇一二五	鮎川　俊介	木村礎さんの「生活史」について	鮎川俊介の「幕末・明治の日本を歩く」（Weblog）	

発表年月日兼文献番号	執筆者	タイトル	出典、巻号、頁	備考
			http://blog.goo.ne.jp/shunsuke-ayukawa/e/59c8ad7f00d72bbc7e9856e42ef58797	
二〇一一〇二二八a	原田 信男	はじめに	原田信男編著『地域開発と村落景観の歴史的展開――多摩川中流域を中心に』思文閣出版、前3～10頁	『村落景観の史的研究』の評価と問題点を指摘
二〇一一〇二二八b	原田 信男	近世における開発と景観の諸相	『地域開発と村落景観の歴史的展開』277～294頁	慶長検地が近世の始まりとする見方を批判
二〇一一〇三三一	土田 拓	開墾定住様式からみた小規模高齢化集落の土地利用――島根県石見地方山間部の事例から	生活学論叢（日本生活学会）18、25～32頁	柳田国男の村落類型が景観論的であると指摘したことに言及
二〇一一〇七三〇	青木 美智男	木村礎さんの近世村落史研究へのこだわり	評論、184、1～3頁	
二〇一一一一〇一	別府 昭郎	村落史研究者、明治大学学長木村礎 1924－2004	明治大学史資料センター編『明治大学小史――人物編』学文社、68～69頁	
二〇一二〇三三〇	森 朋久	博物館史資料（文書、古文書・近世文書）に関するレジストレーション試論	明治大学学芸員養成課程紀要、二〇一一年度、19～33頁	木村作成の近世庶民資料分類項目表
二〇一二〇三三一a	別府 昭郎	刊行にあたって（木村礎研究Ⅰ）	大学史紀要（明治大学史資料センター）16、4～6頁	
二〇一二〇三三一b	門前 博之	はしがき（木村礎研究Ⅰ）	大学史紀要、16、8～13頁	

二〇一二〇三三一c	藤田　昭造	『新田村落』の成立過程（木村礎研究Ⅰ）	大学史紀要、16、14〜54頁	
二〇一二〇三三一d	森　朋久	木村藩政史研究の到達点と課題――佐倉藩・内藤藩を中心に（木村礎研究Ⅰ）	大学史紀要、16、55〜93頁	
二〇一二〇三三一e	鈴木　秀幸	木村史学における文化史論（木村礎研究Ⅰ）	大学史紀要、16、94〜136頁	↓二〇一三一〇〇八
二〇一二〇三三一f	大塚　初重	大塚初重名誉教授聞き取り――文学部の同僚から（木村礎研究Ⅰ）	大学史紀要、16、137〜175頁	
二〇一二〇三三一g	長命　豊	長命豊氏聞き取り――かつての学生から（木村礎研究Ⅰ）	大学史紀要、16、176〜190頁	
二〇一二〇三三一h	井上　隆男	井上隆男氏聞き取り――かつての学生から（木村礎研究Ⅰ）	大学史紀要、16、191〜203頁	
二〇一二〇三三一i	木村　冨貴子、稲葉　真理子	木村冨貴子氏（木村礎氏夫人）・稲葉真理子氏（同氏令嬢）聞き取り――家族から（木村礎研究Ⅰ）	大学史紀要、16、204〜240頁	
二〇一二〇三三一j	長沼　秀明	木村礎は日本近代をどう見たか――日本近代をめぐる木村礎の論考（資料）（木村礎研究Ⅰ）	大学史紀要、16、241〜273頁	
二〇一二〇八二〇	溝口　常俊	原田信男編『地域開発と村落景観の歴史的展開――多摩川中流域を中心に』（書評）	社会経済史学、78(2)、119〜121頁	『村落景観の史的研究』をモデルにしつつ、乗り越えようとする意欲が示されていると指摘
二〇一二一〇〇一a	栗原　哲也	稼ぐに追いつく貧乏あり	栗原哲也著『神保町の窓から』影書房、107〜108頁	↑一九九八〇二〇一

発表年月日兼文献番号	執筆者	タイトル	出典、巻号、頁	備考
二〇一二一〇〇一b	栗原 哲也	「へこたれるな」――木村礎さんの火事見舞い	『神保町の窓から』113頁	←一九九八〇七〇一
二〇一二一〇〇一c	栗原 哲也	木村礎さんの教え	『神保町の窓から』175～177頁	←二〇〇五〇二〇一a
二〇一二一〇〇一d	栗原 哲也	木村礎さんの一周忌にて	『神保町の窓から』183～184頁	←二〇〇五一二〇一
二〇一三〇二二八	森 朋久	五霞にみる領域支配と耕地――赤堀川南岸現茨城県猿島郡五霞町域を事例として	駿台史学、147、1～24頁	『村落景観の史的研究』から猿島台地の特徴を援用
二〇一三〇三二九	森 朋久	茨城県五霞町域にみる歴史民俗資料データベース化に基づく地域博物館展示製作シミュレーション	明治大学博物館研究報告、18、23～46頁	「県西の村落史」(『古河市史研究』7)から五霞地域と周辺地域の特徴を援用
二〇一三〇三三一a	別府 昭郎	刊行にあたって(木村礎研究Ⅱ)	大学史紀要、17、4～6頁	
二〇一三〇三三一b	門前 博之	日本村落史研究の軌跡(木村礎研究Ⅱ)	大学史紀要、17、8～44頁	
二〇一三〇三三一c	鈴木 秀幸	「村歩き」の研究――資料調査から見た木村史学について(木村礎研究Ⅱ)	大学史紀要、17、45～94頁	
二〇一三〇三三一d	村上 一博	刑事博物館と木村礎(木村礎研究Ⅱ)	大学史紀要、17、95～103頁	
二〇一三〇三三一e	森 朋久	木村礎の歴史資料保存法制定への運動(木村礎研究Ⅱ)	大学史紀要、17、104～203頁	付、木村礎史料「学術会議」木村の自筆ノートを筆耕・校訂
二〇一三〇三三一f	藤田 昭造	大学改革準備委員会中間報告(木村礎研究Ⅱ)	大学史紀要、17、204～259頁	

二〇一三〇三一g	飯澤 文夫	木村礎関係文献目録（木村礎研究Ⅱ）	大学史紀要、17、260〜286頁	同時代評、追悼・没評価、及び著作目録補遺（『木村礎著作集Ⅺ』掲載「著作目録以降分）
二〇一三〇三一h	飯澤 文夫	役職者・行政職としての木村礎（資料）（木村礎研究Ⅱ）	大学史紀要、17、287〜309頁	関係年表及び役職者・行政職就任時の挨拶文等
二〇一三〇七〇〇	添田 仁	戦後郷土史のなかの地域歴史遺産――生野町史談会の挑戦	神戸大学大学院人文学研究科地域連携センター編『「地域歴史遺産」の可能性』岩田書院、137〜162頁	戦前の郷土史・郷土史家に対する批判の視点に疑問を呈す
二〇一三一〇〇八	鈴木 秀幸	木村史学における文化史論――「村歩き」による文化史研究	鈴木秀幸著『地域文化史の調査と研究』日本経済評論社、183〜221頁	→二〇一二〇三一e

あとがき

村上　一博

本書を閉じるにあたって、刊行に至った経緯について、簡単に記しておこう。

木村礎先生は、二〇〇四（平成一六）年一一月二七日午前二時五〇分、脳内出血のため、東京都葛飾区の病院において逝去された。享年八〇歳であった。翌年一月三〇日には、港区芝公園の東京プリンスホテルで、五〇〇名余りの参会者が集い、先生を偲ぶ会がしめやかに催された。

その後、ご遺族の意向を受けて、先生の蔵書はじめノート・資料類など（以下「木村礎関係資料」）が、東京都葛飾区博物館を経由して、二〇〇六（平成一八）年一二月、明治大学大学史資料センターに寄贈され、これを機会に、当該資料の整理と木村史学の総合的研究を目的として、同センター内に、門前博之文学部教授（資料センター研究調査員）を座長とする「木村礎研究会」が組織された。同研究会は、二〇〇七（平成一九）年六月二日に第一回の会合をもち、二〇一二（平成二四）年一二月二二日（第三二回）まで、約五年半にわたって活動を続けた。その間に、数度の聞き取り調査（ご遺族［富貴子夫人・真理子嬢］、長命豊氏、井上隆男氏、大塚初重氏）と、三度の夏季調査合宿が行われた。各調査合宿の日程・調査地および目的は、次の通りである。

第一回　二〇一〇（平成二二）年八月二五～二六日　千葉県九十九里町・同県旭市　『大原幽学とその周辺』関係故地巡見

第二回　二〇一一（平成二三）年八月三〇～三一日　神奈川県津久井郡津久井町・東京都小平市小川町　『封建村落――その成立から解体へ――神奈川県津久井郡』および『新田村落――武蔵野とその周辺』関係故地巡見

第三回　二〇一二（平成二四）年八月七～八日　千葉県佐倉市・香取市　『譜代藩政の展開と明治維新――下総佐倉藩』および『耕地と集落の歴史――香取社領村落の中世と近世』関係故地巡見

こうした研究会活動の成果は、「特集　木村礎研究」［Ⅰ］［Ⅱ］として、『明治大学大学史資料センター紀要』第一六号（二〇一二年三月）および第一七号（二〇一三年三月）に収録されている。

紀要第一六号「特集　木村礎研究」［Ⅰ］

はしがき　門前博之

論文

『新田村落』の成立過程　藤田昭造

木村藩政史研究の到達点と課題――佐倉藩・内藤藩を中心に――　森　朋久

木村史学における文化史論　鈴木秀幸

聞き取り

大塚初重名誉教授（文学部の同僚から）

長命豊氏（かつての学生から）

井上隆男（かつての学生から）

木村冨貴子氏・稲葉真理子氏（家族から）

資料
木村礎は日本の近代をどう見たか――日本近代をめぐる木村礎の論考――　長沼秀明

紀要第一七号「特集　木村礎研究」［Ⅱ］
論文
木村村落史研究の軌跡　門前博之
「村歩き」の研究――資料調査から見た木村史学について――　鈴木秀幸
刑事博物館と木村礎　村上一博
木村礎の歴史資料保存法制定への運動　森　朋久
大学改革準備委員会中間報告書　藤田昭造
資料
役職者・行政職としての木村礎　飯澤文夫
木村礎関係文献目録　飯澤文夫

右の「特集　木村礎研究」［Ⅱ］の刊行と時を同じくして、研究会の座長を務められた門前教授が定年退職されたため、その後は、村上一博（法学部教授、資料センター運営委員）が形式上の纏め役となって、資料センター運営委員会や、木村先生の教え子の一人でもある栗原哲也氏（日本経済評論社社長）とも協議しながら、論文集の編集作業を進めた。論文集には、二回の特集号に掲載された論稿のうち、諸般の事情から、いくつかの論稿を除外し、収録する場合でも旧稿に大幅な加筆修正を加えることとした。また、木村史学の特徴をより鮮明にするため、学外から、とくに木村先生の学問と人物像に詳しい、青木美智男（元専修大学教授）・村上直（法政大学名誉教授）の両先生にご寄稿をお願いした。両先生ともに、われわれの希望を快諾され、われわれは、両先生による木村史学論を心待ちにしていたのだが、あろうことか、青木先生は、二〇一三（平成二五）年七月一一日、資料調査先の金沢において、さらに村上先生もまた、二〇一四（平成二六）年二月一〇日急逝された。両先生による本格的な木村礎史学論がもはや永遠に失われたことは、痛恨の極みであるが、幸いなことに、関連する珠玉の小論、青木「木村礎さんの近世村落史研究へのこだわり」（『評論』第一八四号、二〇一一年七月）および、村上「木村礎さんの思い出」（『地方史研究』第三一四号、二〇〇五年四月）が遺されているので、両先生を偲びつつ、本書に収録することとした。

なお、「木村礎関係資料」については、現在、仮目録を作成中であるが、書籍類が約一万点、写真類約千五百枚、ノート・資料類約三千点、カセットテープ・ビデオ約五百点、鞄・コート等の私物約百点に及ぶものと見込まれる。とくに、ノート・資料類の中には、調査メモ、調査日誌（一九五五～七八年）、日記（一九四七～五三年）、雑録（一九五二～六八年、一九七六～二〇〇三年）、フィールド・ノート（一九七九～二〇〇二年）といった、木村史学を知るうえで貴重な資料群が含まれているのだが、ご遺族や知人あるいは大学・学会関係者などのプライバシーに関わる部分が随所に見出されることから、資料センター規定に則って、今しばらくの間は、非公開扱いとせざるをえない。できる限り早い時期に、詳細な「木村礎関係資料目録」を作成したうえで、公開したいと考えている。諸賢のご理解を賜われば幸いである。

鈴木　秀幸（すずき　ひでゆき）　第3章

明治大学文学部兼任講師
明治大学大学院文学研究科（史学専攻）修士課程修了　博士（史学）
主要業績
『地域文化史の調査と研究』（日本経済評論社、2013年）
『幕末維新期地域教育文化史研究』（日本経済評論社、2010年）
『大学史および大学史活動の研究』（日本経済評論社、2010年）

長沼　秀明（ながぬま　ひであき）　第4章

明治大学文学部兼任講師　徳川林政史研究所非常勤研究員　明治大学史資料センター研究調査員
明治大学大学院文学研究科史学専攻博士後期課程単位取得退学
主要業績
『尾佐竹猛研究』（共著、日本経済評論社、2007年）
『近代への架橋――明治前期の文学と思想をめぐって』（共著、蒼丘書林、2007年）

村松　玄太（むらまつ　げんた）　第6章

明治大学史資料センター室員
明治大学大学院政治経済学研究科博士後期課程単位取得退学
主要業績
『三木武夫研究』（共著、日本経済評論社、2011年）
『現代政治の理論と諸相』（共著、三和書籍、2002年）

飯澤　文夫（いいざわ　ふみお）　木村礎略年譜、木村礎関係文献目録

明治大学史資料センター研究調査員
中央大学経済学部卒
主要業績
『地方史文献年鑑　1997～　』（岩田書院、1999年～）
『尾佐竹猛研究』（共著、日本経済評論社、2007年）

村上　一博（むらかみ　かずひろ）　あとがき

明治大学法学部教授　明治大学史資料センター運営委員
神戸大学大学院法学研究科博士後期課程単位取得退学　博士（法学）
主要業績
『日本近代法学の先達　岸本辰雄論文選集』（日本経済評論社、2008年）
『日本近代婚姻法史論』（法律文化社、2003年）
『明治離婚裁判史論』（法律文化社、1996年）

執筆者紹介（執筆順）

山泉　進（やまいずみ　すすむ）　はしがき、補論

明治大学法学部教授　明治大学史資料センター所長
早稲田大学大学院政治学研究科博士課程単位取得退学
主要業績
『大逆事件の言説空間』（編著、論創社、2007 年）
『帝国主義』（幸徳秋水著、校注・解説、岩波文庫、2004 年）

青木美智男（あおき　みちお）　序にかえて①

元専修大学文学部教授
明治大学文学部卒業。東北大学大学院文学研究科修士課程修了。2013 年没
主要業績
『全集日本の歴史 別巻 日本文化の原型 近世庶民文化史』（小学館、2009 年）
『大系日本の歴史 11 近代の予兆』（小学館、1989 年）
『一茶の時代』（校倉書房、1988 年）

村上　直（むらかみ　ただし）　序にかえて②

法政大学名誉教授
東京第一師範学校を経て法政大学文学部卒業。東京都立大学大学院（日本史専攻）修了。文学博士。2014 年没
主要業績
『論集　代官頭大久保長安の研究』（揺籃社、2013 年）
『江戸幕府の代官群像』（同成社、1997 年）
『江戸幕府の政治と人物』（同成社、1997 年）

藤田　昭造（ふじた　しょうぞう）　第 1 章

明治大学文学部兼任講師　明治大学史資料センター研究調査員
明治大学大学院文学研究科修士課程史学専攻修了
主要業績
「埼玉県の地主制――北葛飾郡西大輪村白石家の事例」（『埼玉県史研究』第 30 号、1995 年）
「大原幽学の教化活動と性学組織」（『駿台史学』第 90 号、1994 年）

森　朋久（もり　ともひさ）　第 2 章　第 5 章

明治大学農学部兼任講師　明治大学史資料センター研究調査員
明治大学大学院文学研究科博士後期課程修了　博士（史学）
主要業績
『近世中後期藩財務役人の研究――佐竹秋田藩・内藤藩を事例として』（巌南堂書店、2003 年）
『村落生活の史的研究』（共著、八木書店、1994 年）

木村礎研究——戦後歴史学への挑戦

2014 年 8 月 20 日　第 1 刷発行　　　　定価（本体 3500 円 + 税）

編　者　明治大学史資料センター

発行者　栗　原　哲　也

発行所　株式会社　日本経済評論社

〒 101-0051　東京都千代田区神田神保町 3-2

電話 03-3230-1661　FAX 03-3265-2993

URL：http://www.nikkeihyo.co.jp

組版＊閏月社／印刷＊文昇堂／製本＊誠製本

装幀＊渡辺美知子

乱丁・落丁本はお取り替えいたします。　Printed in Japan

ISBN 978-4-8188-2347-1